本书出版得到部校共建复旦大学新闻学院新媒体实验中心项目经费支持

窦锋昌 傅中行 李爱生 著

媒体盈利模式转型研究

中国实践与世界经验

复旦大学出版社

序

  从不同的角度解释什么是"媒体",得到的答案可能会有非常大的差异。在新闻与传播学院的课堂上,我们比较多听到的关于"媒体"的解释,会与"新闻""宣传""内容""传播"甚至"理想"等关键词紧密相连。同时,绝大多数课堂上讲的也都是与内容生产相关的知识,或者是实务、史论方面的知识,如新闻采访与写作、深度报道、融合新闻、新闻学概论、新闻史等。

  但是,这些关于"媒体"的理解基本都处于"形而上"的层面,看轻了它作为物质层面的"形而下"的一面,即媒体作为"商业"的一面。或者更通俗地讲,忽视了媒体"挣钱""盈利"的一面。在大学的课堂里,这部分内容一般被纳入媒介经营管理课程。这样的课程有,但在数量上无法与前面提及的内容生产一类的课程相提并论。

  2014年以来,媒体融合发展上升为一项国家战略,学界对此也进行了非常深入的讨论。其中,大部分讨论是围绕技术的演进、渠道的拓展、内容的迭代进行的,并在理论层面渐渐形成了"数字新闻学"这样的统括性概念。在目前关于数字新闻学的讨论中,重点也集中在新闻边界、新闻价值、新闻的客观性、真实性、情感性、智能化生产等方面,盈利模式及其转型只是一个相对小众的研究领域。

  不过,这并不意味着盈利模式问题不重要。事实上,至少在媒体业界,它占据着媒体运营的核心位置。远的不说,就以当下正轰轰烈烈进行的媒体融合发展来说,很多媒体自称推出了多少个客户端、有多少下载量、收获了多少点击量，但如果它们不能在盈利模式上取得突破，没有持续稳定的现金流支撑，不能稳固自己的采编、经营和技术队伍，那这样的融合发展就很难谈得上是成功的。

事实上，新闻业之所以成为一个独立的行业，最根本的原因就是它建立起了自己成熟的盈利模式。19世纪30年代，以纽约《太阳报》为代表的一批报纸创新盈利模式，抛弃之前党派色彩浓重的言论，雇用专职记者搜集各类社会新闻，同时压低之前过高的报纸售价、扩大发行量，进而把建立在销量基础之上的用户注意力转售给广告商，形成了经典的"二次售卖"模式。伴随着这一盈利模式的成功和普及，新闻业才得以茁壮成长，并在社会发展中发挥了巨大作用。

中国有自己的国情，媒体的发展也有自己独特的模式。但是，肇始于20世纪80年代的新闻改革，其本质特点之一也是承认媒体具有"事业"和"企业"的双重属性。在对媒体的定位有了新的认识以后，新闻单位就不再只是一个新闻宣传机构，而是肩负起了"自我造血"的重任，并开始从事经营管理工作。此前，报社曾经只有总编辑的岗位设置；此后，国内大部分报社开始实行社长领导下的总编辑、总经理分工负责制，总经理成了报社"三巨头"之一。在这样的配置下，媒体高度重视发行和广告等经营工作，一度成为"挣钱"大户，在社会上也赢得了比较高的认可度。媒体取得这样的成绩，一方面与高度重视内容生产有关，另一方面也与经营工作的战略地位提升密不可分。

因此，前面所说的关于媒体经营管理或盈利模式的研究较少，也并不是因为学者不重视对这个问题的研究，而是这方面的素材不易获取。这些经验材料往往会被视作"商业秘密"，没有一定的信任关系，想要获得经营管理方面的核心数据是有难度的。相反，关于媒体内容的素材都是公开的，材料的获取容易了很多，相应的研究成果也就更为丰富。

随着时代的变迁，进入21世纪的第二个十年之后，移动互联网技术的迅猛发展及社交媒体和平台媒体的快速扩张，对信息传播格局和新闻消费方式产生了深远的影响。传统媒体在技术浪潮的冲击下,正面临着前所未有的话语权危机和盈利模式危机的双重压力:它们过去掌握的话语权被新媒体逐渐分散和削弱,导致党和国家的意识形态安全受到挑战,传统媒体自身的影响力也在减弱;此外,传统媒体的"二次售卖"模式被打破,有效的新型商业模式尚未得到确立,传统媒体面临着巨大的生存压力。

面对传媒业的这一双重危机,党和政府始终将新闻舆论工作放在党和国家事业的全局中进行谋划,高度重视媒体融合创新发展,并明确提出要加快顶层设计,打造新型传播平台,建设新型主流媒体,扩大主流价值的影响力版图,使党的声音传播得更广、更深、更远。作为涵盖平台、内容、经营、管理等多个维度的媒体融合发展战略,盈利模式的转型是关键所在,它直接影响着媒体融合的效率和质量。

中国的主流媒体有特殊的体制机制,党和政府在一定程度上给予这些媒体以财政支持和其他的扶持措施。但是,经济基础决定上层建筑,媒体自身的经济实力在很大程度上决定了其发展方向和在公众心中的形象。因此,传统媒体要想继续稳居主流地位,保持强大的传播力、引导力、影响力和公信力,首先必须解决生存和发展问题,不能过分地依赖政府的扶持。进一步来说,要深入推进媒体融合,让传统媒体在新时代焕发新的生机,不仅需要在内容和形式上实现变革,还要打破传统的单一盈利模式,探索更加有效的多元化盈利模式,以实现可持续发展。

基于此,本书提出了三个主要的研究目标:首先,清晰准确地描绘出传统媒体盈利模式的历史演进过程,并总结其转型的动力机制;其次,分类和总结新时代下我国传统媒体的盈利模式创新路径,探寻模式转型的规律;最后,在比较国内外、新兴与传统媒体盈利模式的基础上,搭建起一个经验参照系,构建一个可持续的盈利模式评价体系。

为此,本书首先展开了新时代背景下的研究,描绘了融合发展中传统媒体的经营现状,展示了在风险、机遇和挑战中,其整体向多元化盈利模式发展的趋势。其次，针对"如何转型"的问题，本书大致将其分为直接和间接两种盈利模式：前者是针对微观层面的报纸或新闻产品、内容而言的，由广告收入转向读者收入；后者则更关注报业整体的多元化发展，包括文化地产、电子商务、政务服务、文化产业、整合营销、平台型业务、投资运营、财政扶持等多个相对独立但又有交叉的领域。对于报业集团而言，党报因具有吸收财政补贴的能力而面临较小的生存压力和盈利风险，所以它们往往将重点从都市报转移到党报上，以此作为摆脱营收困境和实现盈利模式转型的策略。

此外，鉴于变革后的盈利模式与传统媒体的营收方式存在较大差异，涉及专业媒体向商业媒体倾斜这一不同于传统认知和定位的转型方向，媒体组织内外都需要采取相应的行动策略以适应这种变化。尽管许多传统媒体已经进行了包括盈利模式转型在内的融合变革，并且目前也出现了一些相关研究，但大多为零散化的个案研究，缺乏一体化的整体研究。同时，行业内也缺乏对盈利模式效果的评估体系。鉴于此，本书在借鉴国外媒体、国内自媒体及平台媒体盈利情况的基础上，试图从整体出发，构建一个具有操作意义和推广价值的媒体盈利可持续发展评价体系，并据此提出媒体盈利转型的战略思维建议，为党和政府在宏观层面提供战略战术支持、营造良好环境提供对策和方案。

还要强调的一点是，在新媒体环境下，媒体的概念得到了极大的拓展，至少包括微博、微信、头条这样的平台型媒体，也包括"共青团中央""上海发布""深圳卫健委"这样的政务类新媒体，还包括"海尔电器""小米手机""海底捞火锅"之类的企业类自媒体，当然，还有数量庞大的各种类型的个人自媒体。这些媒体可以统称为"社会化媒体"。但是，本书关注的是"专业化媒体"，也就是由过去的传统媒体转型而来的新型主流媒体。具体说来，就是报纸、杂志、广播、电视这些类型的媒体。我们所讲的媒体融合发展，指的也就是这类媒体的融合发展。

从2014年算起，中国的媒体融合已经进行了整整十年时间，而本书可能是第一部系统研究媒体融合中的盈利模式转型问题的著作。虽然聚焦点是传统媒体或称新型主流媒体，但既然都是媒体，这些媒体与其他媒体就具有一定共性，在盈利模式上有很多的相同点。因此，本书对这些专业化媒体的研究得到的结论也可以在很大程度上用于前面提到的社会化媒体身上。

窦锋昌

2024 年 7 月

目 录

第一章 绪论 —————————————————————— 001

    第一节 研究背景 —— 003

    第二节 文献综述 —— 008

    第三节 研究问题 —— 033

    第四节 研究思路 —— 035

    第五节 研究方法 —— 038

第二章 媒体盈利模式转型研究的理论基础 —————— 040

    第一节 传统媒体盈利模式及其转型的概念界定 —— 040

    第二节 传统媒体盈利模式转型研究的理论资源 —— 050

    第三节 传统媒体盈利模式转型研究的理论框架 —— 057

第三章 媒体盈利模式的历史演进 ——————————— 061

    第一节 世界新闻媒体盈利模式的发展历程 —— 061

    第二节 改革开放后中国媒体的盈利模式演进 —— 065

    第三节 中国各级媒体当下普遍存在经营压力 —— 072

第四章　新时代媒体管理模式的创新与发展 —— 080

第一节　单一媒体的管理及创新 —— 080
第二节　媒体集团的成立与变革 —— 095
第三节　媒介体制与媒介的外部管理 —— 106

第五章　新时代媒体盈利模式的创新与发展 —— 111

第一节　维持性创新："二次售卖"模式的优化 —— 111
第二节　突破性创新："一次售卖"模式的回归 —— 122
第三节　颠覆性创新："三次售卖"的扩散 —— 135

第六章　媒体盈利模式转型的动力机制 —— 158

第一节　影响媒体盈利模式转型的多重因素 —— 158
第二节　制度变迁中的六大核心逻辑 —— 159
第三节　协同效应：多重制度逻辑下的动力机制 —— 168

第七章　典型媒体盈利模式的经验坐标搭建 —— 170

第一节　国外媒体的盈利模式 —— 170
第二节　多类型媒体纵向对照 —— 187
第三节　搭建坐标系：典型媒体完善盈利模式的经验总结 —— 217

第八章　媒体盈利能力评估制度的建立与应用 — 219

第一节　我国媒体组织经营绩效评估指标的确立 — 220

第二节　建立中国媒体组织经营绩效多元评估体系 — 228

第三节　构建评估流程，发布评估报告 — 229

第四节　设计基于评估结果的激励机制 — 233

第五节　媒体盈利能力评估制度的应用 — 234

第九章　媒体盈利模式的理论总结与优化建议 — 244

第一节　理论维度：盈利模式转型制度化的基本框架与现实困境 — 245

第二节　实践维度：媒体需要全新的战略与战术 — 250

第三节　研究不足及未来展望 — 266

主要参考文献 — 268

后　记 — 284

第一章

绪论

党的二十大报告强调,要加强全媒体传播体系建设,塑造主流舆论新格局,健全网络综合治理体系,推动形成良好网络生态①。党的十八大之后,移动互联技术飞速发展,社交媒体、平台媒体的扩张带来了信息传播格局和新闻消费方式的巨大改变,传统媒体在技术冲击中面临着前所未有的话语权危机和盈利模式危机双重危机:过去集中在传统媒体手中的话语权被新媒体分散和稀释,党和国家的意识形态安全受到威胁,而传统媒体自身也面临着突出的影响力危机;与此同时,原来行之有效的"二次售卖"模式被打破,新的商业模式迟迟未能建立,传统媒体也面临着巨大的生存危机。

面对上述传媒业的双重危机,习近平总书记始终坚持将新闻舆论工作置于党和国家事业全局中来认识和把握,从战略上高度重视媒体融合创新发展,并明确提出"要抓紧做好顶层设计,打造新型传播平台,建成新型主流媒体,扩大主流价值影响力版图,让党的声音传得更开、传得更广、传得更深入"。作为包含平台、内容、经营、管理等多维度的媒体融合发展战略,盈利模式的转型必然是其重要的组成部分,盈利情况影响着媒体融合的效率和质量。尽管政府在一定程度上给予了传统媒体财政支持,但物质基础决定上层建筑,媒体自身的经济实力在很大程度上支配着其发

---

① 习近平.高举中国特色社会主义伟大旗帜 为全面建设社会主义现代化国家而团结奋斗[N].人民日报,2022-10-26(01).

展的走向，也影响着媒体在公众心中的形象。因此，传统媒体要继续稳坐主流媒体的"宝座"，保持强大的传播力、引导力、影响力、公信力，首先要解决生存和发展问题。进一步来说，深入推进媒体融合，让传统媒体在新时代下迸发新的活力，不仅需要在内容、形式等层面实现变革，还需要改变过去单一的盈利模式，探索出更加有效的多元化盈利发展模式，从而支撑传统媒体实现可持续发展。

基于此，本书提出了三个主要目标：第一，清晰准确地描绘传统媒体盈利模式的历史演进发展情况，并从中总结出其转型的动力机制；第二，分类和总结新时代下我国传统媒体的盈利模式创新路径，并探寻模式转型的规律；第三，在对他国和本土、新兴和传统媒体盈利模式进行比较的基础上，搭建起盈利模式经验参照系，建立可持续的盈利模式评价体系。

由此，本书首先展开了新时代背景研究，即描绘出融合发展中的传统媒体经营现状，即在风险、机遇和挑战之中，整体上呈现出由"二次售卖"转向更加多元化盈利模式的发展态势。其次，就如何转型而言，可以大致划分为直接和间接两种盈利模式。其中，前者是针对微观的报纸或新闻产品（内容）来说的，呈现出由广告收入转向读者收入的趋势，即读者付费获取新闻内容，这部分收入成为媒体营收来源之一；后者则更着眼于报业整体的多元化发展，包括文化地产、电子商务、政务服务、文化产业、整合营销、平台型业务、投资运营、财政扶持等多个相对独立但也存在交叉的层面。就报业集团来说，由于党报具备吸收财政补贴的能力，面临的生存压力和盈利风险较小，因而报业集团往往将重点从都市报转移至党报。这也是改善营收困境，实现盈利模式转型的一种策略。

此外，鉴于变革后的盈利模式与以往传统媒体的营收方式存在较大差异，涉及专业媒体向商业化的倾斜。对于媒体组织的内外部而言，都需要采取一定的行动策略以适应这一不同于传统认知和定位的转型方向。尽管许多传统媒体都进行了包含盈利模式转型在内的融合变革，并且目前也有一些相关研究，但大多为零散化的个案研究，没有形成一体式的研究体系。同时，行业内部也缺乏对盈利模式效果测量的评估体系。鉴于此，本书在考察国外媒体、国内自媒体及平台媒体盈利情况的基础上，试图从整体着眼，建构起具有操作意义和推广价值的媒体盈利可持续发展评价体系。由此，本书试图为媒体盈利模式转型提出建议，为党和政府在宏观层面提供战略战术支持。

第一节　研究背景

习近平总书记在党的十九大报告中指出："经过长期努力，中国特色社会主义进入了新时代，这是我国发展新的历史方位。"这一重大论断的提出是报告的一大亮点。党的十八大胜利召开后，党和国家的发展从指导思想、方针政策、体制机制到社会主要矛盾、社会环境、外部条件等各方面都发生了巨变。在"把握党中央'新时代'特征"这一思想的指导下，各个领域都必须创新自己的发展模式，与时代发展轨迹相契合，无论是头部的思维模式、发展路线的转变，还是在具体转型过程中的体制机制的变化，都应当站在新的历史方位探索新的发展前景。只有敢于创新，寻求突破，各行各业才能在新时代的背景下以更全面、更深入的视角掌握发展密码。

一、新技术触发媒体革命

具体到媒体领域，在移动互联网飞速发展的背景下，技术带来了新闻消费方式的改变。在新闻供给侧（news supply side）方面，由原来的专业化新闻生产（professional news production）转变为社会化新闻生产（social news production），新闻生产主体极大地增加了，仅微信公众号就已经超过2000万个，朋友圈、微博号、头条号、百度号、网易号等也在随时随地地提供新闻和信息；在新闻需求侧（news demand side）方面，千人千面,个性化需求突显,手机和各种移动终端成为用户须臾不可分离的"器官",用户越来越习惯于通过移动端(而不是通过报纸或电视屏幕)获取新闻。

自工信部正式向中国电信、中国移动、中国联通、中国广电发放 5G 商用牌照开始,我国早已进入 5G 商用时代。技术创新推动时代变革,5G 时代的到来对新闻传播领域来说意义非凡。5G 具有的高速率、低时延等技术特征也为新闻传播领域带来新的发展契机。

首先,对于新闻生产者来说,在互联网和社交媒体诞生和普及之前,专业媒体、专业媒体人、专业传播机构统揽或承包了社会传播的基本职能。社交媒体出现后,内容生产的主体开始多元化,出现了个人生产内容(UGC)、机构生产内容(OGC)和专业生产内容(PGC)等不同方式,而 5G 之后出现了一个更重要的生产类别,即机器生产内容(MGC)①。由此看来,移动终端和可穿戴设备参与媒体内容生产,对社会、商业和人际关系产生丰富而深刻的影响,甚至能通过数字化显示人类的各种情绪。其次,就新闻内容而言,视频已成为媒体的主要表达形式,这一传播类型逐渐替代了文字书写的核心表达和关键性交流。短视频的兴起使视频在社会影响力中发挥主导作用,尤其是在主流事件和重要事项的传播方面,视频中的非逻辑、非理性成分会对传播效果产生重大影响。最后,对于新闻机构来说,它们要在互联网平台与媒体机构之间取得平衡,平台过强的控制力应当适度调整,以在平台、媒体、用户之间建立起一个合适的生态环境。

二、媒体融合成为国家战略

习近平总书记在十九届中央政治局第十二次集体学习时发表的重要

---

① 喻国明,曲慧.边界、要素与结构:论 5G 时代新闻传播学科的系统重构[J].新闻与传播研究,2019(08):62—70+127.

讲话中提出："要抓紧做好顶层设计，打造新型传播平台，建成新型主流媒体，扩大主流价值影响力版图。"这无疑突出了自主平台对新型主流媒体建设的战略意义。传统媒体手中拥有大量的优质内容资源，早些年因为委身于平台方提供的分发渠道而无法发挥最大价值，但在 5G 网络新时代下，相关的各种技术为其提供了临场与在场的可能[①]。需要指出的是，关于新闻采集与传播的相关影响，传感器新闻在当今时代已不再是新名词，而是成了新闻媒体采集的重要方式。在新时代下，会涌现出更多的未来感应新闻。比如，媒体可以通过 24 小时全时段的车辆监控来实现对城市交通的不间断报道等。同时，随着技术的不断完善，更多沉浸式的新闻表达会出现在人们的日常生活。无论是一场紧张刺激的球赛，还是生动形象的生活体验，抑或是庄重严肃的会议，都将突破传统有限的机位和镜头，实现真正的进入感和在场感。

相应地，随着互联网的发展，媒体的盈利模式也发生了巨大的转变。以上海的澎湃新闻为例，在传统媒体遭受困境的时候，澎湃新闻及其前身《东方早报》突出重围，用开放、积极的态度在当代互联网背景下打造新闻客户端。其在早期也是依靠纸媒时期积累下来的海量用户，将宝贵的用户资源进行二次售卖，从而获得广告收入。但是，这仍然属于一种传统的盈利逻辑。在新媒体时代下，它们需要考虑更多的可能性，开发更加多样化的功能和服务模式，甚至可以生产更多的优质内容，利用新闻付费等新型模式，为传统媒体在新时代的盈利寻求更多的机会。

2012 年是发生上述变化的较具代表性的起始点。对于中国大多数传统媒体来说，它们大都在 2012 年达到了营收的历史最高点。此后，广告吸附能力开始断崖式下滑。也就是说，2012 年之后，人民群众日益增加的新闻需求与传统媒体的供给能力之间产生了明显矛盾。2012 年以来，中

---

① 蔡雯，翁之颢. 专业新闻的回归与重塑——兼论 5G 时代新型主流媒体建设的具体策略 [J]. 编辑之友，2019（07）：5—9+22.

国传统媒体出现了前所未有的双重危机，即前文提到的话语权危机和盈利模式危机。伴随着传统媒体影响力下降而来的，是原有媒体的商业模式在很大程度上失效了，近年来的报纸关停、人才外流都是直接的后果。传统媒体式微，受众大量流失，广告和经营收入双双下降，其赖以生存的盈利模式在很大程度上溃败。究其原因，一方面是由于传统媒体对于当前发展格局的认识不够全面、深刻，自身在改革与创新过程中的相关做法有些滞后；另一方面与受众的个性化信息需求有关，即人们越来越追求个性化内容，而当今时代下传统媒体生产的传媒产品与相应的服务和供给能力难以适应广大人民群众日益增长的个性化需求。

面对传媒业的危机，国家从战略上高度重视媒体融合的创新发展。2013年11月，十八届三中全会明确提出要推进传媒融合发展。2014年8月，中共中央办公厅发布《关于推动传统媒体和新兴媒体融合发展的指导意见》，指出要推动媒介结构发生深刻变革，提高主流媒体的传播力、影响力、公信力和引导力。在此过程中，习近平总书记多次对推进传媒融合发展进行深入论述，着重指出要"融为一体""合而为一"，做到从相"加"到相"融"的迈进，努力建设一批新型主流媒体。这一理念逐步由理论过渡到政策，从媒体行业自发的创新进入"十四五"的国家政策引导及战略部署范畴。在媒体融合政策推进的过程中，传统媒体的盈利方式发生了全面的转变，各个层面的媒体都在实践中探索出了丰富的盈利模式。但是，传统传媒和新兴传媒的融合之路还很漫长。2017年1月5日，时任中宣部部长刘奇葆在深化媒体深度融合工作座谈会上，提出了推动媒体深度融合的若干问题，具体包括传统媒体在体制机制、观念思维、考核评价、技术应用、盈利模式等方面的诸多难题。

三、中国媒体不断推出创新举措

在这种背景下，中国传统媒体盈利模式的整体转型已进行了近十年，各地各级媒体在实践中发展出了较为丰富的模式。其间，传统媒体在搭建新媒体渠道、转变内容生产方面变化很大,学术界在这方面的研究成果也很多。但是,物质基础决定上层建筑,传统媒体要继续扮演主流媒体的角色,首先要解决生存和发展问题,而传统媒体以往建立于"二次售卖"模式基础上的盈利模式需要在新时代完成转型。许多新闻从业者也曾在访谈中将新闻界的境遇表述为盈利和商业模式的危机,认为"二次售卖"模式已成明日黄花,并将商业实践中经验丰富的成功转型案例视为可以效仿的对象①。因此,众多传统媒体纷纷尝试摆脱以往单一的广告收入来源,尝试多元化的盈利模式。部分传统媒体在转型发展中,把战略重点从"二次售卖"重新转回到"一次销售",核心做法是将销售对象从广告商转向读者,竭力开展以"付费墙"(pay walls)为核心的数字订阅业务。此外,多家媒体探索出了多种行之有效的发展模式,很好地缓解了传统媒体的经营状况问题,甚至远远走在世界媒体的前列。

综上,本书的研究具备充分的研究条件,也有较高的学术价值与应用价值。一方面,由于中国特色社会主义进入了新时代,伴随着媒体技术的巨大进步,传统媒体的发展也进入了新时代,需要在盈利模式上开展转型探索。本书意在绘制新时代中国传统媒体盈利模式转型的路线图,提供有中国特色的传统媒体转型理论。世界范围内的传统媒体都在新传播革命的进程中找寻着自己的转型路径,各国学界也以此为基础,发展了各自的媒体转型理论,中国新闻传播学界需要作出自己的理论贡献。同时,中国媒体经过十多年的转型实践,已经积累了大量宝贵的经验,具备了在此基础上总结和升华的条件。另一方面,本书有较强的现实性和针对性,中国现在依然有接近2 000种报纸和10 000种期刊,传统媒体的存量很大,而且在多元复杂的舆论场中,这些传统媒体依然是维护意识形态安全的主力军。十多年来,这些传统媒体绝大部分都走上了融合发展的道路,在

---

① 李艳红,陈鹏."商业主义"统合与"专业主义"离场:数字化背景下中国新闻业转型的话语形构及其构成作用[J].国际新闻界,2016(09):135—153.

盈利模式的探索上也成绩显著。但是,这些传统媒体大部分都是"摸着石头过河",缺乏扎实的理论指导,希望本书的研究成果可以给传统媒体进一步的盈利模式转型和融合发展提供理论指导和路径参照。

第二节　文献综述

一、新时代下的新闻业研究

自十八大以来,"五位一体""四个全面"及一系列新思想战略的提出,推动我国步入一个全新的时代。陶文昭指出,新时代理论的提出具有三个条件,分别是时间的积淀、发展的成就和主要矛盾的转化。他还明确了新时代的特性,即"发展的阶段性特征""世情、国情、党情"等,指明了新时代的奋斗目标和发展方向[1]。他认为,新时代是个新概念,要从理论逻辑、历史逻辑、过程逻辑和使命逻辑上对概念进行正确把握,并提出了新时代到底以什么作为标志,承载着怎样的使命等问题[2]。李景治提出了新时代的三个内涵:一是中华民族迎来了从站起来、富起来到强起来的伟大飞跃;二是中国特色社会主义焕发出强大生机和活力;三是中国特色社会主义道路为解决人类问题贡献了中国智慧和中国方案[3]。刘梅等学者从新时代的媒介融合的角度,认为只有采取"随势而动""顺势而为"的战略,才能促进中国传媒的发展和文化的发展[4]。

之所以要剖析"新时代"这一概念的内涵,是为了充分且准确地把握

---

[1] 陶文昭.论中国特色社会主义新时代[J].教学与研究,2017(12):5—11.
[2] 陶文昭.中国特色社会主义新时代的逻辑要点[J].马克思主义研究,2019(09):20—31+159.
[3] 李景治.深刻领会"新时代"重大政治论断的科学内涵[J].党政研究,2018(02):5—13.
[4] 刘梅,唐春淋.推动媒体融合发展　建设新时代文化强国[J].山西财经大学学报,2022(S1):112—114.

这些新出现的时代特征,继而帮助我们在媒体转型发展的过程中认识到当今社会的主要矛盾、社会环境的种种变化、外部条件的更新迭代,这是至关重要的一步。在新时代背景下,互联网的发展犹如一把双刃剑,对新闻业产生了巨大的影响。许多学者研究了互联网对新闻业发展的影响,大致可以分为三种类型:第一类,主要研究自媒体与传统媒体的关系或将二者进行比较;第二类,主要研究传统媒体与数字媒体的转换与初步融合;第三类,在新技术带来颠覆式冲击的背景下,主要研究了互联网对新闻业内部机制体制等方面造成的影响。

第一种类型的研究多围绕自媒体的出现展开。自媒体(we media)源于美国学者丹·吉尔默(Dan Gillmor)对网络论坛、社交网络、博客等相关新媒介现象的点评分析,他认为新媒介最显著的特点在于它可以实现传播者与受众间的互动交流[1]。不同于以往的传统媒体,这种传播模式使参与传播过程的全体成员都能够获得及时表达的机会[2]。自媒体作为一种新兴现象,对主流媒体或传统媒体产生了不小的冲击。因此,围绕自媒体和传统媒体相互作用的关系或将二者进行比较的研究也较为普遍。唐远清、刘苏仪以成都七中实验学校食堂事件为例,从议程设置的视角对传统媒体和自媒体在负面舆情事件中的冲突进行了探究[3];王长潇对播客自媒体与传统媒体的互动、民意聚合和商业模式的互补、民意多样化与监管自律的互助等问题展开了论述[4];张洪忠等学者对新冠疫情相关信息的三类传播渠道的公信力进行了比较分析,探究了官方渠道、人际传播和自媒体

---

[1] S. Bowman, C. Willis, D. Gillmor. Here Comes "We Media" [J]. Columbia Journalism Review, 2003 (Jan/Feb):20-21.
[2] S. Bowman, C. Willis. We Media: How Audiences Are Shaping the Future of News and Information [R]. Switzerland: ICT4Peace Foundation, 2003-10-21.
[3] 唐远清,刘苏仪.负面舆情事件中主流媒体和自媒体的舆论冲突——以2019年成都七中实验学校食堂事件为例[J].青年记者,2020(03):38—40.
[4] 王长潇.播客平台的商业模式、监管自律与播客自媒体公民意志的再传播[J].现代传播(中国传媒大学学报),2011(03):116—120.

的公信力特点①。

第二种类型的研究围绕传统媒体与数字媒体的相互融合展开。学界发展出多个概念来描述这一转变,如用户生产内容、公民新闻(citizen journalism)、参与式新闻(participatory journalism)等②。有研究分析了公民新闻对新闻媒体的影响,认为其突破了传统的新闻生产模式,可以通过多种形式传播新闻信息,以满足大众对信息的要求。公民新闻也改变了传统媒体的信息来源,影响了传统媒体的议程设置功能③。互联网技术的变革使部分新闻人开始对互联网环境下的新闻报道进行反思。白红义认为,大众通过网络介入新闻生产的过程,提供意见、事实、影像等内容,成为新闻场域中新的积极行动者,对新闻人具有的专业权限形成了巨大的挑战,并对新闻人在话语和实践上重新进行了定义④。

第三种类型的研究伴随着移动互联网技术对新闻业的颠覆式冲击展开。在这一领域,中国学界最近几年出现了不少研究成果。比如,张志安和吴涛指出,互联网使中国新闻业的产业结构、受众结构等方面都发生了巨大的变化,对中国新闻业的改革产生了深远的影响。他们认为,新闻生产正在经历从专业化到社会化的过程⑤,主要体现在三个方面的重大变化。首先,新闻生产由过去的专业化和极具组织化的模式转变为去中心化、由普通人共同参与的生产模式。由此可以看出,在互联网的冲击下,

---

① 张洪忠,梁爽,王競一.官方渠道、人际传播、自媒体:有关新冠肺炎疫情的传播渠道公信力分析[J].新闻与写作,2020(04):37—42.
② 陈宪奎,刘玉书.2003—2014年中美自媒体研究和比较分析——基于数据挖掘的视角[J].新闻与传播研究,2015(03):80—98+128.
③ 蔡雯,郭翠玲."公民新闻"的兴起与传统媒体的应对——对西方新闻传播变革的观察与分析[J].新闻战线,2009(09):49—52.
④ 白红义.塑造新闻权威:互联网时代中国新闻职业再审视[J].新闻与传播研究,2013(01):26—36.
⑤ 张志安,吴涛.互联网与中国新闻业的重构[J].现代传播(中国传媒大学学报),2016(01):44—50.

传统新闻业内部变得更加开放，其新闻生产的过程也不再由过去专业的新闻从业者主导，越来越多的普通人可以利用社交媒体平台传递信息，进行互动与交流，整个生产过程从后台走向了前台。其次，传统媒体的功能发生了变化，从过去的功能单一，以发布、传播新闻为主，发展为不仅发布新闻，还开始通过算法推荐等技术手段满足受众更加个性化的需求。此外，社交媒体也开始提供丰富多样的生活服务，集众多功能于一端，这是互联网时代下新闻媒体的一大特征。由于时代的发展，生活节奏的加快，越来越多的人热衷于碎片化阅读，导致互联网时代下的新闻业开始逐渐往碎片化的方向发展。各媒体平台希望读者能够快速及时地获取新闻信息，从而获得更好的阅读体验，增强用户黏性。最后是盈利模式的转变。在过去，由于新闻信息尚属较为稀缺的内容资源，传统媒体凭借自身强大的垄断优势，将积累的海量用户资源打包出售给广告商，从而实现"二次售卖"的盈利模式。但在互联网的冲击下，其垄断优势逐渐消失，随之发展兴盛起来的新媒体导致传统媒体曾一度陷入困境。在不断探索媒体融合的过程中，传统媒体的盈利模式逐渐发生了转变，主要通过社会企业、社会组织团体、基金会资助和政府财政支撑。

此外，还有不少研究集中在技术给传统新闻生产体制带来的冲击及应对上。比如，丁方舟和韦路认为，使用微博的记者更倾向于职业转型，较之电视等媒体记者，他们的转变速度要更快[1]。这也为当今时代下新闻从业者的发展提出了全新的要求，即过去单一型的记者、编辑在互联网时代下越来越难以适应受众日益增长的个性化需求，必须发展全方位的新闻工作者，集采、写、编能力于一身，才能更好地承担起当今时代赋予新闻行业的重任。蔡雯强调，面对技术带来的挑战，专业化的新闻生产必须建立新的标准和范式，并为新闻业务改革提供新思路，即要实现专业化和开

---

[1] 丁方舟，韦路. 社会化媒体时代中国新闻从业者的认知转变与职业转型[J]. 国际新闻界，2015（10）：92—106.

放的融合发展①。彭兰也在文章中指出,当今社会的大数据成了新闻报道的重要工具,其包含的丰富的数据也成为当今新闻报道的主要内容和资源。可见,大数据技术的发展对我国乃至世界的新闻生产方式都产生了巨大的影响②。通过梳理以上文献,可以发现目前在互联网的影响下,各种新技术应运而生,不仅对新闻业的发展与重塑起着至关重要的作用,还为传统媒体盈利模式的转型提供了新的思路。

还有研究指出了新媒体技术的两面性,认为构建与解构是共存的③。具体而言,在沟通方式上的积极建构主要表现在受众参与方式的变化、文本的开放性和媒介对受众的社会化;从文本的传播角度看,解构现象是存在的,主要表现为话语"内爆"和文本的扭曲。也就是说,我们需要注意伴随这些新技术发展而来的种种风险与挑战。正如尼尔·波兹曼(Neil Postman)针对新技术的发展而提出的"娱乐至死"观点,即一旦电子媒介成为信息的主宰,人们恐将在其中被吞噬。事实上,新媒体技术的发展使得把关人这一重要角色的功能被弱化了。在这个"人人都有麦克风"的时代,新闻的真实性屡遭质疑,甚至出现了"后真相"现象。此外,很多新闻媒体在利益的驱使下开始发布低俗、虚假的新闻内容,"标题党"现象频频出现,瓦解了新闻本该具有的深度。

综上,传统媒体遭受了移动互联网的冲击,在这一点上,中国媒体与外国媒体别无二致。但是,中国媒体有许多独特之处,它们在转型期不断地寻求突破,乘着新时代的东风,试图发展有中国特色的媒体盈利模式。这些特点需要在与外国同类媒体的比较中得到归纳和提炼,目前来看,此类研究相对较少。

---

① 蔡雯. 走向专业化与开放性相融合的新闻传播——试论社会化媒体影响下的新闻业务改革[J]. 国际新闻界,2012(09):59—64+81.
② 彭兰. "大数据"时代:新闻业面临的新震荡[J]. 编辑之友,2013(01):5.
③ 葛自发. 新媒体对"积极受众"的建构与解构[J]. 当代传播,2014(01):71—73.

二、传统媒体转型与融合发展研究

2005年,蔡雯通过对美国报业实践的观察和与西方学者的交流,比较早地在中国引入了"媒体融合"的概念。她指出,"媒体融合是大势所趋",面对这一现实问题,各国都需要培养具备相应才能的媒体从业者①。之后,学界对媒体融合定义和概念的讨论一直处于较为热烈的状态,但并未形成公认的明确界定。但总体来说,它指向的是"人类传播活动诸要素内部界限模糊的一种状态",包含技术、经济、主体、内容、规范等多层面、多视角的融合,并处于不断变化之中。在直接作用于媒体发展本身之余,媒体融合会对社会关系进行重构,催生新的媒介文化,还会对政治生态产生不可磨灭的影响②。鉴于这一议题的复杂性及影响的广泛性、深远性,媒体融合的相关研究体量大、视角多、范围广,但基本上都是以政策为导向,以实践为参照而展开的。2014年8月18日,中央全面深化改革领导小组第四次会议审议通过《关于推动传统媒体和新兴媒体融合发展的指导意见》③。这一政策的推行成为中国媒体融合的里程碑事件,2014年也被称为中国的"媒体融合元年",之后的相关研究成果更是层出不穷。

(一) 关于媒体融合政策演进的研究

陈昌凤和杨依军认为,媒体融合的一举一动都受到执政党相关政策体系的影响。十八大以来,执政者在多个重要场合传递了推动传统媒体和新兴媒体融合发展的政策信息,一个包括全局政策、行业政策、地方政策在内的媒体融合政策体系已经初步形成。国家战略的出台为传统媒体

---

① 蔡雯. 培养具有媒体融合技能的新闻人才——与美国密苏里新闻学院教授的对话 [J]. 新闻战线, 2005 (08):84—86.
② 韦路. 媒体融合的定义、层面与研究议题 [J]. 新闻记者, 2019 (03):32—38.
③ 习近平主持召开中央全面深化改革领导小组第四次会议强调, 共同为改革想招, 一起为改革发力, 群策群力把各项改革工作抓到位 [N]. 人民日报, 2014-08-19 (01).

与新兴媒体相融合创造了新的契机,如国家颁布了多份与媒体融合相关的文件,从顶层设计的角度规划、推动着媒体融合①。基于我国的媒体层级划分情况,有学者指出,现在已形成涵盖中央、省、市和县的四级融合发展布局,具体表现为中央级媒体引领顶层设计,省市级媒体打造中流砥柱,县级融媒体中心助力脱贫攻坚②。也有学者从政治、技术和市场三重逻辑的角度分析了习近平总书记的媒体融合发展思想。首先,从政治逻辑角度出发,做好媒体融合,把握住意识形态工作的正确方向,对于国家长治久安、党的发展而言至关重要,因为只有积极推动传统媒体与新媒体深度融合,才能在新时代中把握意识形态的主动权,从而占领传播的制高点,巩固我国主流思想文化的宣传阵地,促进主流正能量的舆论发展。从技术逻辑角度来看,要进一步强化媒体融合发展中一体化思维和互联网思维,通过理念的革新,实现各种媒介资源的共享融通。从市场逻辑看来,要把握和洞悉市场发展规律,借助市场的机制体制来宣传主流舆论,逐步扩大影响力,还要加强传播的内容建设,增强媒体的核心竞争力③。黄楚新在研究中提出,中国媒体融合发展是由政策逻辑推动的媒体转型,目标就是要以"全媒体传播工程"为核心,建立新型的主流媒体,并最终形成一个完整的传播体系。同时,他还在文章中指出,近年来,媒体融合的不断发展也凸显出党对媒体的领导作用不断加强,无论是在政策的布局上,还是在相应的媒体发展的创新模式指导中,为当下的媒体深度融合提供了先进的思维导向。这也说明党在引导媒体融合发展的过程中不仅与时俱进,而且站在了更高的层面上系统化、规范化地领导着中国媒体事业

---

① 陈昌凤,杨依军.意识形态安全与党管媒体原则——中国媒体融合政策之形成与体系建构[J].现代传播(中国传媒大学学报),2015(11):26—33.
② 徐敬宏,侯彤童.从现代传媒体系到全媒体传播体系——"十三五"时期的媒体深度融合之路[J].编辑之友,2021(01):28—34.
③ 林如鹏,汤景泰.政治逻辑、技术逻辑与市场逻辑:论习近平的媒体融合发展思想[J].新闻与传播研究,2016(11):5—15+126.

的发展与创新①。朱春阳的研究表明,中国的国情决定了媒体融合的取向这部分,应当是相关研究的一个重要内容,而政策调控则是这一问题的中心②。在文章中,朱春阳从政治沟通、产业运行规则和发展技术三个层面对媒介融合进行了深入的思考与探索,认为政治、经济、技术这三个层面最重要的目标是达到目前社会的和解状态。媒体融合在当今时代最为主要的价值便是它能借助相关的专业性媒体打破信息时代的信息茧房壁垒,让更多的受众能够通过这些新媒体平台进行良好的互动与交流,达成共识,解决自身在社会生活中遇到的一系列问题与矛盾,从而成为社会发展的助推力。这些研究为本书的研究提供了一个新视角,即在研究传统媒体盈利模式转型的过程中可以尝试从媒体的政治功能、经济价值和技术支撑方向去探索全新的盈利模式。

此外,还有许多研究聚焦媒体融合中的财政支持政策方面。2014年以来,从中央到地方的各级媒体机构不约而同地将财政支持作为一个重要的转型手段。那么,财政支持到底在媒体融合发展中扮演了什么角色?怎样才能把财政扶持的钱用得更好、更有效率?廖志华等学者通过地方性研究,结合当地传统媒体发展面临的新形势和新挑战,提出了财政支持中存在的短板和具体的财政支持策略③,如创新财政资金的投资方式和重点、加强财政资金的绩效评价、支持人才的引进与培养等。郭全中认为,媒体融合的最基本目标是占领网络,特别是手机网络的舆论主战场,财政补贴可以促进传统媒体融合,但如果只依靠财政补助,将会使媒介的市场竞争能力大大降低,无法从根本上解决问题。因此,他认为政府必须在对

---

① 黄楚新.全面转型与深度融合:2020年中国媒体融合发展[J].现代传播(中国传媒大学学报),2021(08):9—14.
② 朱春阳.媒介融合规制研究的反思:中国面向与核心议题[J].国际新闻界,2009(06):24—27.
③ 廖志华,李开林,范霞,等.媒体融合新时代支持广播电视发展财政政策研究——以广西为例[J].地方财政研究,2020(03):70—76.

传统媒体进行财政补助的同时,建立科学、高效的评价机制,依据其新闻传播的质量和数量给予相应的财政支持①。

(二)关于媒体融合内容的研究

支庭荣认为,媒体融合的任务就是要促使各媒介更好地发挥其党的喉舌的功能,引导舆论,优化社会治理②;媒体融合的实质就是再造我国新闻舆论的机制,重构我国的公共治理平台。换句话说,我国对媒介融合的目标是占领网络中的思想意识阵地,传播和塑造主流价值观。这就需要我们高度重视媒体内容的生产。

谭天在文章中指出,当今媒体融合是互联网发展的必然结果,而媒体融合已不再是过去简单地将各种渠道相加,在多种平台发布相同的内容已不能满足当下用户的个性化需求,必须对内容进行深度融合③。对内容进行融合的关键之处,就是要深刻地把握和理解媒体终端的内涵,不同的终端应采取不同的内部发布策略。因此,作者在文章中深刻地解析了互联网时代下的渠道内涵,并着重分析了其与平台、应用之间的关系。文章认为,依靠渠道取胜的媒体思路在当下难以取得成功,媒体应摒弃过去的陈旧思维,将注意力从渠道争夺转向更为优质的内容生产和更为个性化的服务功能的开发。也就是说,传统媒体现在必须转变思维,加强对场景的开发,树立用户服务意识,进行终端融合。

彭兰认为,媒体在发展的过程中会逐渐形成自己特有的文化标志,那么在传统媒体转型时最为关键的一步,就是要在之前已经形成的媒体文化基础上转型④。一方面,由于传统媒体较为严肃,是一个以内容为主的

---

① 郭全中.媒体融合转型需要财政补贴[J].传媒,2016(24):20—21.
② 支庭荣.我国媒体融合发展的内在逻辑与焦点问题[J].人民论坛·学术前沿,2019(03):6—14.
③ 谭天.从渠道争夺到终端制胜,从受众场景到用户场景——传统媒体融合转型的关键[J].新闻记者,2015(04):15—20.
④ 彭兰.文化隔阂:新老媒体融合中的关键障碍[J].国际新闻界,2015(12):125—139.

单向性封闭系统,其呈现出了一种"庙堂式"文化,给受众的感受一贯是高高在上的,所以它们可以通过广告带来较为可观的收入。但是,在新媒体时代,人人都可以参与新闻的采集甚至传播过程,如果一味地秉持过去这种文化传统,将难以吸引、留住用户。因此,新媒体时代下的网络文化更多地偏向一种竞争式的江湖文化。它是以人为主的,更注重用户的体验感。另一方面,站在用户角度去考虑数字鸿沟现象,会发现老年人对于信息更多地呈现出一种被动接受的状态,年轻人则更愿意主动探索新媒体带来的各种全新的用户体验。那么,媒体在转型的过程中能否平衡好二者的关系,并让更多人享受到信息时代的红利呢?这正是融合的关键点。也就是说,媒体在进行内容融合时要把握好媒体文化这一重要因素,既要保留过去优秀的文化血脉,又要以开放的姿态与时俱进,做好文化的过渡是媒体转型成功的重要一环。

(三) 关于媒体渠道融合的研究

强荧等学者指出,媒介融合背景下产生的新型主流媒体将深度融合技术、内容、机构、平台、受众等所有资源,促进舆论的引导力和传播力的提升[1]。严三九专门分析了当下中国媒体渠道融合发展过程中存在的问题,探讨了媒体渠道融合中技术、产业、内容、资本、体制等驱动要素及其相互作用机制[2]。郭全中认为,未来互联网的主要形态将是智媒体。尽管当下借助各种互联网技术涌现出的全媒体、融媒体、新媒体等概念层出不穷,但从发展的角度去看待这些事物时,可以发现这些概念只是媒体发展过程中的过渡概念,代表的是当下某个阶段,而非媒体发展的未来[3]。由此,媒体融合的渠道也不应仅局限在当下,在传统媒体与新媒体之间,更

---

[1] 强荧,焦雨虹.融合下的新型主流媒体影响力探析[J].新闻与写作,2014(10):5—8.
[2] 严三九.中国传统媒体与新兴媒体渠道融合发展研究[J].现代传播(中国传媒大学学报),2016,38(07):1—8.
[3] 郭全中.智媒体的特点及其构建[J].新闻与写作,2016(03):59—62.

应该将注意力放在未来智媒体的开发与利用中去。

宋建武等人在文章中指出,我国主流媒体的转型融合目前已进入一个全新的阶段,打赢这场深度攻坚战需要各方媒体的共同努力,并制定符合时代特征的发展战略[①]。当前,我国许多媒体都在积极地构建互联网媒体平台,旨在通过汇集各类信息资源,实现跨越时间和空间的信息共享与交流。作者在文章中指出,主流媒体要想获得互联网时代下的舆论主导权,必须进行平台化渠道建设,只有这样才能构建起主流媒体在当今时代的全新商业发展模式。如果进一步对平台化建设进行细分,宋建武等人发现目前我国主流媒体建设的平台共有五种,分别是内容型平台、服务型平台、渠道型平台、生态级媒体平台和管理型平台。文章还以浙江日报报业集团为例,深入分析了主流媒体在进行平台化建设时是如何处理平台与技术、平台与产品、平台与团队等之间的关系的,为其他主流媒体的转型升级提供了一定的借鉴意义。

(四)关于媒体融合路径的研究

朱春阳总结了我国传统媒体融合发展的两条路径:一条是体制外转型(如上海报业集团的三个新媒体项目),另一条是合作创新(如阿里巴巴与第一财经的合作)[②]。胡正荣认为,要以互联网为基础,对传统媒体进行经营理念的重构,建立用户、开放、共享的新型经营观念,提出传统媒体与新媒体融合发展的路径,即构建融合的媒体技术体系,顺应使用者的需求,以产品为导向,以及通过流程再造与组织重构,构建媒介融合体制机制[③]。

---

① 宋建武,黄淼,陈璐颖. 平台化:主流媒体深度融合的基石[J]. 新闻与写作,2017(10):5—14.
② 朱春阳,杨海. 澎湃新闻再观察:融合发展路径的探索与经验[J]. 电视研究,2015(02):10—12.
③ 胡正荣. 传统媒体与新兴媒体融合的关键与路径[J]. 新闻与写作,2015(05):22—26.

学者曹继东指出,当代对于媒体的融合应当分阶段进行讨论①。鉴于当前我国主流媒体处于转型升级的关键发展阶段,文章着重探讨了在当前发展阶段下媒体转型的主要路径。首先,要明确主要问题,即当前媒体融合的首要任务是解决技术的融合和产业的融合问题,以此为基础才能实现体制与组织的整合。其次,循序渐进地在传统媒体和新媒体的融合进程中完成阶段性的战略目标。作者在文章中对媒体融合的必然性进行了深入的剖析,指出媒体融合是一种技术的综合发展,对于媒体重构和用户场景的构建至关重要。接着,作者从文化融合路径、资本融合路径、产业融合路径、中西融合路径、技术融合路径和跨界融合路径几个方面展开了具体论述。总体来说,媒体融合的路径较为多元,所以可以根据各类媒体自身的特点,结合其实际情况进行合理的转型升级。

宋建武还就我国主流媒体融合转型的路径进行了研究与探讨,他在文章中提到,我国主流媒体在转型升级的过程中仍然不能忽视其肩负的主要任务,即建设新型主流媒体,由此构筑现代化传播体系②。因此,我国主流媒体在进行融合转型时要从以下路径进行探索。首先,做好顶层设计,在内容方面注重创新,避免同质化;在平台方面加强技术引入,利用互联网技术搭建智慧型媒体平台;树立用户思维,以满足用户的个性化需求为核心。其次,强化合作意识,在发展好媒体信息内容建设的同时,联合当地的政务服务平台,共同打造集新闻资讯、生活服务于一体的智慧型服务体系。最后,创新商业盈利模式,通过大数据等方式精准分析用户偏好,提升用户体验感和互动感,通过一体化平台实现多元化盈利,打造全新的数据化商业模式。

不过,也有学者对目前媒体融合的路径提出了质疑。比如,有学者认

---

① 曹继东.传统媒体与新媒体的融合路径探析[J].出版广角,2014(Z2):14—18.
② 宋建武.以服务构建用户平台是媒体融合的关键[J].新闻与写作,2015(02):5—9.

为,目前的媒体融合和媒体变革是一种错误的发展路径,以传统媒体的发展逻辑为基础,网络的发展模式不是融入网络,而是直接被植入网络[①]。因此,这种整合和变革并不能起到预期的效果。他还指出,平台型媒体是未来媒体融合发展的主要方式。

(五)关于媒体融合逻辑的研究

宋建武等学者在研究中提到,新兴媒体的发展要遵循其发展规律,在媒体融合向纵深发展时,一定要全面充分地把握当今全媒体时代下新闻传播的特点及规律,这样才能制订出更加科学、合理的发展规划[②]。此外,在制订发展计划时也要充分处理好媒体融合发展过程中主流媒体与商业平台的关系、传统媒体与新兴媒体的关系、大众化媒体与专业性媒体的关系和中央媒体与地方媒体的关系。作者在文章中提出传统媒体与新媒体在融合的实践中应当秉持原有的主流调性,不能为了赢得受众而失去主流媒体应有的内容生产能力、社会影响力和公信力等突出优势。传统媒体应当把握好这样一个逻辑,即以构建新型主流媒体为核心目标,借助互联网环境下各种信息技术去强化自身的功能;要掌握舆论场中的主导权,更好地规范商业化平台,并与其达成一种合作、互补的新兴战略关系。对于拥有庞大受众群体的大众化媒体而言,它们也应当积极地拓宽服务领域,开发新的服务功能,打造综合性一站式信息资源共享平台;对于专业性媒体而言,应加强对从业人员专业素质的培训,实现更多优质内容的生产,向着更加垂直的专业性领域发展。

黄楚新等学者在研究中指出,在互联网飞速发展的时代背景下,媒体融合发展需要转变传统思维,树立新的思路和理念,践行新的方式和方

---

① 喻国明.互联网是一种"高维"媒介——兼论"平台型媒体"是未来媒介发展的主流模式[J].新闻与写作,2015(02):41—44.
② 宋建武,林洁洁.遵循新兴媒体发展规律 推动媒体融合向纵深发展[J].传媒观察,2019(04):5—9.

法,引领媒体融合向更加纵深的方向发展①。首先,要树立新思维。这是指在互联网和市场经济的双重背景下,主流媒体在融合时要注意所传播观点的正确性,不论何时何地,都应始终秉持着守正创新的理念,旗帜鲜明地传播正能量,弘扬主旋律。同时,由于新闻的准入门槛降低,更提醒媒体提高风险防范意识,加大对网络中鱼龙混杂的信息的甄别力度,加强管理网络、治理网络的能力培训。此外,为全方位地打造新型传播平台,扩大主流媒体的传播力和影响力,应当创新主流媒体的对外传播方式,在国际传播与交流中取得一定的话语权。其次,要创新内容生产,即借助AR、VR、5G、区块链等新技术,全力构建智媒体平台,生产个性化、差异化的内容,依据用户的使用偏好和使用习惯,针对性地对相应的内容进行编辑与制作。这不仅是为了在激烈的市场竞争中更有效地吸引用户的注意力,更是为了实现传统媒体与新媒体之间的更深层次的融合,为用户带来更好的体验。再次,要创新经营模式。随着流量时代的到来,盈利模式变得更加多元,过去单一的广告收入已经难以满足现在社会的需求。此时,媒体需要进一步细分市场,实现跨界融合,如媒体与政务体系的融合等,汇集信息,做到从群众中来,到群众中去,做好服务与内容的双重保险,进一步打造盈利闭环。最后,需要培养适应时代发展的全新人才。一方面,要在教育实践的过程中培养新时代有研究能力的人才,突破新闻发展中固有的传统范式;另一方面,高校教育应加强专业学生实际动手能力的教育,引入各种新兴技术,建设一支有充分理论素养和实践能力的全方位人才队伍。

喻国明指出,传统的媒介在互联网时代并不会被日益涌现的新兴媒体取代,反而由于其在洞察社会逻辑与传承文明方面的特有优势,会成为媒体发展过程中重要的稀缺资源②。5G 技术既深刻地改变着我们的生

---

① 黄楚新,郭海威. 媒体融合纵深发展需要"四个新" [J]. 科技与出版,2019 (05):21—28.
② 喻国明. 5G 时代传媒发展的机遇和要义 [J]. 新闻与写作,2019 (03):63—66.

活,也在推动一场新的信息革命的到来。在这样的发展节点下,如果传统媒体能遵循媒体发展规律,在开放发展中找准自身定位,加强与其他媒体、其他国家的交流与合作,一定能创造出更多的社会价值。喻国明提出,新型主流媒体的价值呈现和功能实现需要脱胎换骨式的转型,其具体的实现途径是利用内容服务来整合关系资源,以及通过以场景为基础的应用小程序模式引导价值①。此外,他还在文章中对传统媒体与新媒体在新时代的合作模式进行了深刻的探讨②。总体来说,传统媒体转型升级及与新媒体进行融合的一个关键逻辑,就是要明确产品规划,整合资源,既要掌握话语权与主导权,又要重视用户的需求与体验,在合作中结合自身特点选择合适的、正确的发展路径。林如鹏和汤景泰指出,推进媒体融合是习近平总书记关于媒体创新理念的新发展③。习近平总书记的系列重要讲话对我国媒体融合发展的政治、技术和市场逻辑进行了较为系统的论述。从政治逻辑上讲,推进传统传媒与新兴传媒的融合发展是加强思想政治工作的一项战略要求,也是加强主流舆论的一项迫切任务。从技术逻辑上讲,新闻产品要从"相加"到"融合",才能真正体现网络特性的融合。同时,媒介经营和新闻生产的体制机制也必须随之改变。从市场逻辑上讲,要以市场为主要的资源配置方式,发展的结果必须能经受住市场的检验。

综上所述,学术界近年来对传统媒体转型和融合发展的研究成果丰硕,涉及的维度和视角也非常多样化。媒体融合是一场持续性的大规模变革,离不开创新和转型。在长期的"实践探索与生死纠缠"之中,朱江丽

---

① 喻国明.新型主流媒体:不做平台型媒体做什么?——关于媒体融合实践中一个顶级问题的探讨[J].编辑之友,2021(05):5—11.
② 喻国明,曲欣悦,罗鑫.试析传统媒体与新媒体的合作模式与操作要点[J].中国地质大学学报(社会科学版),2016(04):79—84.
③ 林如鹏,汤景泰.政治逻辑、技术逻辑与市场逻辑:论习近平的媒体融合发展思想[J].新闻与传播研究,2016(11):5—15+126.

总结了中国传媒业的新模式,包括中央厨房、平台化融合、制播分离、混合所有制等①,在组织架构上也存在着新闻聚合化、产品模块化和再集团化的模式调整②。朱鸿军提出融媒转型的基干领域包括身份定位、目标群体、内容风格、载体升级、技术使用、资本运营、管理制度、商业模式、政府规制和媒体角色等,它们都将实现颠覆式创新③。就媒体融合的成效而言,姬德强和朱泓宇从规范性角度建立起了传播、服务和治理的三元评价体系④。总体而言,学者已基本达成共识,即认为媒体产业的融合发展已经是当今传媒行业的主流,也是实现媒体价值最大化的唯一途径。

三、媒体经营管理与盈利模式研究

(一) 生态学理论视角下媒体经营模式的研究

国外学者约翰·迪米克(John Dimmick)在其《媒介竞争与共存:生态位理论》一书中认为,生态学理论能够很好地解释媒体之间互相竞争又互相依赖的现象,可以作为传统经济学理论的补充。研究生态学视角下的传媒经营模式可以为当代市场经济体系下媒体之间出现的竞争现象提供研究视角,也为传统媒体在新媒体时代的盈利方式创新提供了新思路。张明新在文章中将西方媒体经济的研究范式分为四种,分别是管理学范式、媒体经济学范式、经济学范式及生态学范式⑤。卜彦芳、董紫薇指出,媒体生态论认为,媒体组织拥有的或通过互相合作所能调动的各种资源

---

① 张路曦.我国媒体融合的新模式、新问题与新趋势[J].上海大学学报(社会科学版),2020(03):118—128.
② 朱江丽.媒体融合背景下传统媒体组织结构调整的模式与策略[J].传媒,2020(05):73—76.
③ 朱鸿军.颠覆性创新:大型传统媒体的融媒转型[J].现代传播(中国传媒大学学报),2019(08):1—6.
④ 姬德强,朱泓宇.传播、服务与治理:媒体深度融合的三元评价体系[J].新闻与写作,2021(01):25—31.
⑤ 张明新.媒体竞争分析:架构、方法与实证——一种生态位理论范式的研究[M].武汉:华中科技大学出版社,2011:21—22.

决定了其在当下市场中的位置,而这一位置便是这些媒体组织制定经营管理战略的依据①。媒体生态与市场环境始终处于一个动态的发展状态,媒体组织在其中的生态位经营则是在进行一场从短期到长期的耗时较长、波动较大的拉锯战。目前,主流媒体进行的融合转型就是在这场拉锯战中重新获取媒体生态位的主动地位的过程。作者还指出,在当下的媒体生态环境中,媒体组织的经营策略可以分为短期与长期两个阶段。从短期来看,可以实施合纵连横策略、错位经营战略、基因优化策略、创新媒体组织策略,旨在进一步优化现有的资源和要素。从长期来看,可以实施生态外加成策略与临界点舍弃策略。这样划分的原因是,在媒体进行充分融合的同时,传统的媒体业务也不会因此没落,并且也能够把更多的注意力放到新技术飞速发展的市场中,把握第一时间。只有将以上策略适时、适度、灵活地加以运用,才能让主流媒体在新媒体时代重获新生。

严怡宁指出,媒体生态空间是由各种不同的生态位组成的,缺少任何一个都会对整个媒体生态系统的完整性造成破坏,从而影响受众对新闻信息认知的全面性②。作者在文中着重讨论了报纸这一传统媒体在新的媒介生态环境中如何重塑自身的竞争力。她认为,报纸应当找准自身定位,要打造独特性,做能满足受众对于某些特定信息的阅读需求的媒体。只有这样,报纸才能在激烈的市场环境中寻求长期且有效的发展之路。张杰、颉宇星在研究中主要分析了电视媒体,从功能生态位、失控生态位及营养生态位三个角度提出了电视媒体想要寻求突破所必须进行的差异化改造③。此外,学者吴玉美提出的"圈层经济"或许能成为传统媒体寻求

---

① 卜彦芳,董紫薇.调适与突破:新型主流媒体生态位经营新策略[J].青年记者,2019(10):19—22.
② 严怡宁.报纸媒体生态位及其新闻竞争力刍议[J].金陵科技学院学报(社会科学版),2005(02):74—77.
③ 张杰,颉宇星.融合背景下传统电视媒体转型发展之道——基于媒介生态位视角的分析[J].中国出版,2017(12):46—48.

突破的重要思路①。

总体来说,通过梳理关于媒体融合经营的相关文献,可以发现学者们从不同维度探讨了媒体融合经营过程中出现的实际问题,并根据当下媒体生态的环境给出了较为合理的建议或具体措施。总结而言,学者们提出了一些基本一致的观点,即不论是新媒体还是传统媒体,二者始终是合作与竞争并存的关系,而融媒体发展的核心竞争力则是寻求差异化的媒体生态位。

(二) 媒体盈利模式的案例研究

盈利模式是媒体经营管理中的关键一环,许多学者对此进行了研究与探讨。比如,匡文波认为,面对新媒体冲击,有些传统媒体只是把内容搬到互联网端口上,这谈不上盈利模式的转型。他还提到,要把传统媒体和新媒体视作一个不可分割的整体,而不是单打独斗的单一新产品。传统媒体转型的最大困难是盈利模式不成熟,要在盈利模式上进行创新,应当借鉴新媒体的盈利模式②。于正凯认为,盈利模式转型的目的是实现更高的价值,即赚更多的钱③。"一买一卖"是实体经济,传统媒体"二次售卖"的是内容与广告。他认为,与新媒体一样,这些模式都是以用户体验为基础,并提出了以"强内容"带动商业价值链的理想状态。整体来看,现有的盈利模式研究大多为基于观察某一家或几家媒体并加以总结的案例研究。

1. 传统媒体盈利模式的困境及成因研究

传统媒体"二次售卖"的盈利模式已经在过去百年保持了良好的运行,但自 2012 年开始,就面临着转型的迫切需求和各种形式的"试错"。

---

① 吴玉美. 新媒体时代传统媒体的盈利困境与应对之策 [J]. 城市党报研究,2020 (05):46—48.
② 匡文波,张蕊. 传统媒体转型中的盈利模式 [J]. 青年记者,2014(24):22—23.
③ 于正凯. 技术、资本、市场、政策——理解中国媒体融合发展的进路 [J]. 新闻大学,2015(05):100—108.

这一过程时间短,各媒体也经验不足。目前,个案研究较多,基于全国传统媒体的样本转型实践的综合实证研究还较为匮乏。郑自立认为,我国媒体深度融合发展的一个重大瓶颈是盈利模式的不成熟,主要表现在市场定位不够鲜明,缺乏对价值链的整合和开发,过度依靠广告品牌等几个方面。鉴于此,作者建议加强对知识产权的保护,构建一条新的以 IP 开发为核心的盈利模式①。

有学者以《华西都市报》为个案,概括出一种以整合营销为抓手的整体转型模式②。王艳红等学者研究了《河南商报》的经营突围策略,认为都市报传统经营模式已不能持续的根源有两个:一是纸媒的影响力逐渐消亡,二是以报纸广告为主的盈利模式也在逐渐灭亡③。刘建华分析了传统媒体当前面临盈利困境的原因,指出目前传统的盈利模式已经很难持续,严重依赖发行、广告、活动等创收方式,只能依靠"输血式"和"订单式"的帮扶苦苦支撑④。因此,积极转向全媒体,探索未来报业市场的定位和作用,寻找一种成熟的盈利模式十分必要。传统媒体是"二次售卖"的先驱者,其盈利模式具有两大特征:一是传统媒体大都带有"国有"标识;二是盈利渠道较为单一,缺乏整体的系统规划与运营,也缺少对资源的深度整合⑤。

学者曹越对新媒体背景下传统媒体盈利的困境进行了总结。一方面,从外部环境来看,互联网的兴盛让越来越多的新媒体成为广告商的宠

---

① 郑自立.中国媒体深度融合的动力逻辑与推进路径[J].现代传播(中国传媒大学学报),2017(06):5—9.
② 郭全中.以整合营销为抓手的整体转型——以华西都市报为例[J].新闻与写作,2014(01):65—67.
③ 王艳红,关国锋.探寻传统纸媒广告经营突围之策——《河南商报》广告全方位革新的有益探索[J].新闻爱好者,2021(10):45—47.
④ 刘建华.中国报业改革发展的机理性问题与机制性突破[J].编辑之友,2021(10):67—73.
⑤ 郝振省,汤雪梅,宋嘉庚.对融合发展本质与路径的一些思考[J].出版广角,2021(14):23—27.

几,传统媒体仅靠广告实现盈利的方式已逐渐难以为继;另一方面,传统媒体内部的僵化运作也导致其转型不够彻底,往往是口号喊得响亮,却不敢大刀阔斧地突破传统思维和框架,所以很难走出以往的舒适圈①。

2. 对媒体盈利模式转型的研究

郭全中在研究芒果 TV 的过程中,认为湖南广电采用了"一体共生"的发展策略,凭借着顶层设计的科学性、相对完善的体制机制、独创的独播策略、内容自制策略和充足的资金支持,最终成为日活跃用户数量过千万、营收过百亿的自主可控平台②。

林思颖认为,在互联网大背景下,传统媒体必须转变过去传统的发展理念,才能在当前政治经济环境中获得长久的发展③。文章以凤凰传媒为例,分析、总结了传统媒体盈利模式的变迁,通过与同行业的其他媒体的对比分析,综合评价了凤凰传媒的盈利模式,并提出优化建议。作者通过具体的财务指标分析,指出凤凰传媒积极地推进多元化经营,实现传统媒体与数字技术的融合,顺应了当今网络发展的时代潮流。但是,它由于过度关注多元化扩张,忽视了对内部资源的利用。

总体来说,目前传统媒体的盈利模式主要有六种类型。第一,内容变现。以芒果 TV 为例,通过让受众购买会员观看部分视频的方式,其 App 下载量已突破 5 亿次,实现了高额盈利。这种付费观看优质内容的方式为传统媒体的盈利转型提供了思路。目前,越来越多的传统媒体选择与互联网平台进行合作,通过自身特有的内容优势,成为内容供应商,增加了版权收入。第二,广告销售。这原本是传统媒体最为主要的盈利模式。

---

① 曹越.融合新阶段传统媒体盈利模式探索与"破圈"思考[J].新媒体研究,2021(16):56—58+72.
② 郭全中.主流媒体打造自主可控平台的难点与对策——以"芒果 TV"的成功实践为例[J].新闻与写作,2021(11):89—96.
③ 林思颖.文化传媒企业盈利模式研究——以凤凰传媒为例[D].云南财经大学会计专业硕士学位论文,2020:10.

在互联网时代,以南方报业传媒集团为例,传统媒体仍然能通过成立数字销售部门整合旗下的广告业务,获取相应的广告收入。第三,整合营销服务、定制服务。具体而言,就是为客户提供全流程服务,包括但不限于创意设计、内容策划、活动执行等。第四,发展传媒多元化产业。例如,四川日报报业集团通过文化项目发展了丰富多样的新经济文创产业,成都传媒集团联合教育、医疗领域尝试创办混合制公司。第五,建立媒体智库。传统媒体在数字化转型中不断地提升自身的技术研究能力。例如,新华日报报业集团利用大数据技术,推出了数据新闻、民意调查、数据库、鉴定测试等业务,建立起专业的数据研究团队,形成了一种新型信息生产方式,还可以通过提供舆情监测服务获得可观的收入。第六,资本融合,技术输出。传统媒体通过转企改制的方式实现了物流、商务等运营资源的全面整合,全力投入技术开发与运营,实现了新媒体收入与版权收入的增加,还通过为其他机构提供技术支持来获得收入。

学者曹越在文章中提到了传统媒体在突破困境时可以做出的一些积极尝试[①]。第一,进行平台化改造。基于传统媒体自身优势打造有口碑、有影响力的平台化媒体产品,并延长相关的服务链,形成可持续发展的内容服务链条。第二,输出智慧,实现盈利。通过整合传统媒体旗下的各种资源,为受众提供更广泛的服务,可以在大幅度地提高收入的同时,扩大传统媒体的社会影响力。第三,深耕用户群,实现垂直化盈利。传统媒体可以通过提升自身的内容质量、优化服务模式、增强用户体验等多种手段吸引并留住受众群体,将其转化为新媒体时代的稀缺资源。第四,合理布局产业,立体经营。传统媒体可以凭借自身的品牌效应和影响力与其他领域进行合作,开发新项目、延长产业链、扩大资产规模,在促进传统媒体自身经营模式转型的同时,还可以帮助当地的产业进行升级与调整,为城

---

① 曹越.融合新阶段传统媒体盈利模式探索与"破圈"思考[J].新媒体研究,2021(16):56—58+72.

市经济发展注入新动能。

3. 优化传统媒体盈利模式的策略研究

有研究认为,融合发展的盈利模式要以新兴媒体平台为基础,重新构建专业内容的有效盈利模式①。具体可以分为两个层面:一是如何以新兴传媒平台为支撑进行拓展,主要围绕建立盈利模式的基本取向;二是如何有效地获取收益,主要包括建立盈利模型的具体策略。也有研究认为,传统媒体需要提高投资收益水平,大力促进"产销一体",积极探索广告与内容及活动的整合营销战略,建立大数据库及数据应用与营销体系②;还有研究总结了近年来有代表性的媒体提供的经验,认为分化与整合代表了传统媒体盈利模式创新的两个方向③。潘景丽将传统媒体与网络媒体的盈利模式进行了较为宏观的比较研究,指出由于网络媒体具有各式各样的形态,其盈利模式呈现出多元化特征,主要可以分为以下几个方面:植入网络广告、对信息内容的收费、与传统媒体联办网站(增值业务)、在线游戏、即时通信等。传统媒体除了在信息内容、广告上与网络新媒体的盈利方式相同之外,其核心盈利模式仍然是网络媒体无法取代的。因此,在制定具体发展战略时要立足于其在媒体市场中的不同角色和定位,不能互相侵占彼此的市场份额④。

李彦峰等人提出,处于转型期的传统媒体的盈利模式正面临一个全新的拐点⑤。其竞争对手不仅是日益崛起的新媒体大军,还有许多同类型

---

① 肖赞军,刘美君.传统媒体与新兴媒体融合发展的盈利模式[J].吉首大学学报(社会科学版),2020(06):120—128.
② 喻国明,弋利佳,梁霄.破解"渠道失灵"的传媒困局:"关系法则"详解——兼论传统媒体转型的路径与关键[J].现代传播(中国传媒大学学报),2015(11):1—4.
③ 窦锋昌.分化与整合,机构媒体盈利模式的新探索[J].新闻战线,2017(01):23—26.
④ 潘景丽.网络媒体的盈利模式分析[D].南京邮电大学,2013:13—32.
⑤ 李彦峰,何文茜.论传统媒体盈利模式的创新[J].商场现代化,2008(31):153—154.

的媒体数量不断增加,共同争抢着原有的广告市场空间。因此,传统媒体如果不能与时俱进,加强创新的话,便面临日渐衰落的结局。在具体的创新理念与创新方向中,作者给出了一定建议,认为传统媒体应该创新发展理念:第一,要始终坚持内容至上,提升专业业务能力;第二,要树立整体经营理念,注重开发各种形式的产品,延伸产品价值链;第三,要有跨媒体合作经营的意识,进一步扩大盈利范围,降低成本,实现利益的最大化。另外,文章指出,传统媒体盈利模式的创新方式主要有降低成本、灵活使用营销策略、借助新技术发展多媒体传播平台等。

匡文波等人总结了传统媒体转型中失败的经验,为传统媒体盈利模式的转型提出了两方面建议[1]:一方面,要有创新理念,不能一味地向新媒体看齐,要明确自身的特有优势,既要讲求投入,也要注重回报;另一方面,传统媒体需要进行一个系统性的全方位革命。具体来说,首先要提高传统媒体主业收入,以生产优质内容为核心,建立特色化、精品化的盈利路线;其次,进行多元化经营,改变以往单一的仅靠广告实现盈利的方式,延伸产业链;最后,进行跨媒体经营合作。这样一来,传统媒体不仅能扩大盈利范围,还能最大程度地节省成本。作者认为,不仅要在传统媒体内部的不同介质的媒体之间实现融合,更要实现传统媒体与新媒体的融合,利用各自的特色与内容优势,实现价值的全方位延伸。

傅玥提出了四维盈利策略,主要的实现途径是将传统媒体新闻客户端划分为产品、业务活动、利益主体和持续竞争力四个维度[2]。第一,以利润源为核心,根据利益主体的多元化需求生产特色产品,既要大众化,又要避免同质化;第二,以利润点为纽带,进一步细分受众市场,实现个性化生产与制作,积极聆听受众反馈,不断实现产品的优化,从而吸引更多的

---

[1] 匡文波,张蕊.传统媒体转型中的盈利模式[J].青年记者,2014(24):22—23.
[2] 傅玥.传统媒体移动新闻客户端盈利模式优化研究[D].吉林大学,2017:23—36.

受众与广告商；第三，以利益杠杆为基础，它在一定程度上对受众的影响很大，所以一切业务活动都要围绕利益杠杆来进行；第四，以利润屏障为保障，以创新发展为导向，探索潜在的利润区，生产出更具竞争力的内容产品和服务。

曹越在提到传统媒体盈利模式在未来如何实现"破圈"时提出以下三个思路[①]：首先，要在新媒体时代商业空间中延伸传统媒体特有专业内容的价值，不仅要在数字化时代下尝试知识内容付费，也要积极开拓三方业务，如文创产业、专属IP等，实现综合化改造升级；其次，要掌握5G、AI、区块链等新技术，为媒体未来开拓新的盈利方式提供有力的技术支撑；最后，要增强多场景、多元服务的附着力，即在"后疫情"时代通过云端模式实现线上与线下的有效结合与服务对接，扩大利润空间。

秦启先认为，要从现有的内循环中突破传统媒体的盈利模式，关键在于把握住多渠道的活水和用户流量的源头，实现跨越式融合的盈利转化[②]。还有学者认为，媒体要从过去的传播者转变为服务平台的运营商，从一开始的以受众为导向的单一媒介，转变为以使用者为主导的综合提供资讯服务、活动服务和平台服务的多元媒介；要实现传统媒体的可持续发展，必须采用现代化管理思想和多样化营销手段[③]。此外，还有一些学者提出，在传统主流媒体经营转型的过程中，盈利模式的探索与重构是重中之重，直播带货、广告营销、版权经营、政务媒体代运营、拓展其他非媒体产业成为传媒运营的新盈利点[④]。

由此可以看出，国内对媒体经营管理和盈利模式的研究大多是在传

---

① 曹越.融合新阶段传统媒体盈利模式探索与"破圈"思考[J].新媒体研究，2021（16）：56—58+72.
② 秦启先.城市电视台融合发展模式探析[J].当代电视，2022（08）：105—109.
③ 刘悦.传统媒体转型中的盈利模式探究[J].中国传媒科技，2019（07）：70—72.
④ 张荡，朱诗飞，程玉田，等.传媒盈利模式的开放性重构——基于价值创造的视角[J].新闻战线，2022（02）：79—82.

统媒体与新兴媒体融合发展的大框架下进行的,主要通过对新媒体与传统媒体盈利模式的比较研究分析了传统媒体在盈利模式转型中的优缺点和传统媒体目前面临的困境,讨论和总结了有关媒体的积极探索,并针对性地提出优化策略。不过,相关研究在整体上仍具有一定的局限性与同质性,我国传统媒体的盈利转型需要更新、更具体的优化思路。

四、对既往研究成果的述评

以上研究奠定了本书的基础,但它们存在以下五方面的不足。

第一,针对盈利模式及转型的专项研究不足。大部分此类研究都是在传统媒体与新兴媒体融合发展的大框架下进行的,对新媒体渠道建设、组织再造、数据库建设、算法分发的研究居多,专门对盈利模式及其转型的研究相对较少,大部分研究仅将盈利模式视为媒体转型中的一个环节。

第二,针对盈利模式及转型的全面研究不足。传统媒体以"二次售卖"为主的盈利模式有效地运行了百余年之久,但2012年以来,各种转型尝试的时间短、经验少。因此,现有的个案研究虽多,但立足于全国传统媒体转型实践的全面实证研究尚不充分。

第三,针对盈利模式及转型的比较研究不足。尽管传统媒体遭受移动互联网冲击是世界性的难题和困境,但中国媒体的性质、定位、功能等多方面有许多独特之处,在盈利模式及转型上也具有自己的特点。这些特点需要在与外国同行比较中得到凸显,在归纳与提炼中勾勒中国的发展图景。目前,此类研究也相对缺乏。

第四,跨学科研究相对不足。盈利模式属于媒介组织经营管理的范畴,相关研究应当处于新闻传播学、经济学和管理学的学科交叉处。目前的研究大多是从新闻传播学的单一视角描述相关实践,多为偏微观的具体个案分析和偏抽象的战略建议,跨学科、综合性的研究比较缺乏。

第五,动态跟踪研究相对不足。对于媒体组织而言,盈利模式并非孤立和独立的环节,而是嵌入整个媒体融合转型过程的。因此,对它的分析应当考虑到更多复杂因素和结构性要素的影响。同时,盈利模式是"牵一发而动全身"的,会引起连锁反应,其变化意味着很多其他层面的变更。目前,对于盈利模式与媒体转型在其他层面相互作用、互联互动的关系尚未有研究者指出。

总体来说,已有研究的主要问题在于:较为零散、不成体系,基本只着眼于盈利模式本身,未涉及其他相关方面,没有从大处着眼,从整体视角加以把握和衡量;多为纯粹的实务研究,仅着眼于某一个或某几个媒体机构的案例,缺乏与理论的对话和总结;研究的主观性比较强,缺乏测量的标准和尺度,没有评估其效果的方法,也就难以得出兼具操作价值和普遍意义的模式。

第三节 研究问题

本书尝试完成三重研究意义上的媒体盈利模式转型研究。

首先,在"新闻业被唱衰"的背景下,在与自媒体、平台媒体等新兴媒体的竞争之中,传统媒体的声量渐弱,而国家政策要求主流媒体提升传播力、引导力、影响力、公信力,支持传统媒体进行融合发展,实现在移动互联网时代的转型。对于传统媒体而言,"四力"的提振与其营收能力紧密相连,只有在坚实物质基础的保障下,媒体才能做出高质量内容,并把这些声音传播得更远、更广。目前,媒体融合已进入深水区,各级媒体转型如火如荼,但有些所谓的融媒体建设徒有其表,只有一个光鲜的外壳。因此,本书试图将盈利模式转型与新型主流媒体建设连接起来,对接现实问题与理想状态。

其次,尽管盈利模式是媒体融合发展的有机组成部分,但二者之间也存在一定矛盾。盈利模式转型的过程中暗藏着商业性和专业性之间的较量和张力，营收手段的开拓也受到多重因素的影响。因此，本书也会涉及盈利模式转型和创新行为的影响因素和动力机制问题，继而探讨专业性和商业性的关系。

最后，目前存在的大部分研究是从宣传角度对媒体融合建设展开的研究，其结论在客观性上存在一定偏差。因此，本书希望能将新闻传播学和经济管理学的相关理论知识结合起来，从系统角度对盈利模式转型进行整体评估，建立一个指标化和体系化的测评方案，并在此基础上提出有针对性的策略建议。

由此，本书聚焦如下的问题：盈利模式和媒体融合其他层面的关系如何？我国媒体盈利模式的演进逻辑是怎样的？新时代下的传统媒体存在哪些盈利模式？新旧盈利模式有何不同？盈利转型背后有哪些动力因素？有哪些指标可以用于评估盈利模式转型的效果？指标之间的权重测量如何实现？在此基础上，如何评价我国媒体的盈利模式转型进程，未来能够如何改进？如何对接新闻理论与媒体实践？盈利模式转型背后存在怎样的理论原理和矛盾问题？

在具体的分析视角上，本书将努力以一种"中观＋阐释"的视角来完成分析。所谓中观视角，指介乎宏观和微观，既不在宏大政治经济技术背景的影响下沦为泛泛之谈，也不拘泥于具体个案分析而忽视了问题的普遍意义。所谓阐释视角，指本书以大量的案例材料、文本材料和访谈材料为基础，着重回答了"是什么"和"怎么样"这两个问题。

因此，本书虽然关注的是新时代下媒体的盈利模式，但在具体的分析中并非只关注盈利模式，而是以它作为研究的圆心和起点，从一种观照媒体组织发展、转型和变革的视角辐射开来，将盈利模式牵连的内容生产、渠道设置、运营方式、组织架构等因素，通过调查、访谈、对话等途径纳入本书的理论视野。

第四节 研究思路

本书的研究对象包括各级媒体组织盈利模式的发展历程、转型逻辑及盈利模式与媒体其他层面的相互作用关系。围绕前文提出的总体问题，本书形成了图1-1显示的内容架构。

第一章为绪论部分，对以往的相关研究进行了综述，在回顾前人研究的基础上，阐述了媒体盈利模式研究的重要性和不足之处，并提出了本书的研究问题、研究框架和主要研究方法。

第二章为研究的理论准备部分。首先，对本书的中心对象传统媒体盈利模式进行了概念上的厘定。主要思路为，将传统媒体置于当前国内语境下，对盈利模式及相关概念展开辨析，指出何为新时代的盈利模式转型。其次，围绕媒体组织的盈利模式这一元命题，考察、梳理、归纳了这一命题下的相关理论。这一章先从新闻传播学的视野出发，借鉴经济管理学的创新理论、制度理论等理论资源，再关注新闻传媒行业的专业性和商业性的相关理论，从而发展出本书的研究视角和研究取向。必要的理论回顾是为了寻找本书在整个研究版图中的位置，从而确定研究落点。

第三章为媒体盈利模式演进的历史回顾。本章先梳理了世界范围内媒体盈利模式的演变历程和轨迹，再回到我国改革开放后媒体在营收来源上的变化分析，反映当下传统媒体普遍面临的经营压力现状。

第四章为新时代媒体管理模式的创新和发展情况。作为盈利模式的上位概念，厘清媒体管理模式的变革发展是探究盈利模式的前提。鉴于媒体的管理问题可分为内部管理和外部管理，内部管理又可划分为单一媒体的管理和作为集团的媒体管理。因此，本章首先从微观角度的单一媒体管理创新着手，对采编、经营、产业、技术和支持五个部门的内部组织

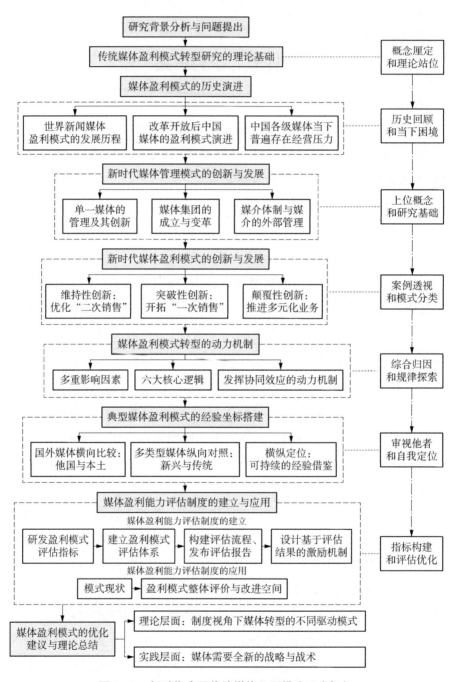

图 1-1 新时代我国传统媒体盈利模式研究框架

架构再造进行了分类介绍；其次，从宏观组织架构角度对媒体集团成立的原因、成效、问题及未来等方面进行讨论；最后，着眼于中国媒体的外部管理，立足于国情对管理体制和管理格局进行了分析。

第五章借助创新理论，根据转型程度对新时代下中国传统媒体转型的盈利模式进行分类，并将盈利模式的更迭视为一种制度性变化，从整体和系统的角度进行把握。在阐释盈利方式和途径的同时，以此为圆心扩散至媒体组织其他层面的融合、更替和变革，主要解决"是什么"的问题。

第六章延续制度视角，探究盈利模式转型的影响因素，并结合部分传统媒体盈利模式转型的相关报道、讲话等文本展开分析，探究媒介组织盈利模式转型的动力机制和根本逻辑，从宏观层面回答"为什么"的问题。

第七章通过横向（国外媒体与国内媒体）与纵向（新兴媒体与传统媒体）的比较，建立起盈利模式的经验参照系，为评估制度的建立和媒体的未来发展提供借鉴。在横向比较中，主要阐述国外媒体的制度环境及盈利模式，表现国外媒体和国内媒体的异同，进而展示盈利模式的发展情况。在纵向比较中，主要阐述自媒体和平台媒体的盈利模式，分析其发展模式与传统媒体的异同。

第八章在经验参照体系搭建的基础之上，根据经营绩效评估指标，通过影响力、责任力和运营力三个维度的指标及相关的指标权重测算，构建评估流程，探索出能有效评估媒体盈利模式可持续发展能力的制度体系，并总结基于评估结果的激励机制。由此，本章将评估制度应用于上海报业集团的转型进程案例，并给出相应的评估，指出了尚需改进之处。

第九章在实践和理论两个层面进行了提炼和总结。在实践层面，面对新形势，媒体需要全新的转型战略，包含各种机制的运作和人才队伍建设等方面。在理论层面，本书总结了不同驱动逻辑下的媒体盈利模式。在两个层面的总结基础之上，形成本书的整体研究，构建起传媒组织盈利制度化动态过程的基本框架，力图达到理论和实践的统一。

第五节　研究方法

第一种，实地调研法。本书的研究团队在北京、上海、广州、济南、青岛、呼和浩特、太原等地选择多家媒体和媒体集团进行了实地调研（这些城市无论是在地域上还是在媒体类型上都有比较突出的代表性），其中有媒体集团6个，传统媒体10余家。

第二种，案例分析法。在实地调研的基础上，选出北京、上海、广州、济南、青岛的多家典型媒体做个案研究，对这些媒体过去5—10年的经营行为进行细致考察，并总结出若干典型盈利模式转型的路径。

第三种，深度访谈法。研究团队对约50名一线新闻生产者和经营管理者进行了深度访谈，了解和掌握了他们在盈利模式转型中的所思所想。在此基础上完成的10万余字的访谈记录和观察报告是本研究的重要资料来源。

第四种，文献分析法。本书系统梳理了国内外在媒体转型、盈利模式转型等方面的文献，特别是关于欧洲、北美、日本等国家和地区传统媒体近年来转型的文章和研究报告。

第五种，比较研究法。在横向的地理分布与纵向的时间线上对不同地域的多个国家和地区的媒体转型和盈利模式转型进行了比较研究，总结规律并研究出了相关对策。此外，本书还选取了较具典型性的自媒体和平台媒体作为案例，将它们的盈利模式与传统媒体进行对比，由此总结出相关经验。

第六种，话语分析法。话语既发挥了社会建构的作用，同时又被社会实践塑造[1]。各家媒体在进行融合转型的过程中，存在较多对盈利模式转

---

[1] N. Fairclough, R. Wodak. Critical Discourse Analysis [M] // Teun A. Van Dijk (Ed.), Discourse Studies: A Multidisciplinary Introduction. Vol. 2. London: Sage, 1997:258-284.

变的公开阐述,为改变旧有盈利制度建立新的营收渠道提供了正当性。本书试图通过话语分析对媒体较具代表性的公开文本展开探究,为媒体融合中盈利模式转型的动力机制加以佐证。

第二章
媒体盈利模式转型研究的理论基础

首先,目前对于我国传统媒体转型的研究数量并不少,但许多是以西方传统媒体的转型为标杆进行对比和评价的,缺乏对中国语境和本土特色的关注。其次,很多研究对盈利模式的理解不是过于狭隘,就是相对宽泛和笼统。由于盈利模式属于经济学范畴的概念,大多数文章对它的把握较为模糊。最后,对于媒体机构的经营和发展而言,研究盈利模式的相关文献早已有之,但它们对究竟何为"新时代的转型"还缺乏系统性的认定。

综上,要建立和拓展传统媒体盈利模式转型研究的理论依据,仅从新闻传播学出发是不够的,还应当吸收其他学科的相关理论。因此,本章重点讨论研究对象和界定相关概念的同时,检视并评述了与媒体盈利模式有关的理论资源,通过借鉴以形成本书的理论基础,明确本书的研究定位。

第一节 传统媒体盈利模式及其转型的概念界定

一、中国语境下的传统媒体

一般而言,传统媒体指以报刊、广播、电视为媒介产品发布终端的媒体机构。这里所说的"传统"和"新"其实都是相对的概念。例如,与当下的移动互联网相比,互联网初阶段PC端的门户网站、论坛、博客等也在某种程度上成了明日黄花。实际上,在互联网时代到来之后,我们以往所谓的传统媒体的属性早已发生了变化,现在国内已经基本不存在纯粹的传统媒体了。也就是说，几乎没有哪家媒体还专营报刊、广播或电视，而是或多或少地拥抱新媒体——在互联网空间开辟了阵地，有的甚至将大部分业务都转向网络，成了新媒体。但是，由于这些媒体机构在过去以发行报刊、经营广播电台或制作电视节目为主要业务，所以本书现在依然称之为传统媒体。因此，传统媒体指向的研究对象并非仅指以纸质报刊、无线电广播、电视为发布终端的媒介产品，而是过去依托于报刊、广播、电视等母体，具有"事业性质，企业管理"的双重属性，并在互联网时代为谋求生存和发展积极转型的专业媒体组织。

尽管放眼全世界的媒体，转型和改革是一以贯之的话题，但我国传统媒体的发展和变革，表现出了较强的中国特色。其中，始于改革开放的市场化转型是一次较为突出的中国式媒体改革。新中国成立之初到1956年，报纸曾有较短时间的市场化探索，即试图让广告商与用户供养报纸，但1956年之后受反右斗争及此后的"文革"影响而中断，直到1978年，报社都是全额财政拨款单位。1978年，人民日报社联合其他8家新闻单位提出要实行"事业单位，企业化管理"的运营模式，希望自己养活自己，即运营的资金来自发行、广告等自营性业务，而不是依靠行政体系的财政拨款。

虽然随着市场化转型的推进，传统媒体成了相对独立的市场主体，但由于其作为上层建筑的事业性质，依然与政府存在紧密的联系，这也体现在后来技术变革带来的媒体融合转型上。长期以来，新闻和媒体一直都被视作政治治理的有力手段。甚至在更广阔的意义上，传媒对社会有更大的能动意义，即"在新闻系统与社会整体之间，本质上是相互影响、相互作用的关系，不只是新闻对社会的依赖，对政治、经济的依赖，还有新闻业、新闻传媒、新闻传播、新闻对社会整体发展以及社会各个子系统变化的主动作用和影响"[①]。中国媒体融合虽然在很大程度上对外国的理念有

---

① 刘帅，李坤，王凌峰.从主流媒体到新型主流媒体：概念内涵及其实践意义［J］.新闻界，2020（08）：24—30.

所借鉴，但并没有完全照搬其经验，而是走上了一条独立探索之路。这一过程是社会治理现代化的传播构建过程，媒体融合成为意识形态工作的重要手段①。中国传统媒体在制度体系上属于党和政府与社会沟通的耳目喉舌，即通常所说的官方媒体或主流媒体。从这个意义上来看，媒体融合解决的主要问题是政府如何更好地与公众沟通②。基于上述情况，我国新型主流媒体的建设主要采取了行政选择机制。改革开放之后，我国传媒业实施了市场化改革，本应较大程度地脱离对政府的财政依赖，但现如今我国不少地方政府仍对媒体实行补贴制度。这种补贴并非主观上的逆市场化而动，主要是为了减缓主流媒体影响力的下滑速度，只不过在客观上加强了媒体对于行政的依赖。行政选择机制和市场选择机制各有优势：前者能扶持重点媒体，给予较多匹配资源，帮助其迅速转型，如财政扶持、股份上市、项目支持等；市场选择机制则能检验媒体的真实影响力，因为这会很大程度地反映在其之后的商业成果上③。

在实践层面，媒体融合经历了从封闭走向开放的创新演变过程。初期，由于传统媒体与新兴媒体在技术水平、管理体制与产权性质方面的不同，在政府认知框架与政策的引导下，传统媒体与新兴媒体的组织边界与行业边界并未被打破，媒体融合主要呈现为传统媒体作为主导者，新兴媒体作为"外围力量"或被吸纳的对象。但是，当下传媒市场化改革的深入、新兴媒体的快速发展及互联网技术赋权下用户进行知识生产的权力的增长，都为跨越组织、行业、区域边界的创新资源流动及创新主体合作提供了有利条件，开放式创新具备了实践的可行性。当前，传统媒体与新兴媒体之间通过技术合作、股权投资、收购合并、战略联盟等方式进行的结合，

---

① 刘冰.媒体融合话语力量、定位认识及功能期待[J].中国出版，2020（24）：29—32.
② 朱春阳.多研究些"主流"媒体[J].新闻大学，2022（09）：4.
③ 刘帅，李坤，王凌峰.从主流媒体到新型主流媒体：概念内涵及其实践意义[J].新闻界，2020（08）：24—30.

体现出媒体机构突破组织边界、整合内外部资源,并进行开放式创新的一些尝试①。

总体来说,我国传统媒体的融合变革过程可以大致概括为三个方面。其一,技术生态改变媒介形态,形成一种多重媒介环境。其二,新兴技术的发展打破了传统媒体的信息垄断地位,改变了传播格局。从这个意义上来说,新技术通过信息生产的去工业化和新闻消费的去仪式化颠覆了新闻业在信息领域的垄断地位,并改变了传统新闻业的实践规范,进而影响了其社会角色和功能,其发展趋势由专业化转向了社会化。其三,技术导致的传媒格局的变化为传播制度的变化提供了创新动力,可以更好地规范传媒业的有序竞合。从宏观层面看,中国媒体融合最初由技术创新引发,这对既有制度形成了压力,从而促发了制度创新②。

二、盈利模式及相关概念

盈利模式是商业模式的核心,关于商业模式的理论解释最早来自奥地利裔美国著名经济学家约瑟夫·阿洛伊斯·熊彼特(Joseph Alois Schumpeter)。熊彼特指出:"价格和产出的竞争并不重要,重要的是来自新商业、新技术、新供应源和新的公司商业模式的竞争。"成功的盈利模式就是能引导和保障企业持续地赚取超额利润并即时更新的机制③。在很多研究中,盈利能力和盈利模式被混为一谈。盈利能力是企业获取利润的能力,即资金或资本增值能力,通常表现为一定时期内企业收益数额的多少及水平的高低;盈利模式并不直接考察利润,而是重点考察自身及相

---

① 殷琦.创新的转向:中国媒体融合演进的路径与机制[J].新闻大学,2021(01):103—116+121.
② 李良荣,辛艳艳.从2G到5G:技术驱动下的中国传媒业变革[J].新闻大学,2020(07):51—66+123.
③ 禹建强,郭超凯.广播电视上市公司盈利模式及发展趋势分析[J].现代传播(中国传媒大学学报),2018(03):118—123.

关利益者资源的整合程度，从而找到实现价值创造、价值获取、利益分配的组织机制及商业架构①。研究盈利模式时，应当放弃对利润的直接考察，更多地关注资源整合带来的价值再创造、再获取、再分配的组织机构及商业架构②。

在学科属性上，媒体的盈利模式从属于媒介管理的范畴。媒介管理的本质是媒介管理者以最小的资本支出实现资源的最佳组合并完成媒介任务，从而使用最少的投入获得最大的经济与社会效益③。与传媒经济学相比，媒介管理是一门年轻的学科，尚未建立一套公认的理论基础。尽管已经存在大量关于媒体战略的研究，但这往往适用于一套狭窄的概念，而传媒组织是一个包含各种因素的复杂系统，充满了不确定性，其管理也总是情境化的。实施战略所需的投资规模和内部协调程度意味着媒体不再局限于文化领域，而更多地涉足商业领域④。虽然媒介管理研究借鉴的大多数理论和概念框架都基于组织研究，但该领域在许多方面都是独特的。具体而言，媒体组织生产信息产品而不是有形产品，信息产品的潜在经济特征在关键方面不同于其他类型的有形产品。这些基本的经济特征与需求、生产、市场和分配条件的关键差异有关。这就创造了一个与许多其他行业截然不同的管理环境。最重要的是，由于信息和媒体内容在经济、政治和社会进程中发挥着核心作用，媒体产品具有极高的社会外部性价值。同时，媒体是社会中重要的基础设施行业之一，媒体管理实践的影响远远超出了企业投资者的纯粹经济关注。因此，虽然媒体管理研究与组织研

---

① 罗永雄.新媒体盈利模式和盈利能力之辨［J］.当代传播，2016（02）：59—62.
② 李明德，王玉珠."知识变现"：从App"分答"看新媒体产品盈利模式创新［J］.编辑之友，2018（03）：25—28.
③ 刘锟.新媒体环境下媒介经营管理的转型［J］.中国地市报人，2023（08）：71—73.
④ L. Küng. Does Media Management Matter? Establishing the Scope, Rationale, and Future Research Agenda for the Discipline［J］. Journal of Media Business Studies，2007，4（1）：21-39.

究一样关注经济结果,但该研究领域将其重点扩展到组织管理对媒体内容和社会的影响①。随着互联网公司进入媒体市场并开始占据主导地位,它们迫使传统媒体审视自己的业务,检查自己的产品,提升自己的业绩,整个媒体产业的结构发生了变化,进而改变了媒体的战略行为。良好的媒介管理可以产生信任,有助于减少不确定性,稳定社会关系,并使交易成为可能。

在技术、政策、法律等外部环境快速变化,用户需求多元化,产品更新换代频繁的大环境下,盈利模式是互联网行业生存发展的核心。盈利模式是新媒体产品发展的核心动力,将内容与关系、服务与运营进行关联,形成运营闭环,有助于更好地实现新媒体产品的盈利②。例如,Facebook拥有广泛的用户群体,在与移动通信相适应,精准匹配到用户的情况下,提升了用户对广告的接受度和广告的转化率。同时,它以粉丝经济作为支撑,通过粉丝专业洞察报告了解广告受众的需求及他们与广告主的互动情况,给粉丝用户提供多样化、个性化的商品和服务,最终转化成消费行为并实现盈利。在基础业务收入质量方面,依托于人工智能技术,Facebook实现了内容定向分发、广告精准投放,基于点击率与转化率收费的广告收入质量得到大幅度的提高③。目前,我国自媒体内容创业的盈利模式可以归纳为8种类型,分别是广告模式、内容付费模式、会员制模式、赞赏模式、分成模式、电商模式、衍生盈利模式与投资盈利模式④。总体而言,新媒体行业的盈利模式包括直接盈利模式和间接盈利模式两种:直接盈利模式是依靠用户直接付费而获利的模式;间接盈利模式是企业通过

---

① B.I. Mierzejewska. Media Management in Theory and Practice [J]. Managing Media Work, 2011:13 - 30.
② 彭兰."内容"转型为"产品"的三条线索[J].编辑之友,2015(04):5—10.
③ 何玉婷,曾雪云,曲扬.Facebook的商业生态系统建设与盈利模式[J].财务与会计,2019(14):18—21.
④ 韩旭,张蓓.类型学视角下自媒体内容创业盈利模式探析[J].传媒,2017(11):73—75.

产品、内容或服务凝聚出特定的用户社群,进而将用户流量引入电商、广告等领域获利的模式①。

新闻的采编和发行等环节都是需要支付成本的,媒体对经济来源的寻找也一直贯穿新中国成立以来的媒体改革发展历程②。而推进媒体融合,除了要尊重"平等、开放、协作、共享"的互联网精神,更重要的是要明确互联网的生存法则和游戏规则,其中就包括要找到新媒体业务持续生长的盈利模式。有学者指出,时至今日,仍然有相当多的新媒体以为传统媒体服务为定位,而不是通过自身的经营实现持续盈利或探寻适宜的盈利模式。尽管传统媒体已经逐步进入新媒体场域,但它们难以照搬互联网行业的盈利规则。博主和网红达人可以通过接广告、推荐产品获取营收,传统媒体却不便于大肆发布广告信息,所以如何在不损害媒体公信力的前提下实现盈利,成为当下媒体转型中的重要问题③。

盈利模式不仅面临着单一的收入来源问题,还须根据媒体定位和市场需求制订相应的产品方案和配套措施实现联动。作为价值创造的环节,盈利模式的形成要考虑不同的利益相关者。所谓利益相关者,指与媒体有一定利益关系的个人或企业集团,既包括内部员工,也包括用户、广告商乃至社会等外部因素④。例如,从内部管理角度来看,传统媒体内部人员的融合观念和融合意识能否持续跟进,针对传统媒体和新媒体平台不同从业者的员工身份、绩效考核标准能否统一,出类拔萃的新媒体研发和运营人员能否按照市场化机制获得相应的待遇,这些问题都需要通过合理、完善的盈利模式来解决。从外向型发展的角度看,在融合的过程中

---

① 付业勤,罗艳菊,张仙锋. 我国网络直播的内涵特征、类型模式与规范发展[J]. 重庆邮电大学学报(社会科学版),2017(04):71—81.
② 李良荣,窦锋昌. 中国新闻改革40年:以市场化为中心的考察——基于《广州日报》的个案研究[J]. 新闻与传播评论,2019(03):108—116.
③ 王玮. 媒体融合转型的盈利模式探析[J]. 传媒,2019(06):62—64.
④ F. Zeng. The Meaning, Strategies and Application of the Value Creation as a Profit Model[J]. Asian Social Science, 2012, 8(4):43.

以资本为导向,要实现大规模的资产重组和业务整合,也需要明确的盈利模式作为支撑。国家层面大力扶持的政策红利无疑是目前传统媒体进行新媒体布局建设、媒体融合与转型的最大优势,对盈利模式认识的含糊不清会直接影响媒体融合的渠道建设、产业链布局,从而错过媒体转型的最好机遇和最佳时间窗口[①]。

三、新时代媒体的盈利模式转型

党的十八大以来,伴随着中国特色社会主义进入新时代,传媒格局发生着日新月异的变化。早期的传媒产业链十分简单,市场空间广阔,媒体只需专注于产品的设计就能获得应有的市场份额。随着5G信息技术在传媒领域的普及应用,媒体融合不断向纵深发展,媒介的内容生产、传播形态、经营管理等生态链都在重构。传媒业作为重要的战略性文化产业,迎来了新的风口期,其盈利模式也面临前所未有的变革,要在多元经营、产业延伸、跨界合作中探索新的盈利空间[②]。例如,在IP浪潮下的移动阅读产业的盈利模式就较为多元,包括以知识付费为主的类众筹模式、以IP运营为核心的泛娱乐模式、以社交为切入点的阅读轻社交模式、以人工智能科技为契合点的定制化盈利模式和以原生广告为主的新型广告模式[③]。同时,在共享经济下的知识付费也有知识下载收费、名人专栏付费、直播互动打赏、问答咨询收费等多种形式,并且包含内容收费、收费分成、项目成交佣金、会员费、广告费、线下服务费等营收来源[④]。

在全新的媒体环境下,传统媒体时代以广告和内容订阅为主的模式

---

① 罗永雄. 新媒体盈利模式和盈利能力之辨[J]. 当代传播,2016(02):59—62.
② 白玉芹,张芸. 媒体深融背景下传媒业新型盈利模式分析[J]. 青年记者,2022(05):62—64.
③ 黄先蓉,冯婷. IP生态视域下移动阅读产业盈利模式创新研究[J]. 出版科学,2018(01):20—26.
④ 冯红霞. 共享经济时代知识付费的收费模式与盈利模式[J]. 传媒,2018(12):70—72.

的盈利空间正在逐渐被压缩,亟待探索新的盈利模式①。首先,媒体的属性决定了不断创造新的利益增长点是媒体持续发展的驱动力,这种利润性的驱动必须依靠合适的盈利模式。其次,作为经营模式的核心组成部分,盈利模式起到决定性作用。没有产业化管理的经验,单纯依靠广告与发行模式只会加重媒体产业经营模式的同质化。最后,创新盈利模式能更好地抵御金融风险。当金融危机袭来,房地产、汽车等企业的广告投入就会降低,也会影响媒体产品的需求量。因此,创新盈利模式能减少金融危机对媒体的负面影响②。

2012年以来,学界及业界对于新媒体产品盈利模式的关注和探讨越发迫切,认为突破"收取信息费用、收取服务费用、提供网络广告、拓展电子商务、提供游戏娱乐"等现有样态的新型盈利模式,将成为突破新媒体产业发展瓶颈的重要出口③。不过,各传统媒体的历史发展特点不同,掌控的资源差别较大,创办的新媒体形态各异、市场定位不同,不存在适用于所有媒体的统一盈利模式。在进入新时代后,我国传统媒体在盈利方面还存在以下几个问题。第一,媒体的盈利来源较为集中,多被头部电视台和报社主导,并且这些盈利的媒体大多聚集在北京、上海、广州等经济发达的地区。第二,我国媒体的受众市场稳定性较差,没有对广告市场进行充分的挖掘。第三,我国媒体对于信息资源的利用还处在初始阶段,信息资源容易沦落为新闻的"易碎品",媒体须借助其优势发展专业的数据库内容等副产品,产业链的广度和深度还有待开发。第四,部分媒体在探索多元化经营的道路上偏离了自身的核心业务,没有经过充分的论证而

---

① 曾繁旭,王宇琦.传媒创业研究:一个新兴领域的研究脉络与中国议题[J].新闻记者,2019(02):87—97.
② 李舒亚,王珥玥.当前我国媒体盈利模式的调整路径[J].青年记者,2017(03):88—89.
③ 李明德,王玉珠."知识变现":从App"分答"看新媒体产品盈利模式创新[J].编辑之友,2018(03):25—28.

盲目介入，导致新业务与原有业务的关联性较薄弱，盈利效果不佳①。

有学者提出，就传统媒体机构而言，新媒体的发展必须以母体资源的有机整合为基础，着力使融合创新的内容产品有效地嵌入社会关系渠道，牢牢掌握用户的注意力资源和渠道入口，借力资本市场，在盈利模式上进行有益的探索与创新②。例如，大量的传统媒体机构以转企改制为契机，通过子公司或子媒体实现向新媒体领域的拓展，如浙江日报报业集团、上海文化广播影视集团等通过下属公司进行新媒体转型。还有一些在新兴媒体行业中占主流的互联网企业依靠制度、资本与技术优势对传统媒体进行收购兼并的"倒融合"现象也陆续出现，如阿里巴巴已入股或收购多家媒体。此外，传统媒体与新兴媒体也开始以机构与股权合作为基础探索业务、技术与经营融合的"第三条路"，如深圳ZAKER就较具代表性③。

随着智媒时代的来临，人工智能技术为盈利模式的创新带来了更多机遇和可能。例如，媒体与人工智能等技术的融合融通推进了前者在生产效率、内容品质及运作模式方面的变革。技术应用的部分落点是，在帮助主体提高生产效能的前提下，进一步增加产品的价值，以实现再生产的目标，从而完成产品运营中最重要的盈利一环。智媒时代的盈利模式也将进入包括智能化内容外包生产及衍生形态、智慧直播场景营销和会员层级付费等多种样态共生形成的混合盈利渠道，在智能媒体的助推下实现智能运营闭环④。

---

① 李舒亚，王珒玥.当前我国媒体盈利模式的调整路径［J］.青年记者，2017（03）：88—89.
② 罗永雄.新媒体盈利模式和盈利能力之辨［J］.当代传播，2016（02）：59—62.
③ 殷琦.创新的转向：中国媒体融合演进的路径与机制［J］.新闻大学，2021（01）：103—116＋121.
④ 刘鸣筝，梅凯.智能化生存：视频媒体发展的新趋势及其盈利模式初探［J］.当代电视，2021（09）：86—90.

总体而言,新时代的传统媒体盈利模式转型主要是指,党的十八大以来,我国传统媒体组织在过去依靠传统媒介产品订阅和"二次售卖"的广告盈利模式之外所开辟的新型盈利模式,形成多样态共生的经营闭环是它们的主要转型目标。

第二节　传统媒体盈利模式转型研究的理论资源

尽管盈利模式对于传统媒体的转型发展不可或缺,目前也存在较多对于传媒行业盈利模式变革的讨论和分析,但大部分缺乏一定的理论支持和学科对话,在理论视角上也缺乏创新。事实上,可以从行为层面、系统层面、组织层面和理论层面等多角度来分析盈利模式,有助于研究者更为立体、全面、清晰、客观地把握传统媒体盈利模式的转型情况。

一、作为创新的传媒变革

相对于以往主导传媒行业的较为单一的"二次售卖"广告模式,作为重要的传媒行业变革,新时代以来形成的多元盈利模式具有较强的创新性。"创新"(innovation)这一概念在理论上被提出之时便蕴含演化的思想。20世纪30年代,熊彼特开创性地提出了创新理论,认为创新是"一种新的生产函数",新产品、新生产方式、新市场、新材料(及其来源)和新组织形式都是创新的主要模式,意味着经济变化的实质[1]。熊彼特指出,"领会资本主义的关键在于将资本主义看作是一个演化的过程。然而,除了马克思很久以前讨论过这些问题以外,大多数人都没有明白如此明显的

---

[1] 约瑟夫·熊彼特. 经济发展理论[M]. 何畏,易家详,张军扩,等译. 北京:商务印书馆,1990:73—74.

事实"①。创新意味着产品服务和市场的更新及扩大,甚至是新的管理系统的建立。在创新过程中,创新者将现有的经济和社会环境中的机会转变为新观念,并进一步开发出可被广泛运用的产品或服务。从本质上而言,创新关乎问题的解决和对危机的回应。在一些学者眼中,创新是应对社会经济变迁、技术变迁和高度竞争性市场的核心举措。

哈佛大学商学院教授克莱顿·克里斯坦森(Clayton Christensen)将企业的创新分为颠覆性创新和持续性创新两种类型。他认为,面对技术变革,原先处于市场竞争优势地位的大型机构往往在技术创新和商业变革方面缺乏动力,只是一味地追求现有产品质量的提高和对高端市场的满足,这类努力可以被称为持续性创新②。长期的稳定环境会让组织的知识吸收能力出现路径依赖,甚至可能出现技术投资越高,在创新困境中陷得越深,发展不出排斥性技术,反而排斥组织外创新的问题。正是因为大公司已经建立起一套成功的商业模式,所以很难接受从头开始的颠覆性创新,而只会进行持续性创新,以获得旧经验的有效延续③。颠覆性创新是相对于持续性创新而言的,指向低端市场和新市场的消费者。这种创新的目的不是向主流市场的消费者提供性能足够好、价格足够低并容易获得的产品或服务,而是对现有主流市场的竞争规则和在位企业的优势地位造成破坏,并赢得市场机会。颠覆性创新主要来自技术创新,往往由新进入者发起和采用。在后续研究中,克里斯坦森又把技术创新延伸到了商业模式的创新,指出企业的创新往往来自商业模式创新而不是技术和产品创新。相反,持续性创新多由在位企业发起,它瞄准的依旧是主流

---

① J. A. Schumpeter. Capitalism, Socialism and Democracy [M]. New York: Harper & Row, 1942:82.
② 曾繁旭,王宇琦.重新定义传媒业的创新:持续性传媒创新与颠覆性传媒创新[J].新闻与传播研究,2019(02):62—72+127.
③ 克莱顿·克里斯坦森.创新者的窘境[M].胡建桥,译.北京:中信出版社,2010:29—30.

市场,即通过对产品或服务的持续性改进来维持或获得竞争力。在克里斯坦森两种创新模式的基础上,有学者进一步把突破性创新从颠覆性创新中区别出来:与颠覆性创新多由新进入的企业发起不同,突破性创新一般由在位企业推动和开展,其创新主要集中在对现有产品特性的提升上,所以突破性创新总是为主流顾客所欣赏的,是一种介于持续性创新与颠覆性创新之间的创新形式①。

这一理论并非只适用于一般的工业组织,克里斯坦森本人及其学生和同事曾尝试将该理论带入美国报业的转型实践,并取得了成功。因此,国内学者关注到它,并将其作为报业管理模式改革乃至传媒业商业模式重塑的关键概念②。有学者指出,持续性传媒创新是指传统媒体机构在维持现有的体制结构和运营常规的前提下,从新闻生产的方式、话语、经营管理、组织结构等方面进行的内部调整。颠覆性传媒创新则是以商业模式重塑为核心,对传媒机构的目标市场、价值链条、生产流程和盈利模式等层面进行全方位的创新与变革。这类颠覆性创新项目往往围绕媒体业务创建新的生态系统,或者降低了媒体业务在公司营收方面的作用,只是将其作为引流与建立公信力的方式,再以完全不同的方式实现传媒业的连接、服务与盈利③。

二、制度视角与制度逻辑

制度理论是研究社会秩序(social order)的基础理论,主要是解释社会秩序随时间而建立、维持与变迁的过程。制度分析广泛地发生在社会

---

① 窦锋昌,刘海贵.传统媒体搭建全媒体平台的创新模式研究[J].当代传播,2019(04):35—38+48.
② 朱春阳,邓又溪.迈向无边界市场:全媒体技术环境下中国传媒集团成长路径创新研究——以上海报业集团为例[J].山西大学学报(哲学社会科学版),2021(06):45—59.
③ 曾繁旭,王宇琦.重新定义传媒业的创新:持续性传媒创新与颠覆性传媒创新[J].新闻与传播研究,2019(02):62—72+127.

科学领域，但在过去的半个世纪里，主要是社会学家热衷于社会秩序的议题。最近，管理学派的学者也加入这一课题的研究。究其原因，组织已成为社会结构的主要类型之一，组织制度领域的学者重点关注制度理论对组织研究的作用，即什么样的行动可以优化或破坏组织的功能[1]。

在数字化媒介变革之下，媒介环境、交流方式等方面都出现了新变化。因此，相关组织必须重新思考自己的商业运作模式，探索新的行事方式、思维方式及知识和思想的交流，甚至是习惯和价值观念的变化等，其中就蕴含媒介逻辑与其他制度逻辑的相互作用。媒体融合涉及一系列文化和社会过程，媒介的逻辑与其他社会制度化领域的逻辑互动和相互适应，由此形成了某一制度化领域的特定逻辑布局。制度视角的优势在于，它将媒介融合视作一个发生在制度层面的长期的历史过程。因此，从制度视角来看，媒体融合是一种长期动态发展的过程，而不是一种结束状态或效果。在这一过程中还会发生制度性变化，即各种规则（包括正式与非正式的规则）和资源分配方式（包括物质资源与象征资源）都发生了变化。这些变化都通过媒介的影响表现了出来，但它们又不仅是媒介影响的产物。通常情况下，还有许多其他因素在起作用，但新做法、新规则和对资源的重新安排是媒体融合的核心[2]。

有学者指出，要理解中国的媒体融合，必须回到中国传媒体制改革的框架之下。媒介制度并非仅仅为一套具体的管理制度，而是一个系统层面的概念。丹尼尔·哈林（Daniel Hallin）认为，媒介体制实际上是不同媒体机构、不同媒体实践之间相互作用。在这个过程中，媒介与社会其他因素、机构融为一个整体。从媒介制度的视角来分析，可以发现这样一种媒体融合的路径。首先，自上而下的行政力量及地方党委和政府的支持是媒体融合转型的主要动力，并提供了政策、资金、人才等保障，在一定程度

---

[1] 胡锴.制度理论中的混合组织：一个案例研究框架[J].华东理工大学学报（社会科学版），2019（06）：37—47.

[2] 罗昕，林蓉蓉.制度视角下媒介化理论的回顾与展望——哥本哈根大学施蒂格·夏瓦教授学术访谈录[J].新闻大学，2022（07）：106—115+121.

上缓解了它们在转型过程中面临的市场竞争压力。其次,随着舆论场重心向互联网转移,地方政府及相关部门需通过新型的融媒体平台了解社情民意,因而除了履行新闻宣传的职责与功能外,政务服务、舆情监测、辅助地方社会治理等也成为新的重要目标。最后,在技术融合、组织融合、内容融合、用户融合等方面,传统媒体需要处理、协调多重关系,每一个决策都会对之后的媒体融合过程产生深远影响[1]。相应地,在这一视角下,作为媒体融合中的核心环节和重要目标,传统媒体盈利模式的转型也是一种制度性的变革,涉及多重关系的安排与协调、规则和资源的变动与分配,应被视作一个系统化的整体。

制度逻辑是指一套群体内部共同认可的行动准则。具体来说,制度逻辑是由社会构建的文化、规则和信念影响和塑造行为主体认知和行为(包括文化符号和物质实践)的模式。制度逻辑研究有助于研究者结合本土化因素,归纳和分析错综复杂的变革过程,所以近十年来制度逻辑研究一直是西方组织研究的热门话题,并实现了单一逻辑向多重逻辑的跨越[2]。

从实践上来看,多重制度逻辑虽然已经广泛应用于公司金融、医药改革、农业管理等领域,但仅有少数媒介研究者尝试将多重制度逻辑的概念引入媒介逻辑研究[3]。奥尔福德(Alford)和弗里德兰(Friedland)最初提出西方多重制度逻辑是由市场逻辑、家庭逻辑、国家逻辑、民主逻辑与宗教逻辑五种核心逻辑构成的[4]。在此基础上,桑顿(Thornton)进一步提炼

---

[1] 涂凌波.媒介融合需超越路径依赖:基于媒介制度视角[J].当代传播,2019(05):68—72.

[2] R. Greenwood, A.M. Diaz, S.X. Li, et al. The Multiplicity of Institutional Logics and the Heterogeneity of Organizational Responses [J]. Organization Science, 2010, 21(2): 521-539.

[3] 朱江丽,史玲莉.媒体融合中新闻从业者的角色融合与工作满意度:基于多重制度逻辑的视角[J].国际新闻界,2021(07):139—156.

[4] R. Friedland, R. Alford. Bringing Society Back in: Symbols, Practices, and Institutional Contradictions [M]. Chicago: University of Chicago Press, 1991: 232-263.

出西方多重制度逻辑的六种成分,包括市场逻辑、集团逻辑、专业逻辑、国家逻辑、家庭逻辑与宗教逻辑[1]。具体而言,我国媒体融合的多重制度逻辑应当在借鉴西方研究之余保留自身的本土性特征。例如,技术逻辑是驱动媒体融合的必要前提,基本上不涉及宗教逻辑。此外,对具有事业单位属性的媒体集团来说,集团逻辑可以更进一步地表述为科层逻辑。随着移动互联网时代的到来,相较之下,关乎新闻从业者职业素养的专业逻辑影响力日渐弱化,以用户为中心的参与理念和互联网思维更占上风,因而用户逻辑也应当被考虑进来。家庭逻辑在我国的媒体发展之中表现并不显著,更多是作用于微观个人而非宏观整体态势,因而在本书中暂不予以考虑。随着媒体融合成为国家战略并全面推行,传统媒体与新兴媒体融合发展的国家逻辑得到凸显,用户逻辑的比重渐趋上升,并且取代专业逻辑占据了核心地位。上述变化颠覆了之前多重制度逻辑的相互作用关系,形成了新一轮多重制度逻辑的共生过程[2]。

三、商业性与专业性

商业化、商业主义本质上属于经济学概念,它们反映的是经济社会中的个人、团体或企业处理人与人、人与企业、企业与社会之间的关系的一种准则,也是平衡商业社会经济秩序的无形杠杆。这一概念被引入媒介经营活动,就表明媒介的社会控制系统中又多了一个重要的组成部分,以商业主义原则处理媒介内外各个层面、各个体系的关系,必将对媒介经营、媒介属性、媒介功能的定位产生重大影响。

在围绕着资本的市场竞争和商品供应环境下,信息成为资本积累和

---

[1] P. H. Thornton. Markets from Culture: Institutional Logics and Organizational Decisions in Higher Education Publishing [M]. Manhattan: Stanford University Press, 2004:37-43.

[2] 朱江丽. 媒体融合行动者网络的制度逻辑及"散射效应"研究[J]. 新闻大学, 2022(01):105—118+124—125.

市场交易的关键商品,新闻作为一种信息传播类型,也是一种可以被出售和购买的物品,具有商品属性。新闻消费者用他们的注意力和新闻生产者交换信息,新闻生产者基于受众规模和商业价值(身份、收入、社会地位等),再将消费者的注意力出售给广告商。因此,新闻从诞生开始就伴随着商品化的倾向①。在为广告商提供促销商品和形象服务的基础上,媒体最终在运作过程中实现了价值补偿与价值增值。

由此,面向大众市场的商业媒体开始出现并逐渐繁荣。从那时起,新闻记者们迫切地希望通过自主性、专业性和先进性等特征的表达来塑造职业荣誉感、提升专业门槛、维护行业权威,从而拥有较为稳定的社会地位和收入。媒体机构也能从这一运行规则中获益,因为它们也需要获得良好的社会信誉和较强的权威性,以得到公众持续的注意力。因此,传媒业大亨一直乐于支持和提倡记者的新闻专业意识和职业精神,并愿意给记者一定的自主空间,即便这些做法在短期内会减少获利。

到了当前的数字化时代,信息通信技术的发展击碎了行业壁垒,成本高昂的全产业链运营成为历史。平台型企业通过垄断内容产品分销权,将专业媒体机构打入产业价值链的下游,从而有可能以极低的成本在传播形式和内容上掌握主动,并设置规范。与此同时,他们通过投资和兼并行为将一些内容生产业务纳入自己的版图,通过集团内部的交叉补贴缓解新闻生产的短期盈利压力,以此培植有舆论影响力的媒体,为企业的长期目标服务。在这个时代,资本影响的集中性、隐蔽性和内容生产的分散化、小型化是一个较为显著的趋势。极端激烈的竞争局面下,在市场主导的规律面前,很难有内容生产商坚持遵循专业标准。

如今,许多媒体的内容生产理念大多与商业层面和资本运作结合得更为紧密,传媒产品的日活跃用户数、日打开率成为重要的衡量标准,用

---

① 陈世华,陈珊.新闻商品化:内涵、后果与未来[J].青年记者,2022(06):26—29.

户阅读量和市场表现也成为内容产品质量的主要检验指标。在这样的行业运作语境下,有学者认为,移动互联网背景下的新型媒体实践形态正在使媒体从业者更多地采用商业性的话语形态作为行动框架,基于专业性的行动方式、行业理念和社会认同则被边缘化,引发了产业形态的急剧变化①。不过,在移动互联网和传媒产业兴起的语境下,商业性也为新闻业带来了全新的运作方式、商业模式和更具持续性的盈利来源,并使整个行业更具活力和开放性。无论是从事传统新闻生产的机构,还是更具移动互联网基因的新创立的传媒项目,都需要借助商业层面的运营来争夺用户,获取盈利。在新的行业语境下,商业性和专业性的关系也面临着调整。有学者意识到了传统媒体转型中的商业性与新闻专业性的博弈,强调应当具备获得商业盈利和承担社会责任的双重属性,倡导传媒创业者在追逐利润的同时,也充分地兼顾社会责任②;同时,需要尝试采用更为宽泛的传媒业定义,并根据不同类型的传媒机构和传媒创业项目的具体特征,对专业性和商业性的关系作出更为灵活的判断③。

第三节 传统媒体盈利模式转型研究的理论框架

通过以上的概念厘定和理论梳理可以发现,盈利模式在媒体发展中占据统摄性地位,并具有深刻的社会烙印和时代色彩。在我国的媒体语境下,盈利模式的发展具有较为突出的阶段性特征,并伴随着商业性与专

---

① 曾繁旭,王宇琦.传媒创业语境下的传媒公共性:困境、张力与前景[J].西南民族大学学报(人文社科版),2019(07):130—137.
② 曾繁旭,王宇琦.传媒创业研究:一个新兴领域的研究脉络与中国议题[J].新闻记者,2019(02):87—97.
③ 曾繁旭,王宇琦.传媒创业语境下的传媒公共性:困境、张力与前景[J].西南民族大学学报(人文社科版),2019(07):130—137.

业性、理想与现实的多种力量的交织和博弈。此外，由于盈利模式本身源于经济学，与新闻传播学和媒介管理学的交叉使"传统媒体的盈利模式转型"这一课题更为错综复杂。经过对基础理论的回顾，本书将以制度视角作为底层逻辑对我国传统媒体盈利模式的转型展开研究，勾连传媒变革、融合发展、盈利模式，拓展对中国新闻业的理论认知，主要的理论框架见图2-1，分为以下几个方面。

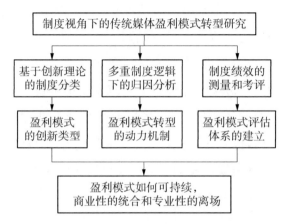

图2-1 本书的理论框架和分析思路示意图

一是参照创新理论，从制度视角将新时代下我国传统媒体的盈利模式创新类型化。根据现有研究，创新理论为观察传媒经营方式的变革提供了较为科学的观察窗口，并且可以根据创新程度划分为颠覆性创新、突破性创新和持续性创新。在生存危机之下，我国传统媒体的市场化程度进一步加深，其盈利来源和营收方式都趋于多元。那么，如何在纷繁复杂的转型实践中总结并归纳出相应的典型模式呢？由于我国的媒体机构众多，各家的情况差异较大，几乎不可能存在统一有效的盈利模式。因此，对现有的转型创新类型进行提炼和划分，有助于我们根据不同类型的传统媒体的特性、定位、实力和处境予以评价和建议。此外，制度视角的优势在于它将盈利模式视为一个动态发展的过程，并对其牵涉的资源分配方式和各种规则调适进行把握,更有利于系统、完整、全面地展现模式包含的各种要素。

二是依托多重制度逻辑对盈利模式转型的动因进行分析。目前,对媒体融合进行归因探究的文献较多,但鲜有专门针对盈利模式变革逻辑的研究。盈利模式的发展历程关乎国家政策、经济形势、人口结构、空间流动、市场竞争、社会文化、技术更新等诸多因素,其动力机制的分析显然不可能仅从单一维度进行观照。盈利模式转型重在制度创新或改变组织场域既有的制度安排,制度逻辑则强调同一组织场域存在不同的"游戏规则"及其合理性[1]。基于此,多重制度逻辑视角为透视我国盈利模式的发展历程提供了操作性强且较为系统的分析框架,可以利用我国本土化的多重核心逻辑对媒体盈利模式的深层社会动因进行挖掘、分类和整合。

三是形成衡量盈利模式绩效的指标和参照系,进而得出操作性强的可持续评估体系。如果将传媒业看成一个经济领域,把作为传媒制度的盈利模式视为整个社会经济制度的一个组成部分,那么盈利模式必然具有经济制度的一般性质,其绩效也可以从一般性角度加以考察。然而,更为复杂的是,经济增长并非衡量其绩效的唯一标准,甚至也不是最重要的标准。由于传媒制度绩效具有特殊性,人们也可以把它理解为多重因素作用下的一种综合性结果。这种结果不同于一般的经济增长,它超越了物质层面,而更多地带有精神层面的性质[2]。因此,盈利模式的平衡和博弈绝不是在经济效益的单一层面上进行的,它还涉及文化背景、社会心理、意识形态等其他许多层面的因素。这些因素连同经济利益的诉求一起,对传媒制度的形成产生了综合性的影响,从而影响了可持续发展水平的评估结果。

---

[1] 杜运周,尤树洋.制度逻辑与制度多元性研究前沿探析与未来研究展望[J].外国经济与管理,2013(12):2—10+30.
[2] 丁和根,耿修林.传媒制度绩效评价:思路、框架及方法[J].新闻界,2007(03):3—6.

通过对上述三个方面的探究和分析，本书试图回答盈利模式涉及的商业性和专业性的平衡问题，并且延伸出关于传统媒体盈利模式如何可持续的启发和思考。

第三章

媒体盈利模式的历史演进

本章的主要内容为对世界范围内传统媒体盈利模式从兴起、成熟到稳定的过程进行历时性回顾,并对我国传统媒体从改革开放到新时代这一时间段的盈利模式演进情况进行梳理。通过回顾可以看出,在制度视角之下,"二次售卖"模式的渐趋成立是与受众需求、媒介技术、政治环境、新闻媒体性质、新闻记者等因素息息相关的。与此同时,媒体也会根据自身的盈利模式考虑内容定位,制定销售策略等。

第一节 世界新闻媒体盈利模式的发展历程

到目前为止,人类的传播大致经历了口语传播、文字传播、印刷传播和电子传播四个阶段。但是,具体到媒体的盈利模式上,在口语传播和文字传播阶段,媒介还不是一个有独立特征的社会行业,即没有形成专业化媒体,也就不存在经营管理的问题。在印刷传播时代之后,专业化的媒体产生了,进而诞生了媒介的经营管理,寻找和建立盈利模式成为新的问题。

一、初期的新闻业不具备盈利能力

15—17世纪,新闻业还处在"小生意"的阶段。在欧洲,印刷术最初的主要功能是印刷《圣经》,直至16世纪后,印刷的小册子(pamphlet)和新闻书（newsbook）开始出现。新闻书的出版者都是书商和出版商，这些机构都是做私人的小生意，很难发展成为产业。17世纪中期，基本的报纸形态开始出现。以1665年出版的《牛津公报》为例，它是官方定期出版、刊载新闻的单页纸，而非新闻册①。到了18世纪，政党报刊开始出现，特别是在美国，联邦党和非联邦党各自都有报纸并相互攻击。从形式上而言，政党报刊与现代报纸基本相似，但它的定位主要是替政党发声，更多依赖于政党或机构的财政扶持，尚未形成独立的媒介产业。从媒介经营管理的角度来说，这时只有管理，还没有经营。

二、便士报的兴起与"二次售卖"模式的形成

直至19世纪30年代，商业报刊开始出现，这在报业的发展史上具有里程碑式的意义。便士报的出现使报纸从原来以政党扶持为主的报业形态过渡到商业报刊时代。从此以后，报业成了一门独立的生意，这也是媒介经营的起点。随着报纸影响力扩大，商业报刊的经营者渐渐发现报业的生存发展可以不靠政党的扶持和他人捐赠，甚至报纸的出版发行可以变成一门赚钱的生意，他们随之开始探索报业的盈利模式。

首先是压低报纸的售价。在便士报出现之前，纽约的报纸售价在6美分左右，相较于当时人们微薄的薪资，算是较为昂贵的价格。从本杰明·戴创办《纽约太阳报》开始，报纸经营者就采取压低售价、扩大发行量的方法，即一份报纸只卖一美分，这就使得广大普通民众也可以购买报纸。其次是注重新闻。报纸售价降低之后，丰富报纸的内容以获取更多读者成为经营的重中之重。从本杰明·戴这一代报人开始，便士报不再刊登长篇大论的政论文章，而开始注重富有人情味的社会新闻、公众关心

---

① 迈克尔·埃默里，埃德温·埃默里. 美国新闻史：大众传播媒介解释史 [M]. 第八版. 展江，殷文，译. 北京：新华出版社，2001：15.

的本地新闻及耸人听闻的黑幕新闻,以吸引读者的阅读兴趣。记者职业的产生也源于此。之前,报社内部只有编辑,没有记者,报纸以摘编和刊发来稿为主,没有专人采写新闻。在民众对新闻信息需求量大增之后,报纸老板开始意识到,报社需要一批人专门到码头上、轮船上收集信息,特别是来自大洋彼岸的英国的一些最新资讯①。于是,报社会派专职人员去采写这些大众喜闻乐见的新闻,他们甚至会策划一些如"在月球上发现了人"之类的"新闻"。1872年,《纽约先驱报》刊登了一则报社人员前往非洲寻找失踪近6年的利文斯通的故事。报社记者主动前往非洲,耗时8个月追踪利文斯通的下落。这种悬疑的、带有不确定性的稿件深受大众喜爱。著名的"狗咬人不是新闻,人咬狗才是新闻"的论断就是美国《纽约太阳报》19世纪70年代的编辑主任约翰·博加特(John Bogart)提出的。与政党时期的报刊理念相比,报纸的重心有了重要的变化,即开始追求异常性。

于是,从办报的实践中,报人探索出了"二次售卖"。美国的报纸发生了明显的变化,开始压缩售价,以更好的报道内容来吸引读者,进而扩大报纸的发行量,再把读者的注意力卖给广告商,从广告商的广告费中获取利润。从此,报业经营者发现,通过二次售卖可以实现报社的独立自主,报刊不再依靠于政党和个人,仅靠编辑和记者就可以把报纸办好,同时获得丰厚的利润。在美国,由于创办报刊没有限制,其他经营者也察觉到这一商机,大批人才和资金开始进入报纸产业,商业报刊得到了迅猛的发展。独立的报刊不再依赖于政党的扶持,具有了批评当时的政党和政府的能力,它们批评得越犀利、越尖锐,报纸的发行量就越大。

三、19世纪末商业报刊走向成熟

到了19世纪末,商业报刊走向成熟。在政治民主化的背景下,美国

---

① 迈克尔·舒德森.发掘新闻:美国报业的社会史[M].陈昌凤, 常江, 译.北京大学出版社, 2009:26.

社会舆论相对自由,贸易的繁荣带来了经济社会的发展,科技的进步让通信更加便捷,教育普及、城市化带来的人口集中使得报纸的读者数量大大增加,逐渐形成了日渐繁盛的大众文化。在这样的时代背景下,当时的报刊经营者已经可以非常熟练地运用二次售卖的商业模式。比如,普利策创办的《纽约世界报》、赫斯特创办的《纽约日报》,它们的发行量都维持在几十万份,为二次售卖模式的持续发展打下了基础。

与此同时,繁荣的报业与报人的新闻理念也产生了一定的矛盾,如某些商业报刊开始"在没有新闻的地方制造新闻"。1898年,赫斯特的《纽约日报》将古巴军政府提供的悲惨故事当作竞争的手段,记者们毫不在乎地刊发"黄色新闻",夸大非人道的状况。《纽约日报》派驻古巴的记者告诉赫斯特"古巴不会有战争",赫斯特回应称:"你提供图片,我来提供战争。"①这些编造出来的耸人听闻的假新闻引发了美国民众的强烈愤慨,汹涌的舆论风潮迫使美国政府在西班牙已与古巴调停的情况下,发动与西班牙的美西战争。这样脱离事实的煽动性报道带来了物极必反的效应,报刊经营者罔顾事实,过于追求舆论影响力和经济效益,使得报刊难以获得长久的发展。最终,较为公允的《纽约时报》在纽约成为第一大报。

"二战"之后到21世纪初,整个西方社会比较稳定,进入了一个快速发展的阶段,现代报纸也成了一门发展迅速的"大生意"。以美国为代表,全国性报纸、地方性报纸及各个报业集团都采用二次售卖的模式,基本形成了一城一报的"寡头式"报业格局。高峰时期,美国有1000多家日报,每天发行5000多万份报纸。一时之间,报刊拥有了巨大的影响力,为报刊经营者带来了大量的经济收入。

四、新技术对西方媒体带来全方位冲击

这一稳定格局一直维持到新媒介技术的诞生,即互联网的推广和普

---

① 迈克尔·埃默里,埃德温·埃默里.美国新闻史:大众传播媒介解释史[M].第八版.展江,殷文,译.北京:新华出版社,2001:232—234.

及,传统媒体的市场开始受到互联网巨头的侵入。相较之下,互联网提供的即时、海量且免费的新闻资讯比传统媒体更能满足人们对时效性的要求及对信息的渴望。尤其是在移动互联网时代来临之后,手机移动端几乎替代了以往报刊、电视和广播的功能和地位。后者的传播力、触达率和影响力下降,受众的大量流失意味着客户规模的萎缩。同时,传统媒体以往的运转逻辑在很大程度上失效了,新闻吸附广告的能力日益下降,支撑媒体运营的资金出现缺口,广告市场整体上大幅萎缩。面对这种情况,西方媒体展开了包含盈利模式变革在内的各种自救运动,如以《纽约时报》《华盛顿邮报》《卫报》等老牌报纸为主推动的付费墙的转型实践。它们根据自身定位,采用不同的计费方式和会员运营模式,在曲折中不断前进,获得了较为理想的效果。

第二节　改革开放后中国媒体的盈利模式演进

我国媒体的经营管理变革是伴随着改革开放的浪潮推进的。美国纸媒形成商业化办报的产业规模大概有200年的历史。相较之下,改革开放后,我国媒体用了近40年的时间,较为迅速地完成了多次媒体迭代。

最初,清末的办报活动主要是教会资助的一种新闻传播活动,即报纸自身不负责赚钱,主要依靠教会资金的扶持。到了政党办报时期,办报活动同样不需要独立的财务核算。后来,到了民国时期,清朝的官报基本上就消失了。办报活动由原先的政府主导变为民间主办。也是从这一时期开始,商业报刊问世,并开始探索经营模式。到了1928年,国民党政府开始兴办《中央日报》。《中央日报》与《大公报》《申报》等商业性报纸具有截然不同的性质。这一时期,党报和商业报二者并行。

新中国成立之后,所有的报纸都进行了改造,回归党或政府主导报纸的局面。直至改革开放,一些市场化运营的痕迹开始在报业中出现,打破了"千报一面"的状态。在传统媒体时代,广州的报业发展路径比较具有代表性,可以说代表了当时中国媒体较高的发展水平。当时,全国有不少记者到广州"重新就业",并干出了自己的一番事业,这是当时的一个特色。广州共有三个报业集团,分别是南方报业传媒集团、羊城晚报报业集团、广州日报报业集团。具体而言,《南方日报》是广东省委机关报,《羊城晚报》是省委直属的晚报,《广州日报》是广州市委的机关报。这三张主报下面还分别出有三张都市报:《信息时报》是广州日报报业集团主办的,《新快报》是羊城晚报报业集团主办的,《南方都市报》是南方报业传媒集团主办的。此外,这些报业集团下面还有很多的专业期刊、周报等。总体来看,在传统媒体时代,广州市的报业结构较为完整。

一、党报转型,竞争驱动市场化改革

报纸的采编、印刷和发行需要支付成本,所以对经济来源的寻求一直纵贯媒体改革发展的历程。从新中国成立之初到1956年,报业曾有短时间的市场化探索,即尝试通过广告和用户来养活报纸,但随后被中断了。直到1978年,报社都是接收全额财政拨款,由政府养活。1978年,人民日报社联合其他8家新闻单位提出要实行"事业单位,企业化管理"运营模式,希望自己养活自己[①]。在这种模式下,运营的资金来自印刷、发行、广告等自营性业务。简而言之,隔断或弱化与财政体系的供养关系,是报纸走向市场化发展的第一步。

从采编上来说,传统的党报在很长时间内都是一张报纸四个版:第一版(也叫"头版")刊登要闻,也就是发生在全国的重要新闻或者本地的重要新闻;第二版刊登本地要闻,即发生在本地的不足以上头版的一些重要新闻;第三版是国内新闻;第四版是国际和我国港澳台地区的新闻。到了

---

① 陈国权.今天,谁来"供养"报业?——对"事业单位,企业化管理"的改革探讨[J].青年记者,2018(28):60—62.

改革开放之后,部分党报逐渐开始转变思路,认为党报的受众除了党政干部之外,还可以扩大到普通百姓,因为只有受众越来越多,党报才能更具影响力,信息才能传播得更远。

以广州地区为例,在这一阶段,广州报业市场的龙头是《羊城晚报》。《羊城晚报》不同于传统党报,它面向更广泛的受众,内容更贴近老百姓的生活。作为党报的《广州日报》要想吸引老百姓阅读,必然会挑战《羊城晚报》的地位,竞争也就随之出现。这一早期竞争反映在采编理念上,表现为突破种种固定的格式化操作。在当时,一般的党报都是将本地市委、市政府的工作新闻作为头版头条,但《广州日报》突破了这种模式,破天荒地把伊拉克战争、美国总统选举等重大国际新闻作为头版头条刊发,一些重要的社会新闻也可以上头条[1]。同时,为了满足信息饥渴时代受众的需要,《广州日报》开始实施"厚报战略"。不同于一般只有 4 个版的党报,《广州日报》在 2000 年前后每天出 60 多个版甚至 80 多个版,售价同为一元钱。从受众的消费心理角度来看,人们也更愿意买"厚报"。

由此,报纸将生产和经营工作并重。报纸本身也是一种可售卖的商品,可以为市场经济服务,并成为其中的一项重要文化产业。与之相应,报社也需要调整运营模式,重视经营管理的队伍,开设发行、广告等部门。改革开放前,报社只是个编辑部,相关人员仅做采写和编辑工作,报纸印刷出来之后交给邮局发行,没有广告业务。到了 20 世纪 90 年代,在办报理念上,各家报社已经开始进行商业化运作。也正是从那时开始,各地的都市报陆续创刊,一部分党报的决策者认识到,直接去办面向老百姓的都市报具有突出的意义。如此一来,在一个集团里,党报和都市报分工协作,前者承担主流意识形态宣传的任务,后者则负责在发行和广告市场中盈利。于是,包括《南方都市报》《新快报》《华西都市报》在内的一大批都市报应运而生。当时为了与同在上海的文汇新民联合报业集团的《新民

---

[1] 来源于本书写作团队 2020 年 7 月在广州日报社的访谈。

晚报》竞争,解放日报报业集团创办了《新闻晨报》,文汇新民联合报业集团继而也创办了《东方早报》。

二、竞争加剧,"二次售卖"模式日臻完善

随着都市报数量的增加,报业市场一片繁荣,竞争的激烈程度也进一步加剧。由此,各家媒体开始注重从内容方面寻找各自的特色定位,力图突出重围、在市场中占据一席之地。例如,《南方都市报》以舆论监督报道和长篇评论为制胜法宝。在与都市报的竞争中,尽管《广州日报》最大限度地增加了非传统的内容,但由于其党报的特殊地位,最终选择了一条"中间道路",即大力挖掘中性报道,在都市报的监督报道和传统党报的报道之间寻求一个平衡。比如,在没有动态的突发新闻时,它会注重策划新闻,做好党代会、全国"两会"等重大时政报道等①。在经营方面,广州媒体这一时期最显著的特点是向广州以外的珠三角地区发展,进而向全国发展。例如,由于深圳本地报纸的市场表现不佳,于是《南方都市报》抓住了这个机会,推出"双城战略",在深圳大获成功的同时,也吸引了一批全国性客户。另外,异地办报的合作形式也开始出现,实现了经营管理的地域性拓展。比如,《南方都市报》借助品牌优势与《光明日报》合作,在北京创办了《新京报》,还在云南合办了《云南信息日报》,在安徽合办了《江淮晨报》,将自身的品牌效应输出到珠三角以外的地区。《广州日报》也积极开拓珠三角市场,主要是在珠三角的西岸地区,展现出了更为浓厚的本土特色。

实际上,各家媒体实施上述战略的目的有两个:一方面是扩大自身影响力,站稳脚跟;另一方面也是获取更多的广告资源,为报社带来较好的利润收入,由此支撑巨额的采编费用。在"二次售卖"的模式下,销售报纸的发行环节不以营利为目的,而是让新闻的社会性得到体现。围绕"二次

---

① 来源于本书写作团队 2020 年 7 月在广州日报社的访谈。

售卖"模式的展开,报业在该阶段迎来了以印刷技术为核心技术、"重资产"的大工业生产时代。在这一阶段,媒体的采编、发行和广告并行,需要庞大的资金投入及复杂的人员构成,大量的投资用于建设印刷中心、几千人组成的发行队伍、几百人组成的广告队伍和采编队伍,并建立多个系统支撑起大规模的标准化新闻生产。尽管各家媒体的定位不同,战略也各异,但它们基本都遵循依靠广告获取收入的行业规则,形成了较好的报业生态。

在这一时期,尽管PC互联网已经出现,特别是在2000年以后,四大门户网站新浪、搜狐、网易、腾讯已经崭露头角,并且影响力越来越大。但是,它们当时并未对传统媒体构成颠覆性的挑战,传统媒体每年的利润依然处于上升态势[1]。直到2012年,移动互联网技术日益普及,手机轻便小巧,如影随形,极大程度上代替了报纸。至此,传统媒体行业迎来了真正的挑战。

三、技术变革,传统模式面临极大挑战

互联网技术更新的速度越来越快,2010年特别是2012年以后,移动互联网开始快速普及,使新闻生产进入了一个全新阶段,即全媒体生产阶段。中国互联网络信息中心(CNNIC)第38次《中国互联网络发展状况统计报告》显示,截至2016年6月,中国网民规模达7.10亿,互联网普及率为51.7%。其中,中国手机网民规模达6.56亿。对比一下历史数据,中国通过手机上网的人群在2012年6月底只有3.88亿人,4年的时间里,手机上网的人群增加了近3亿人。微信作为一款超级App,其普及和应用便是一个典型例证。2016年1月,微信公众平台日均浏览量已达30亿次,微信公众号数量超过1200万个。但当时,全国报纸一共才2000家左右,杂志10000家左右。传统媒体每天"波澜不惊",互联网媒体的发展却

---

[1] 来源于本书写作团队2020年7月在南风窗杂志社的访谈。

一日千里。

从宏观层面来说,传统媒体的发展困境主要体现在两个方面。其一,在移动互联网条件下,伴随着媒体从"重资产化"向"轻资产化"的转移,"人人都是记者"成为现实,各个政府部门和各个商业机构都有了发声平台,甚至每个个体也有了发声平台。传统媒体原有的渠道优势丧失,这就导致在某些地区和层级,党和政府的主流声音难以传播开来,即使传播开来,影响力也显著下降。相反,由各类社交媒体、聚合类网站等新媒体平台构建的网络舆论场深深地嵌入老百姓的日常生活,进而影响到他们的所思所想。可见,网络舆论场对传统媒体的主流舆论场形成巨大冲击,对主流意识形态安全形成严峻挑战。其二,传统媒体原来行之有效的"二次售卖"盈利模式在很大程度上失效了,同样的采编和营销投入无法再换回原来的广告收入,新闻采编前期的巨大投入也不能收回成本,原来的商业闭环被打破了,支撑媒体运营的资金出现了缺口。这种变化带来了一个结果,即传统媒体广告市场规模在整体上大幅萎缩。艾瑞咨询发布的中国广告数据显示,中国网络广告 2015 年达到 2 093.7 亿元,同比增长 36.0%[①]。与此同时,电视、报纸、杂志和广播四大传统媒体当年的广告总盘子不过 1 700 多亿元。历史上,网络广告的总量第一次超越了传统媒体广告,而这仅仅是一个开始。

在这样的背景下,2014 年 8 月,中央全面深化改革领导小组第四次会议审议通过了《关于推动传统媒体和新兴媒体融合发展的指导意见》。"新型主流媒体"需要解决好上述两个问题,缺一不可。这两个问题解决了,传统媒体和新媒体融合发展的问题也就解决了,融合发展的目标也就实现了。换句话说,判断传统媒体和新媒体的融合发展是否成功,这是两条硬标准,传统媒体所有的融合发展工作都要围绕这两个问题展开。这

---

① 艾瑞:中国移动广告将在 2016 年底全面超越 PC [EB/OL]. (2016-07-13) [2023-08-01]. https://report.iresearch.cn/content/2016/07/262414.shtml.

两个问题也紧密相关,媒体如果能够守住舆论阵地,也就具备了在商业上变现和盈利的条件;反过来说,如果媒体具备了持续盈利能力,也就具备了反哺新闻采编的经济基础。

从2014年至今,已经过去了10年时间。在融合发展过程中,中国绝大多数媒体积极探索,走出了转型发展之路,特别是在新型商业模式的探索方面,甚至走在了世界前沿,可以说已经形成了媒体转型的中国模式。简单来说,这种模式的核心是各类"非报"业务的拓展。与此同时,英美等国家的大部分主流媒体也在积极寻找转型发展的道路,它们的主要着眼点是发展"读者付费"业务,即从原来的"广告商中心"重新回到"读者中心"。两种模式还在探索的过程中,或者说只是一个开始,现阶段还不能对二者的优劣做出终极判断,但是两种模式所透露出的不同端倪却需要高度重视,因为它们在回应上文所说的两个关键问题时采取的是两种明显不同的路径,对媒体的整体转型发展已经带来或者即将带来深远的影响。

根据粤传媒2015年的公告,广州日报社的广告业务在2015年的降幅高达32.58%,与广告业务紧密相关的发行业务同比也下降了11.41%。这两项业务在粤传媒总营收里的占比从2014年的79%下降到了2015年的72%。根据粤传媒2016年上半年的公告,广州日报社广告收入的占比下降到38.6%,发行收入占比下降到24.51%,两者合计占比进一步下降到63%。浙报传媒的情况与之类似,2015年的广告收入占比为22.38%,2016年第三季度的公告显示,其广告收入进一步下滑了12.25%。可以想见,在整个上市公司营收中,广告的比重会进一步降低。与此同时,新华传媒2016年的半年报显示,其广告营收下滑了37%。

上述三大上市传媒公司的财务数据说明,自2014年开始,传媒业的整体广告环境发生巨变,广告业务大规模地从传统媒体流向网络媒体,广告业务已经不足以承担起传统机构媒体的盈利责任,以往的以广告销售为代表的"二次售卖"模式已经逐渐"退位"。广告业务在有的报社营收中虽然依旧占最大比例,但所占份额逐年下降,有的则已经退居到所有营收来源的第二位甚至是更靠后的位置。出现此种现象的主要原因在于,整个传统媒体广告市场的萎缩。换句话说,传统媒体已经触摸到广告的天花板。此时,各报社需要摆脱对广告模式的过度依赖,让自己的盈利模式更加多元化。

第三节 中国各级媒体当下普遍存在经营压力

随着数字媒介的发展,传统媒体的传播力和影响力受到较大的冲击。同时,媒体原有的商业模式也在很大程度上失效了。比如,上海的澎湃新闻近年来发展形势不错,但至今也没有实现盈利,根本原因也正在于此。在这种情况下,中国的各级媒体都在奋力从原来单一的广告模式中解脱出来,试图寻找更加多元的盈利模式。这种分化的趋势成为近年来的一种主流做法。虽然如此,各家媒体的经营压力依然很大,说明它们仍需要在盈利模式的转型上更进一步。

一、中央级媒体财政补贴未明显增加

通过研读中央广播电视总台公开的预算报告,可以发现中央广播电视总台在 2018 年达到财政拨款收入的巅峰,但随后保持平稳态势。具体而言,中央电视台 2017 年财政拨款收入约为 1.9 亿元;2018 年 3 月,中央电视台、中国国际电视台、中央人民广播电台、中国国际广播电台合并组建成中央广播电视总台,合并后的总台部门预决算中财政拨款收入显示有大幅增加;2021 年总台的财政拨款收入为 17.96 亿元;2022 年财政拨款收入为 17.41 亿元;2023 年财政拨款收入相比 2017 年没有明显提升,

反而降低了 8.45%①。此外,人民日报社自称是中央媒体中唯一一家自收自支单位,只是在个别专项上有财政补贴,所以在收支方面也存在压力。

当然,所谓财政补贴的"下降"是在原来基数比较大的情况下的下降,相比于省级媒体及地市级媒体,中央级媒体的总体财政补贴数额还是比较大的。

二、省级媒体对财政补贴的依赖性加强

在世界新闻史上,新闻媒体自己赚钱养活自己只有 100 多年的历史。相比之下,我国媒体自负盈亏,如果从 1996 年 1 月中国第一家报业集团成立开始算起,只有近 30 年的历史。在此之前,国内的媒体都是"吃财政饭"的。可惜好景不长,在移动互联网的发展和冲击之下,传统媒体靠自己实现有效经营越来越困难。党和政府看到了这一点,近几年纷纷出手给予财政扶持或补贴。在很多市场化媒体陷入断崖式下滑的情况时,各省市的党报党刊却实现了逆势上扬,不仅发行收入大幅度上涨,而且广告收入也出现了一定程度的增长。据此,有人认为传统媒体"二次售卖"的商业模式并没有坍塌。其实,党报党刊长期以来并不存在"二次售卖"的商业模式。其原因是,首先,党报党刊长期以来依靠行政订阅。近几年来,党报党刊得益于行政优势,一方面通过行政订阅,另一方面通过提价增质的手段,经营能力保持了较高的水平。党报党刊的发行属于行政指令性发行范畴,尤其是在各单位、机构收取足额党费之后,它们购买党报的能力大幅度提升。我国报纸的发行价格与国外发达国家相比普遍较低,发行出现严重"倒挂"现象。这就导致其盈利模式存在过于依赖广告的问题,但党报党刊利用政策优势提高发行价格,就能摆脱发行"倒挂"的窘境。例如,河北省地市级党报的平均发行价格已经达到每份每年 525

---

① 数据来自中央广播电视总台 2017—2023 年年度部门决策中披露的信息。

元,如果一家地市级党报的发行量达到6万份,则发行收入就会超过3000万元,基本能解决报纸的生存问题。其次,党报党刊的广告收入来源主要是各级政府的专版广告。因此,党报党刊逆势上扬的本质是政府购买服务或变相补贴的支持①。

具体来看,上海市委、市政府对媒体发展予以资金扶持在国内比较早,力度也比较大。新一轮的财政扶持始发于上海。文新和解放两大报业集团2013年合并为上海报业集团之后,上海市财政局每年分别给予该集团下属的《解放日报》《文汇报》5000万元财政补助。2016年12月28日,又有六家国资向澎湃注资6.1亿元人民币。这些相对于上报集团内部对于新媒体项目的孵化,都叫作"外部融合"机制。"外部融合"的选项很多,除了财政扶持、国资注资,市委、市政府也可以在税收和产业政策等方面给予媒体一定的特殊优惠和倾斜。

2016年12月14日,广州日报旗下的上市公司粤传媒宣布,粤传媒的全资子公司广报经营公司获3.5亿元财政补贴资金,专项用于《广州日报》的印刷、发行支出。粤传媒2016年第三季度公告显示,前三季度公司归属于上市公司股东的净利亏损2.41亿元,同比下滑380.97%②。当然,粤传媒2015年以来的亏损具有一定程度的偶然性,这始于2013年收购上海香榭丽户外广告公司的失败。2015年,粤传媒已经公告亏损,次年如果没有非常之举,肯定还要继续亏损。如果连续三年亏损,粤传媒就要进入ST的行列。恰逢此时,粤传媒获得了3.5亿元的财政补贴。算上这笔收入,粤传媒2016年就不再亏损了。由此可见,这笔财政补贴对于粤传媒来说具有十分重要的意义。

---

① 郭全中. "To G":传统媒体的商业模式转型[J]. 新闻与写作,2018(04):61—65.
② 子公司巨亏2.46亿,粤传媒深陷泥潭卖楼自保[EB/OL].(2016-10-28)[2023-08-01]. https://www.163.com/dy/article/C4E2A57505198R91.html.

三、多数地市级媒体经营状况不佳

回顾地市级媒体融合的浪潮,一个标志性的时间节点是2020年。自2020年9月中共中央办公厅、国务院办公厅在《关于加快推进媒体深度融合发展的意见》中正式提出完善四级媒体融合发展布局以来,地市级媒体成为媒体融合政策布局中的重要一环①。此前,在近年来掀起的广电和报业进行融合发展的浪潮中,比较典型的是以下两例。其一,2018年8月31日,大连新闻传媒集团揭牌。该集团由大连报业集团、大连广播电视台、大连京剧院等11家单位合并而成,为市委直属事业单位,负责全市新闻事业和传媒产业发展。其二,2018年11月13日,天津海河传媒中心正式成立。该中心由天津日报社、今晚报社、天津广播电视台整合而成,天津市由此率先成为将主要省级媒体(集团)、报业和广电整合成立新的体制机构的省份。这两个案例之所以"动静大",原因有二:一是合并的媒体多,牵涉的人员多,几乎把本辖区所有的媒体都合并在一起;二是行政级别高,大连市是副省级城市,天津市则是直辖市,属于省级单位。在这样的案例示范下,2018年至今,芜湖、晋城、鄂州、绍兴、淮北、湖州、珠海等地进行了类似的报台合并。在近年的发展过程中,部分地市级媒体取得了较好的成绩。比如,绍兴市新闻传媒中心通过精简机构、薪酬体系改革,获得了较好的经营绩效;安徽桐城的"出彩桐城"App也实现了"新闻+政务"的创新发展。

但是,需要指出的是,地市级媒体发展水平也存在差异。近年来,地市级媒体经过整改,部分关停。2020年,《关于加快推进广播电视媒体深度融合发展的意见》明确提出,要精办频率频道,对定位不准、影响力小、

---

① 国家广播电视总局印发《关于加快推进广播电视媒体深度融合发展的意见》的通知[EB/OL].(2020-11-26)[2023-08-01]. http://www.nrta.gov.cn/art/2020/11/26/art 113 53991.html.

用户数少的媒体坚决关停并转①。2021年以来,据公开资料的不完全统计,在地市级广播电视媒体中,广播、电视频道关停的现象不少。比如,兰州、合肥、玉林、厦门、昆明等20多个地市,受到撤销或整合的频道覆盖公共、财经、旅游、影视等类别。就2022年的情况来看,国家广电总局先后批准撤销了19个频道频率,2022年第一季度各类专业频道专业节目播出比例达标率从2021年初的57%提高至74%②。

地市级媒体经营遇到瓶颈的原因有两方面,概括起来可以称为"前有堵截,后有追兵"。地市级媒体是媒体融合四级布局中的中间层面,相比于全国性媒体和省级媒体,其具有的技术、人才等资源较为有限,无法形成具有竞争力的综合传播矩阵。相比于县级媒体,地市级媒体又不具备县级媒体基于自身条件摸索出的具有特色的基层实践。因此,整体来看,地市级媒体的定位较为模糊,所以出现了"空心化"的尴尬局面。

关于地市级媒体"广电＋报业"融合发展的路径,目前有两种可以作为参考。第一,当下的媒体融合发展更多是指某个单一媒介的全媒体发展,即从原来单一的纸媒或广播电视媒体发展成包括"两微一端"的全媒体形态的媒体矩阵。从国内和世界范围内的成功案例来看,这样的媒体矩阵都是在一个传统媒体的母体上不断孵化和衍生出来的,少见通过合并重组而来的。经验证明,好的融合发展通常是自然演化出来的,而非物理式"捏合"的。第二,如果一定要通过合并实现融合发展的话,就要考虑某具体地区的媒体规模。规模越大,合并的效果越不好控制;规模越小,合并的效果相对越好。这是因为,要打破原有的发展模式和利益格局,其

---

① 国家广播电视总局印发《关于加快推进广播电视媒体深度融合发展的意见》的通知［EB/OL］.（2020-11-26）［2023-08-01］. http://www.nrta.gov.cn/art/2020/11/26/art 113 53991.html.
② 广电总局扎实推进广播电视频道频率精简精办和高质量创新性发展［EB/OL］.（2022-04-27）［2023-08-01］. http://www.nrta.gov.cn/art/2022/4/27/art 11460241.html.

规模、格局越大，难度就越大。通常而言，县级融媒体中心合并了原来县域内的各种媒体机构，加在一起也就一两百人，一般的地级市也可以采取合并的方式。但是，副省级及以上地区要采取合并方式进行融合发展的话，需要特别慎重，因为每个机构少则几百人，多则几千人，要融合在一起，难度可想而知①。

四、县级融媒体的经营面临机遇与危机并存的局面

在面对全国性媒体、社交媒体的竞争中，县级媒体在话语权争夺中遇到了较大的压力。在移动互联网时代，地方性报纸的发行半径已经不存在了。从逻辑上说，任何一家报纸都可以是全国性媒体，因为全国受众只要想，就都可以看到。但是，这对于县级地方媒体来说是致命威胁，因为地方媒体擅长的就是捕捉地方信息，而社交媒体中的自媒体可以轻易地取而代之。

以县级融媒体为代表的地方媒体在发展中经历了较大的变化。根据2014年的统计数据，当年我国的全国性报纸有221种，省级报纸792种，地市级报纸880种，县级报纸19种②。由此可见，中国的报纸绝大部分都是地方性媒体，大概占87%，全国性报纸只占13%。但是，自2014年媒体融合开始，十年的媒体发展实践也让人容易作出"全国性媒体发展得更好"这个判断。比如，人民日报社、新华社、央视这几家媒体在过去七八年里取得了非常突出的融合发展效果，它们在各个影响力排行榜中的排位都非常靠前。这与1990—2010年间的情况形成了强烈的反差。那时，在各地引领发展潮流的都是地方媒体，特别是都市报。但随着移动互联网的快速发展，2012年以来，地方媒体之前的强劲发展势头逐渐消失。在这个过程中，省级报纸的转型步伐又明显地比地市级报纸快，甚至有学者得

---

① 窦锋昌."广电+报业"融合发展的路子，当慎行[J].青年记者，2020(24):95.
② 数据来源于国家广电总局"2014年全国新闻出版业基本情况"的信息披露。

出了地市级报纸"腰部塌陷"的判断①。总之，一家媒体覆盖的地域范围越大，其发展的空间就越广阔，转型的步伐就越快。在媒体样态中，非但报纸如此，电视台的情况也差不多。只不过，20世纪90年代以来，全国大部分省级卫视借助于"上星"都已经成为全国性媒体。其中，部分省级卫视所做的娱乐性综艺节目能取得良好的社会和经济效益，就是因为它们的定位是面向全国观众。

国外媒体特别是美国媒体最近10年的发展也符合上述规律。在传统媒体时代，美国只有《今日美国》《纽约时报》等少数几家全国性报纸。这与美国最早从13块殖民地发展而来的国情有关，读者对于本地事务的关注普遍胜过对全国乃至国际事务的关注。在这样的背景下，凭借报道"水门事件"而成名的《华盛顿邮报》也不是全国性报纸，其当时主要的发行范围是华盛顿特区及周边地区。但是，它在2013年被贝索斯收购之后，迎来了一次彻底的改造，自此发展为一个面向全美甚至全球的媒体。这次改造取得了不错的效果，主要表现为付费用户的大量增加。这些用户来自全国乃至全球各地，超越了该报之前覆盖的地域范围。因此，在互联网这种超越地理障碍，且以即时性著称的传输手段的支持下，全国性甚至是全球性媒体得到了更好的发展机遇。

2018年以来，我国成立的一大批县级融媒体中心也都是典型的地方性媒体。如果以后真的"不会再有真正的地方媒体"，这些数量庞大的地方性媒体的出路又在哪里？其实，全国性媒体发展得好，并不意味着地方性媒体就发展得不好。地方性媒体至少在三个方面是不可取代的。首先，地方时政性新闻不可取代。读者既是有全国属性的人，也是具有地方属性的人，他既关心全球、全国大事，也关心发生在本地区的"小事"。地方领导的更迭、属地医保新政和房地产市场政策的变化等还是要本地媒

---

① 郑雯，张涛甫.媒体融合改革中的"腰部塌陷"问题[J].青年记者，2019(25)：63—64.

体及时报道。其次,服务性新闻不可取代。读者读新闻主要有三种动机,一是获取知识,二是获取娱乐,三是获取服务。其中,知识和娱乐不具有较强的地域性,但服务性新闻的地方性非常强。比如,现已拥有800万名粉丝的"上海发布"政务微信除了及时提供各种政务新闻,其提供的"公交实时到站""交通违法""出入境办证"等服务性信息也是不可缺少的。最后,监督批判性新闻不可取代。在新媒体环境下,地方性媒体因为失去了原来的地理保护,发展环境产生了很大变化,但在监督本地各项事务发展方面,它们仍担负重任,应扮演好自身的角色。

第四章
新时代媒体管理模式的创新与发展

从学科属性上看,媒体盈利模式转型问题属于媒体经营管理范畴。具体而言,媒体经营与媒介管理既有区别,又有联系。"经营"的英文是"management","管理"的英文也是"management"。就此而言,二者有共性。但是,进一步细分的话,经营和管理也有区别。媒介经营更侧重外部活动。作为一家媒体,要处理各种与广告客户、上下游供应商及读者等利益相关方的关系,这些基本上属于市场营销行为。媒介管理则强调媒体内部的组织管理,如报社各部门如何设置,人员怎么考核,如何提升媒体的组织力、影响力和可持续发展能力等。探讨媒体盈利模式转型问题,首先要关注媒体的管理问题,这直接关系着媒体采取何种盈利模式及如何实现盈利等。媒体的管理问题又可以分为内部管理和外部管理。在内部管理方面,又可以分为单一媒体的管理和作为集团的媒体管理。

第一节 单一媒体的管理及创新

媒体的组织架构一般可以从两方面来分析:一方面是从比较微观的角度出发,研究一家媒体如何运营;另一方面是从宏观的角度,即研究作为一个媒体集团的组织和运营情况。后者在中国主要表现为报业集团或广电集团及其组织和运营模式。在互联网技术的不断发展之下,如今的媒体机构内部发生了很大的变化,出现了学者们所谓的"组织再造"现象。

本书把媒体的组织再造概括为五个方面。

一、融合型的采编部门

在传统媒体时代，运营一家媒体至少要有三个主要人物：一个是社长，他统领这家媒体的全局；第二个是总编辑，主要对内容负责，即策划和生产内容并对其加以把关；第三个是总经理，负责广告运营、组织活动等经营行为。这三个人（或三种岗位）对一家媒体来说必不可少。除此之外，还需要财务、人力资源等方面的专业人员。2003年，南方都市报社派人去北京和光明日报社一起创办《新京报》时，就是先确定了上述三种岗位的主要负责人，然后由这三个人再去寻找合适的部门主管，分别确定内容、广告和发行归谁负责。基于上述操作搭好架子之后，一个五六百人的团队就组成了，《新京报》开始正常运行。

在如今的新媒体环境下，媒体的内部组成与传统媒体时代相比有了很大的变化，哪怕是一个不大的垂直类自媒体，以下所说的五个部分，一般来说也是缺一不可的。首先是融合型的采编部门，这也是当下采编板块最显著的特点。采编是最能代表媒体核心竞争力的部分，媒体机构与非媒体机构的区别很大程度上就在于此。当下的采编系统与传统媒体时代的采编系统有明显不同：传统的采编都是单一的，报纸主要做文字内容，广播主要做音频内容，电视主要做视频内容，但现在媒体的编辑部已经不再有这样的区分，取而代之的是一个融合型采编部门。

采编编辑部是媒体运行的核心部门，从财务的角度来说，它是一个"成本中心"。采编部门要花很多钱，媒体需要投入巨大的成本去培养采编人员。按照新闻理论，采编不负责盈利，也不应该参与媒体的经营工作，因为采编工作需要独立，不受广告商等外在力量的影响。但事实上，在媒体经营日趋困难的情况下，独立的采编现在越来越少了，采编与经营之间的防火墙已然被打破了，这也是很多媒体日后需要注意防范的问题。但是，也有很多媒体保持采编与经营的分离，如《财新周刊》社长胡舒立就曾多次讲到,《财新周刊》的采编与经营是完全分开的,因为只有这样才能保证内容的独立性以及优质性①。

国外有研究得出了一个结论:在传统媒体时代,报纸每多发行一千份,就需要增加一名记者,否则报纸的内容供给量是不够的②。以此计算,发行量为 100 万份的报纸需要 1 000 名采编人员,发行量越大,需要的记者编辑也就越多。《纽约时报》2019 年初的记者数量大概是 1600 人,但它的付费用户还在快速增长,其首席执行官梅雷迪恩·科比特·莱维恩预测,全球付费英语数字新闻的潜在市场用户将达到 1 亿人。根据目前的用户增长速度,到 2025 年,《纽约时报》很有可能触达 1 500 万至 3 000 万名订户③。如果根据上述比例计算,《纽约时报》的记者数量也需要与日俱增。笔者曾去上海的澎湃进行新闻调研,得知澎湃当时的员工总数是 600 人,其中采编人员占一大半,有 400 人上下;如今,在中国媒体的编辑部里,像澎湃这样由 400 人组成的编辑部队伍已经算是比较庞大了。但是,从长远来看,400 人依旧是偏少的。在媒体的产业链条上,采编是媒体运行的第一个环节,处于生产链条的最前端,为后续的印刷、发行、广告创造前提条件。它虽然不直接产生利润,但其产生的影响力可以为后续的经营发展打下坚实的基础。

采编部门的设置和运行有自己的一套规则,采编工作包括采和编两个不同的工种,一般是先采后编,即记者白天采访,编辑晚上排版,两个环节环环相扣。新闻学院的学生大部分都有在媒体实习的经历,但实习过

---

① 胡舒立. 媒体看似轰轰烈烈,故事多多,其实是非常困难的 [EB/OL]. (2018-04-22) [2023-08-01]. https://www.163.com/dy/article/DG1HAS5Q0519Q-LFM.html.
② 约翰·维维安. 大众传播媒介 [M]. 第十一版. 任海龙,常江,等译. 北京:北京大学出版社, 2020:22—23.
③ 纽约时报:从危机中崛起重返全球媒体之巅|先驱 Vol. 9 [EB/OL]. (2023-07-27) [2023-08-01]. https://cj.sina.com.cn/articles/view/1750070171/684ff-39b019018u5h.

后,他们往往会发现采编之间的矛盾是编辑部里一对"永恒"的矛盾:采访部门的人员觉得自己的稿子写得不错,编辑部门的人员却觉得采访部门的人写的稿子质量不达标。新闻学院的同学去媒体实习,时常感到发稿困难,即使有带教老师的极力推荐,稿子可能还是发不出来;就算是发出来,版面和篇幅也和预想的不一样,一篇 5 000 字的稿件有可能最后被裁剪到只剩 500 字,甚至只有 50 个字。这种情况的出现与媒体的采编流程设置有关。采访和编辑如果完全由一个部门来完成,虽不容易产生上述矛盾,但会缺少一道把关程序,最后影响稿件的质量。

至于如何解决采编之间的矛盾,有的编辑部选择"采编分离"的制度,有的编辑部则实行"采编合一"。两种制度各有缺陷,也各有所长。"采编分离"的话,把关的关口多了,有利于稿件质量的提升,但可能会产生内耗,效率不高;"采编合一"的话,效率是提高了,但又可能损害稿件质量。综合来看,无论采取哪一种方法,都要尽力去化解采编之间的矛盾,使其产生合力。在长期的实践过程中,各家媒体已经总结出了很好的经验。比如,一个编辑部实行"采编合一"的制度,采访的稿件和刊发的稿件由一个部门主任定夺。这就需要报社对这个部门主任进行严格的年度考核,并且实行任期制,给他三到五年的时间,如果在任期间稿件质量没有问题,就继续做,否则到期就要换人,从而有效避免部门主任滥用权力。

采编部门的另外一个常见问题是记者线口的分配问题。在这个问题上,综合性媒体和专业性媒体有很大的不同。比如,在一家综合性媒体中,记者要采访多个领域的新闻,如时政新闻、政法新闻、教育新闻、健康新闻、社会新闻等。如果记者供职于一家专门的教育类媒体,如《中国教育报》,那么它的定位和记者需要跑的线口就是比较固定的,不像综合性报纸那么复杂。此外,在媒体内部,线是有冷热之分的,热线是记者比较愿意去跑的,冷线则相反。不过,"热"和"冷"的划分标准并不绝对。比如,优秀的记者会被分配跑市委书记和市长等"热"线,可以直接接触当地的主要领导,但类记者的发稿自主权很小,许多稿件都需要经过审核才能刊发。从这个角度来说，也会有许多记者不愿跑这样的"热"线。公安、法院等政法领域也属于"热"线，跑这些线口的记者发稿数量会比较多，但也比较辛苦，因为可能随时需要跑命案、交通事故、火灾等突发新闻。其他比较容易出新闻的领域还有教育和医疗。也有一些记者的个人能力很强，不愿意跑这些动态新闻比较多的线口，更愿意跑一些比较静态但能出大稿的领域，如民政。一般来说，民政部门不是政府的核心机构，但民政局管理的事务很多，所以会有一些值得深入挖掘的选题，一个有心的记者往往能在这样的选题上写出出色的稿件。

线口分配的基本原则是效率优先。报社、电台、电视台等媒体机构是非常注重效率的，因为媒体需要在第一时间把重要的新闻制作出来并发送出去。基于此，媒体更像一个"半军事化"机构，需要个体具有良好的团体意识，善于与同事分工配合，把团体的威力和效率发挥出来，追求效率的最大化。这也是媒体的核心竞争力之一。

报纸的定位、版面的安排和编辑的分工确定之后，接下来的一个关键问题就是考核体系，不同的考核体系会导向不同的工作状态和运作效能。国内绝大部分媒体的编辑部采用的是量化管理方式，即数量和质量都要考核。一个记者一个月发多少篇稿件，有明确的数量要求。在数量的基础上，还要看这些稿件里有多少篇被认定为优秀。此外，数量和质量的综合考核结果构成记者每月收入的主要依据。也有一些媒体不采取这种量化的考核方式，而是对记者进行长周期的年度考核。比如，一个记者如果被评为首席记者，那么未来一年他都是首席记者，享受首席记者的薪酬待遇。到了第二年，如果他表现得不好，媒体就不再给他首席记者的称号，工资也就相应下降。倘若他在做首席记者的一年里表现得很好，来年的工资就会维持在原来的档次上或更高。这些媒体采用的是长周期的考核方式，不是"短平快"的按月考核方式，二者各有优势。

在新媒体时代，采编工作发生了很大变化，融合编辑部已经是标配。比如，近年来报社编辑部都放置了很多大屏幕，上面滚动播放最新的新闻画面,编辑部的工作人员能及时看到这些新闻并作出回应。通常来讲,编辑部的布局都是圆形的,一圈一圈地分布,最核心的一圈是总编辑或副总编辑。其他不同的部门分散在圆圈四周,一旦需要进行决策,各部门的人员都可以方便地向中心靠拢。

图 4-1 是 2015 年前后《广州日报》采编部门的架构示意图,反映出融合型编辑部的基本组成部分。经过"中央厨房"的处理之后,新闻将被分发向不同的终端。夜编中心负责编辑报纸出版,24 小时出版一次,全媒体中心主要面向"两微一端"发稿,有了新闻便随时推送,打破了报纸固有的出版频率。当前的编辑部早已是 24 小时运作,在人员排班与工作节奏上与传统媒体时代的报纸编辑部完全不一样了。

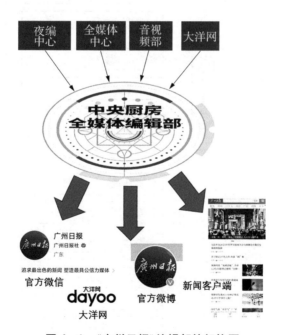

图 4-1 《广州日报》编辑部的架构图

图 4-2 是广州日报社 2018 年前后的整体组织架构情况,很明显,这样的部门组成与传统媒体时代完全不一样了:主要的采编部门前面都加

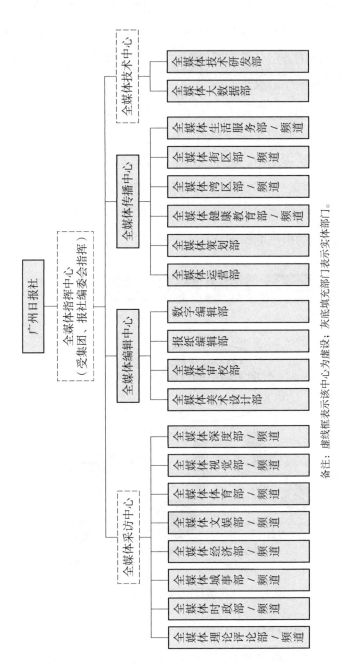

图 4-2 广州日报社的组织架构图(2018年)

备注：虚线框表示该中心为虚设；灰底填充部门表示实体部门。

了"全媒体"三个字,全媒体指挥中心分成采访中心、编辑中心、传播中心和技术中心,每个中心下面又设置了不同的部门;从编辑部的角度看,分为报纸编辑部和数字编辑部两大部分,报纸编辑部进行传统的内容生产,数字编辑部则面向"两微一端一抖";此外,还出现了一些新组织。以前的编辑部因为只有文字和照片两种形式的内容生产,组织架构上比较单一,远远没有现在这么复杂。

融合型编辑部在不少媒体中被叫作"中央厨房",它是伴随着媒体融合出现的一种新型编辑部。关于"中央厨房",2017年前后出现过学术上的激烈讨论,主要是围绕人民日报社组建的"中央厨房"展开的。一位学者发文称:"听《人民日报》的一位同志介绍,《人民日报》的中央厨房迄今仅仅运行了17次。"①这句话是说人民日报社建设得非常"豪华"的"中央厨房"使用率过低,没有成为常规化、24小时运作的新闻生产场所。作者认为这属于一种资源浪费,结论就是很多媒体不应该建"中央厨房"。笔者以为,这是对人民日报社"中央厨房"的误读。实际上,去参观过人民日报社的人都知道,挂有"中央厨房"招牌的地方并不是真正的"中央厨房"。这个标着"中央厨房"的会议室利用率确实不是很高,只有一些参加人员较多又比较重要的会议才在这里召开。人民日报社真正的"中央厨房"坐落在人民日报社新大楼的另外一个楼层,也就是人民日报社负责"两微两端"运营的部门所在的楼层,那里才是7×24小时不停运转的"中央厨房"。

其实,早在PC互联网阶段,有些媒体已经进行了建设融合型编辑部的探索与尝试,但受制于当时的条件,探索不算成功。在媒体融合的早期探索中,烟台日报社做出了积极尝试,当时被誉为"烟台日报模式"。尽管这一做法现在已经过时,但在当时确实是一种让人耳目一新的做法。烟

---

① 陈国权. 人民日报"中央厨房"迄今只运行了17次 [EB/OL]. (2016-10-07) [2020-12-10]. http://www.jzwcom.com/jzw/8e/15112.html, 20161007/2016.

台日报社将全集团所有媒体记者撰写的稿件放入统一的稿件库,然后由集团内的各家媒体各取所需,进行二次加工和发布,这一模式也被称为"小新华社模式"。可惜,这一模式并未取得成功,问题在于它并不是一个单一媒体组建的全媒体编辑部,而是以一个庞大的报业集团为单位组建的新媒体,这在实际操作中带来了协调难度大、效率低下等问题。广州日报社在2014年建立的全媒体编辑部也叫"广州日报集团中央编辑部",当时笔者还在那里工作,提出它不能叫"集团中央编辑部",因为如果整个集团共用一个中央编辑部,它是不可能有效运转的,只能建设《广州日报》的中央厨房、《足球报》的中央厨房那样的属于各家媒体自己的中央厨房。经过不断的探索,现在的融合编辑部几乎都是在单一媒体基础上建立起来的,这是比较符合实际情况的建设模式。

二、重新定义的经营部门

对于媒体特别是自负盈亏的媒体来说,第二个必不可少的部门是经营部门。在过去传统的媒介体制下,比如在改革开放之前,像《解放日报》《文汇报》这样的党报都没有经营部门,那时的媒体主要承担采编任务,甚至可以说就是一个编辑部。《天津日报》1979年1月4日才刊登"文革"后大陆第一则广告。对于传统报社而言,印刷和发行部门虽然一直有,但主要做的是"内部循环"的工作,不承担对外拓展的任务。直到改革开放后,社会对报纸和媒体的理解发生了根本性变化,媒体才开始重视经营工作。在传统媒体时代,经营部门指的是专门为媒体运营服务的配套部门,如广告、发行、印刷等,它们承担着媒体盈利的重要职责。前面提到采编部门是一个"成本中心",是花钱的;经营部门则主要是"利润中心",是赚钱的。二者不可分离,没有采编部门的内容塑造出品牌声誉和公信力,经营很难做下去;反之,如果没有经营部门赚取利润,采编部门的工作也难以持续。通常来讲,在实际工作中,做采编的人员有点"看不起"做经营的人员,尤其是在传统媒体时代,采编人员会觉得经营人员特别是发行人员,文化程度不是很高，整体素质较低，干的都是"脏活、累活"和体力活。笔者在报社工作的时候，报社领导反复告诫采编人员，千万不要自视清高，因为没有经营人员的辛勤工作，采编部门就是空中楼阁，只有二者配合好，媒体才能构成一个完整的可持续发展的整体。

广告是重要的经营业务，除此之外，印刷也同样重要，也是传统报业基础的一环。当时，媒体在印刷机购买和维护上的投入巨大。比如，广州日报社印务中心在1998年刚建成时，是亚洲最大的印务中心，足以体现印刷在报业生产链条中的重要性。1997年7月1日，香港回归，《广州日报》一天内出了97个版。这97个版是分三次才印刷出来的，因为当时印务中心还没有建成，需要在小印刷厂里印刷，一次只能印十几万份，而且速度非常慢，印刷能力的不足限制了报纸发行和广告业务的拓展。于是，当时报社的决策者决定克服这一生产瓶颈，便把技术手段的更新提上日程，在财力还不是很强大的时候，不惜血本去建设印务中心，先后配备了8台全自动化印刷机，极大地提高了《广州日报》之后的印刷、发行和广告工作效率。只不过，时移世易，IT技术出现和普及之后，印务中心就没有那么重要了，因为受众的流失，新闻业对印刷的需求大大下降，导致报纸的产量逐年下降。

在发行工作方面，历史上中国报纸的发行只有"邮发"一个渠道。在非常长的时间里，报纸只能通过邮政来发行，即报纸印刷出来之后交给邮局代发。但是，邮局作为一个独立机构，承揽的发行业务很多，如信件等，报纸只是它所有发行产品中的一种，它不可能投入专门的人力、物力在报纸的派送上，所以邮发报纸的速度比较慢，效率不高。到了1996年前后，有些媒体发现邮局的发行效率过低，开始尝试"自办发行"，即报社自己组建发行队伍，相当于早期的快递公司。最早施行自办发行的是《洛阳日报》，其他媒体一看效果不错，就纷纷模仿。《广州日报》当时组建了一支3 000人左右的发行队伍，还开设了遍布广州大街小巷的连锁店，报纸先运送到连锁店，然后发行人员再分送到一家一户，这就摆脱了对邮发的依赖,这种发行制度的改革也是中国宏观改革开放的一部分。对于邮局来讲,发行报纸本来是有收益的,但突然之间,报纸选择了自办发行,邮局的一个营收来源就被切断了,它们自然要反对。当时,广州的邮局就设计了一种特殊尺寸的信报箱,只能投放尺寸比较小的信件,尺寸相对较大的报纸投不进去,这是为了阻止报社的发行人员使用邮递设施。因此,各家报社都要在居民楼门口安装自己的信报箱。经过此类反反复复的"斗争",自办发行的局面逐渐稳定了下来。所以说,报业改革与其他行业的改革一样,都经历了不断的尝试和利益协调,是很不容易的。

犹记得当年刚毕业的大学生到广州日报社工作时,先要进行岗前培训,其中一环就是沿街卖报,每个人领100份报纸到街上去卖,看多长时间能够卖完。营销能力比较强的大学生,大概半个小时能够卖完;找不到营销感觉的大学生,可能一天都卖不完。报社通过这一实践让采编人员体会发行工作的辛苦,同时也了解了读者的阅读需求。

印刷、发行、广告是媒体的三个重要经营部门。在如今的新媒体环境下,媒体的经营发生了非常大的变化,各家媒体都在进行积极调整,试图重新定位这些经营业务。以广告为例,在传统媒体时代,报社的广告部门基本就是一个"广告发布者",媒体做广告非常简单,广告公司把广告的产品设计好,报社只是把它印刷出来并发行,就完成了报纸广告部门的工作,赚取相应的利润。在这个过程中,报社是不负责广告创意设计的。现在的情况则发生了巨大转变,即报社要完成从广告创意设计到印刷、发行"一条龙"的工作。比如,如果报社要为一家汽车厂商做广告,那从创意设计到后面的发行都要承接,这样才能留住客户。以前媒体不负责这么多业务,媒体在广告法里被称为广告发布者,但现在报社的广告部门越来越像广告公司,绝大部分媒体的广告部门都进行了重新定位,从一个单纯的"广告发布者"向更加复合的"前期策划者""中期执行者""后期追踪者"角色转变,力争打通整个广告业务的上下游链条,为广告客户提供"一揽子"的整体服务方案。

三、转型必需的产业部门

前面讲了媒体的两个重要部门,一个是融合型的采编部门,另一个是经营部门,两个部门的工作方式当前都发生了非常大的变化,对人员的需求也与以往明显不同了。媒体的经营部门传统上指的是"三驾马车",也就是广告、发行和印刷。在新媒体环境下,经营工作发生了非常大的变化,需要对它们进行重新定义。除了上述两个部门,对媒体来说,产业部门是一类新的机构设置。所谓产业部门,指的是"三驾马车"之外的其他经营部门。依传统而言,这些部门距离媒体主营业务相对较远,之前属于媒体里面的"边缘部门",但到了现在的媒体转型时期,特别是在中国媒体转型的过程中,这些产业部门的重要性得到凸显,甚至在相当多的媒体里面,这些产业部门成了媒体公司发展的重中之重,因为相关业务的扩大有效弥补了发行、广告等业务的下滑。

文化地产的开发部门就是一个典型的产业部门。以上海报业集团为例,位于上海市静安区威海路的上海报业集团大楼的产权属于上报集团,除了自用面积之外,部分楼层出租给其他企业办公,收取一定的租赁费用,这部分租金就构成上报集团的一个很重要的收入来源。上报集团由原来的文新集团和解放集团合并而来,解放集团在它发展的高峰时期在上海市获得了不少土地资源,这些土地资源的开发利用在上报集团的融合发展中起到了很大的作用[①]。由于媒体属于广义的文化产业,所以媒体开发的房地产一般被叫作文化地产。文化地产既有地产属性,也有媒体属性。同时,在文化地产的旗帜下,集团还可能获得税收等方面的优惠,特别是党报党刊,通常能够低价甚至无偿得到一些土地,这为党媒在媒体转型期的发展提供了很大的帮助。当然,媒体的主要职责是做新闻,提供内容产品,如果把主要精力用在开发和运营地产项目上,就会与主营业务

---

① 来源于本书写作团队 2018 年 10 月对上报集团负责人的访谈。

产生一定的矛盾，所以一定要处理好两者的关系。

又如，位于广州的《羊城晚报》近年来开发了一个文化创意产业园，定位类似于北京的798艺术区，该地块原来是一个化工园区。20世纪90年代，产业结构调整，化工厂外迁，《羊城晚报》把这个园区买下，建了一个大型印刷厂，还有很多面积没有开发，维持着原来厂房的面貌，部分厂房租给其他公司当仓库，但租金很低。近些年因为广州东部发展得比较快，《羊城晚报》发现了这个园区的发展潜质，于是重新定位、重新装修，将其变成了创意产业园，吸引了大批公司入驻，带来了可观的租金收入。与此同时，《羊城晚报》原来位于广州市越秀区东风路上的采编大楼也与腾讯合作，建设了另外一个创意产业园。经过这一番运作后，羊城晚报社的经济实力大为增强。

文化地产看起来很容易做，但这不是把楼盖起来然后出租这么简单，其中涉及大量的专业问题，如融资问题异常复杂，自有资金占多大比例，银行贷款占多大比例？有哪些非银行的资金来源渠道可以利用？市场定位是什么？这些业务需要很强的专业性，从业者要具备很强的专业知识和实践经验。以前报社里的这类人才很少，即使有，他们在报社里从事的也是边缘业务。但是，现在房地产开发突然成为报社的一项重要业务，自然就会出现人才短缺的情况。这实际上是对报社的人才结构提出了新要求。一方面是传统的采编人员、发行人员、印刷人员过剩，另外一方面是新的业务没有人去做。这是一种结构性失调，许多报社近年来已经在逐步调整不合理的人才结构。

除了文化地产之外，还有很多媒体在会展、会务等文化活动上积极开拓，也取得了不错的营收效果。比如，近年来山东省内各地举办的马拉松赛事广告，很多都被《山东商报》承包了。《山东商报》的工作人员一到周末或节假日就要到各地去组织马拉松赛事[①]。这些业务也是从媒体产业

[①] 来源于本书写作团队2019年7月对《山东商报》负责人的访谈材料。

向外延伸出的文化产业，要把这些产业做好，同样需要大量的专门人才，这些人才既要懂传媒，又要懂相关产业的发展规律。

不过，需要注意的是，媒体发展多元化产业有得有失。一方面，产业部门能缓解媒体的财政压力，及时输血，为媒体提供重要的资金来源。但另一方面也存在一些潜在的问题，与前面提到的《财新周刊》坚持采编与经营的分离不同，相当一部分媒体并不能做到采编与经营分离，而是把采编的公信力和采编塑造的品牌用在发展产业上，媒体的公信力可能会受到贬损。因此，如何既把多元化产业发展起来，同时又维持报纸的公信力，这是当下媒体决策者需要重点考虑的问题。

四、"走到一线"的技术部门

众所周知，技术发展对媒体的运营影响巨大，媒体里的技术部门对于媒体的正常运转来说非常重要。传统上，媒体机构一直高度重视技术人才引进和储备。比如，对于报社这类媒体来说，印刷技术举足轻重，也有专门的印刷学院培养相关的技术人才，北京印刷学院就是专门培养出版印刷人才的高校，上海理工大学也开设了印刷专业。在印刷时代，技术人员指的是那些维护印刷机正常运行，改善和提高印刷质量的专业人员。到了如今的IT时代，技术人员主要指能熟练使用计算机信息技术的人员。产生这一变化是因为媒体技术发生了革命性的迭代，主导新闻业的技术在很大程度上由原来的印刷技术过渡为IT技术。当然，迭代有一个过程，旧技术不是被完全替代了。就算是在当下的媒体环境中，对于报社来说，印刷技术人才依然很重要。笔者曾到日本媒体调研，如今日本纸媒的发行量虽然相比于高峰时期有所下滑，但发行量依然很大，它们的印刷技术人才还在不断提升和完善印刷技术，这样的新技术经常会获得日本新闻协会的认可。

我们在这一部分所讲的技术部门，主要是指以IT技术为代表的新媒体技术。笔者1998年进入报社工作，那时在《广州日报》这样的媒体中就已经设置了专门的技术处,招聘了 30 多名技术人员。当时对报社来说,虽然 IT 技术已经诞生,但核心还是印刷技术,这些 IT 人才的主要工作是维护采编系统、印刷系统的正常运营,更多作为后勤保障部门存在,没有成为新闻生产的核心部门,没有冲到新闻生产的一线。不过,在 2000 年前后,《广州日报》非常有远见,专门制定了特殊政策,非计算机毕业的学生当时的起薪是每月 6000 元,但计算机专业的毕业生每月工资要多 1000 元。《广州日报》认为他们对报社的长远发展来说很重要,虽然可能暂时发挥不出 IT 技术的核心优势,但先要把这些人才留存住,做好技术人才储备工作。同一时期,报社还设置了总工程师的岗位,首任总工程师是一位 IT 博士,负责 IT 技术研发的总体部署。

到了如今的新媒体环境下,技术变得更加重要,特别是在采编平台的搭建上,离开了技术人才,就不能正常运转。技术人才已经在新闻生产过程中扮演了非常重要的角色,走到了新闻生产一线。比如,在澎湃这样的新闻机构里,如果没有技术支撑,采编人员的很多创意和想法都无法实现。澎湃新闻现在常备的技术人员有一两百人,如果要承接一些重大的新项目,如升级新一代 App,就要委托社会上的商业公司,与他们合作,共同研发新产品。又如,知识付费的代表得到 App 的创始人罗振宇在筹备公司时,也专门找了一名合伙人,叫"快刀青衣",他是专门做技术的。当下的媒体要把微信公众号、App 运营好,没有高水平的技术人员,简直是寸步难行。现在的技术人员早已不只是后勤保障人员,还成为新闻生产者的一分子,直接在采编团队中发挥作用。

五、全面更新的支持部门

相对来说,媒体机构里的支持部门比较缺乏媒体特色,与社会上的大部分公司相近,主要包括人力资源部门、财务部门、行政管理部门等。这些部门的工作人员基本上不对外"抛头露面",主要做内部管理和服务工作,但对于媒体的正常运营来说,他们同样不可或缺。在如今的新媒体环境下,这些人员的工作难度明显增大。

以人力资源部门为例,人力资源部门负责员工的招聘、考核、辞退等工作。由于原来的知识结构与现在的需求不一样,需要很多新的新闻理念和生产技术,所以现在媒体的人力资源部门都要对员工开展大规模的培训,以便让他们跟上媒体变化步伐。如 2014—2015 年,正是媒体融合的开端,广州日报社人力资源部为全员安排了 18 次新媒体课程培训,为媒体转型提供了很好的智力支持。复旦大学新闻学院 2021 年也与宁波日报报业集团合作,有一批教师专程去宁波日报报业集团上课,对宁波日报报业集团的员工进行一轮大规模的培训。

从财务部门看,传统媒体时期财务部门的工作相对简单,就是负责员工的薪酬发放、差旅报销及一些初步的投资理财工作。但是,到了目前的媒体融合阶段,媒体的财务部门要做的工作就大大增加了,对身在其中的工作人员也提出了更高的要求。比如,媒体要进行多元化产业的投资,就需要财务人员提供专业的意见,更好地了解项目,否则可能会给公司带来亏损。广州日报社旗下的上市公司粤传媒前些年收购了上海的一家户外广告公司,结果出现了大问题,该公司后来倒闭了,多名相关负责人被追究刑事责任,这成了一个失败的媒体投资案例。

总之,在当下的媒体内部组织设置中,融合型采编部门、重新定义的经营部门、转型必需的产业部门、"走到一线"的技术部门和全面更新的支持部门这五个部分是缺一不可的,它们构成媒体运营的基本细胞,公司要探索新的盈利模式,需要这些部门及其工作人员发挥力量。

第二节　媒体集团的成立与变革

前文讨论的是单一媒介组织的架构问题,属于相对微观的视角,下面主要围绕媒体的宏观架构问题,探讨媒体集团化的发展。当单一的媒体机构发展壮大以后,如果找到合适的机遇和模式的话,这个媒体会像滚雪球一样不断地往外扩张,从而形成一个包含多个媒体组织的媒体集团。

一、集团化发展是媒体的常态

学界在讲述媒体的发展时,经常会使用"横向扩张"的概念,因为从单一媒介变成一个媒体集团,就是一种典型的横向扩张。办一家媒体要有相应的部门和人员,办多家媒体只需要在此基础上不断"复制""粘贴"就可以了。就此而言,媒体具有低成本扩张的特点。这里讲的报业集团或媒体集团都是偏向于传统媒体的,但现在的新兴网络媒体也是这样发展的,像阿里、腾讯这种大型的互联网公司也是集团化发展的,它们早已建立起了自己的媒体矩阵(阿里、腾讯虽然否认自己的媒体属性,但事实上它们确实承担了很多的媒体功能)。

在中国,媒体集团化发展也有鲜明的特色,比较明显的一点是,除了市场本身的力量之外,通常还面临着一定的行政力量,市场与行政双重力量的相互作用造就了中国媒体的集团化发展格局。以上海报业集团为例,它成立于2013年10月28日,前身是解放日报报业集团和文汇新民联合报业集团。如果再往前追溯,文汇新民报业集团是1998年成立的,解放日报报业集团是2000年成立的。在两大报业集团成立之前,《解放日报》《文汇报》《新民晚报》原来是三份单独的报纸。成立报业集团时,《解放日报》自己组建了一个集团,《文汇报》和《新民晚报》合并组成了另外一个集团。

上海报业集团成立之后,一个可见的结果是媒体之间的竞争减少了。在这之前,解放日报报业集团旗下的报纸与文汇新民报业集团旗下的报纸是存在竞争的。比如,文汇新民报业集团有上海曾经发行量最大的《新民晚报》,解放日报集团为了与《新民晚报》争夺市场,就创办了《新闻晨报》。看到《新闻晨报》发展得不错,文汇新民报业集团就又创办了《东方早报》(澎湃新闻的前身)与《新闻晨报》竞争。2013年之后,整个媒体格局发生了巨大的变化,传统报纸之间的竞争不再是主流,在媒体融合的大背景下,两大集团合并为一个集团,竞争就更加淡化了。笔者当年在广州工作时,广州是全国有名的竞争激烈的报业市场,有三大报业集团旗下的多份报纸在竞争。为了避免过于激烈的竞争,有关部门甚至曾考虑把南方报业传媒集团与羊城晚报报业集团合并,但因为种种原因,一直没像上海报业这样彻底合并,到现在还是三个媒体集团并存的态势。

图4-3是广州报业集团的架构示意图,显示了《广州日报》主报的机构设置安排,包括各个采编业务部门、经营部门和职能管理与支持部门,以及集团的各家系列报刊和公司,加在一起有20多家。中国的媒体集团主要有两种形式,一种是"报办集团",另一种是"集团办报",广州日报报业集团的架构属于前者,它的主报在集团里的地位一枝独秀,也可以说是一报独大。具体而言,就是由主报孵化并养育了一大批系列报刊,集团围绕着一张主报来办。不过,这会导致在管理结构上不太合理,系列报刊没有很好地发展起来,未形成齐头并进的局面。另外一种是"集团办报",上海报业集团就是这样的结构。具体而言,这种集团的力量比较大,各系列报刊的力量相对来说比较平均,集团的领导人与各个报社的领导人之间有明显区分,社长和总经理只管理集团的领导业务,下面几家主要报社的正职领导人都是集团的副职。这个结构是比较理想的集团结构,各个系列媒体可以齐头并进地发展。

图4-4是宁波日报报业集团的架构示意图,这种整体结构比广州日报报业集团的结构要好。宁报集团除了报业资产以外,还有很多非报业资产,业务门类很齐全,很多部门和业务在一般的报业集团里面是不涉及的,所以它的架构也比较复杂。

二、媒体集团化发展的前提是面向市场

从世界媒体的发展历史来看,从单一媒介转向集团化发展是一个普遍的发展轨迹,美国媒体也是这样走过来的。在美国,当一张报纸做成功

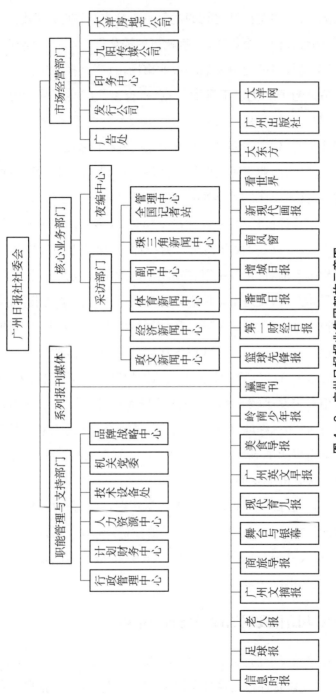

图 4-3 广州日报报业集团架构示意图

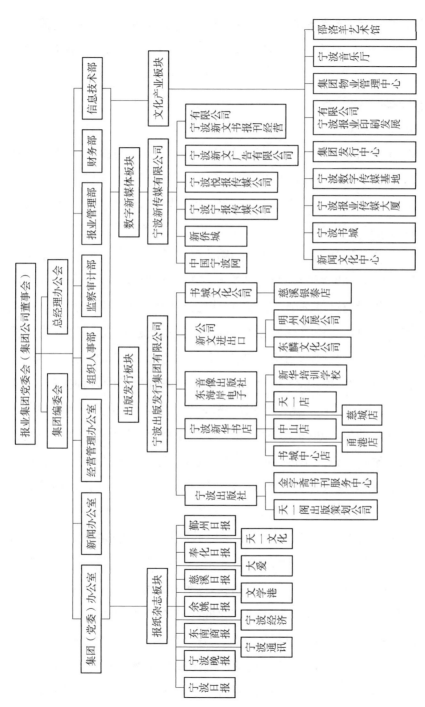

图4-4 宁波日报报业集团架构示意图

以后，它会自然而然地横向扩张，不断向外发展。2000年前后，美国有数家大型报业集团，比如：甘尼特集团旗下有《今日美国》《得梅因纪事报》《底特律新闻》等报纸，日报总数有82种；奈特-里德集团旗下有《底特律自由新闻报》《迈阿密先驱报》等；纽豪斯集团旗下有《克利夫兰诚实商人报》《纽瓦克星报》等；论坛报集团旗下有《芝加哥论坛报》《洛杉矶时报》《巴尔的摩太阳报》等；道·琼斯集团旗下有《华尔街日报》、奥特维报系等；纽约时报集团旗下有《纽约时报》《波士顿环球报》《佛罗里达日报》等。

1996年5月29日，广州日报报业集团挂牌，这标志着中国首家报业集团的正式成立，也是中国报业迈向21世纪的一次飞跃。在成立报业集团之前，广州日报社已经在市场化道路上做了非常多的探索，积累了丰富的经验。当时，国家新闻出版署把广州日报社作为全国第一个报业集团来培育，如果没有这个基础，它也不可能打造出今天的报业集团。报业集团成立后，传媒的规模经济效益和范围经济效益迅速释放。从此，中国报业走上快速集团化的发展道路。究其原因，主要可以归结为以下三点。

第一，到了20世纪80年代，报纸要面对来自市场的各种挑战，首先就是经济压力。国家开始从计划经济转向商品经济，报纸每天要出版，需要购买纸张、油墨、印刷机等，还要给员工发工资、建宿舍楼。那时还没有商品房，大家都是依靠单位分房，如果没有钱，就盖不了福利房，报社对员工的吸引力就会大大下降。此外，报社还要经常添置电脑和各种采编设备，出差、采访、办事也是一笔支出。总之，花钱的地方处处都是，向财政打报告申请，补贴一点可以，但完全靠财政补贴来满足报社的日常需求，是不现实的，只能通过报纸本身获取利润，养活大家。这是一个比较现实的想法，因为不管理论上如何存在争议，这种需求是客观存在的。

更有压力的是，不同报社的员工之间是有比较的，如果一个报社的工作条件不好，而别的报社却发展得很好，这个发展不好的报社就会人心不稳，管理工作就不好做。比如在上海，《新民晚报》当时的发行量很大，有很多的广告，员工的福利待遇比较好。同在一城的《解放日报》和《文汇报》的员工就可能有想法，甚至有人想调到《新民晚报》去工作。这样一来，《解放日报》和《文汇报》的领导就会有压力，就要想办法去解决此类问题。

第二，市场不断向报纸伸出橄榄枝。一方面，报社的发展需要钱；另一方面，市场不断向报纸伸出橄榄枝，提供商机。其中最突出的是广告，《广州日报》当时如果做广告的话，一年可以有上千万元的广告收入，报纸本身受到了巨大的诱惑。计划经济时代，生产要素都由计划机制配置，企业很少使用"广告"这一工具；市场经济时代，生产要素大部分由市场调节，广告成为企业不得不借助的杠杆。作为每天可以接触数十万甚至数百万名读者的大众传媒，报纸自然成为广告的热门发布平台。而且，广告的需求越迫切，报纸的版面就越供不应求。报纸是否要增加版面以满足市场需求，拓宽报社经济来源，也成为报社不得不面对的问题。

此外，做不做广告的问题不仅涉及报社自身的利益，还事关国家的经济发展大局。20世纪80年代，中央已经提出以经济建设为中心的基本路线。企业产品需要流通，社会消费需要信息，报纸做广告，一则可以帮助商家推广销售，二则可以帮助消费者买到心仪的产品，这是在促进有计划的商品经济的发展。报纸作为当时最有效的传播工具之一，如果置身事外，便有违"以经济建设为中心"的党的基本路线。

第三，不市场化，无法更好地传播党的声音。除了经济上的考虑之外，报纸市场化发展还有政治上的理由。简单来说就是，不市场化发展，沿用固有的计划经济模式，无法更好地承担传播党的声音、教育群众的职责。以报纸的发行工作为例，改革开放之前，中国的报纸一直通过邮局发行。这种体制虽有节省报社资源、解决长途投递困难的好处，但也存在着被其他报纸捆绑、不能单独配送、延误投递时间等缺陷。在邮发体制下，经常出现"今天的报纸明天才能送到"的情况，这就会影响报纸的发行。但是，发行量上不去，读报的人少，党的声音的传播效果就会打折扣。要扩大报纸的发行量，就要增购印刷机，增购运报车，建立报社自己能掌控的发行网络。

总之，观念上的争论虽然存在，但作为要考虑报社"柴米油盐"等具体事务的社长，如果局限于这种讨论不能自拔，就不可能做到实事求是。一个好的负责人和决策者不能过于纠结社会上的争论，而是要用实际行动来验证市场化发展到底是对还是错，也就是说要把实践作为检验真理的唯一标准。之后，广州日报社开展了一系列改革，在市场化方向上不断开拓创新，取得了优异的成绩。

三、媒体集团的成立具有正当性

报纸走向市场化的趋势不可逆转，成为产业也已是客观存在，但是否要建立报业集团又是摆在面前的一个新问题。事实上，许多报纸不进行集团化经营也可以运转得很好。到了20世纪90年代，很多报社一年的广告与发行收入已经超过1亿元，超过10亿元的也有，其中甚至有些报社的利润也开始超过1亿元了。员工的工作条件、待遇甚至是社会地位都有了极大提升。此时，经济实力的增长把怎样用好这些资金的问题摆到了报社面前：是全部用来发工资、盖房子，还是要预存一些资金，为更大的目标做好战略储备呢？如果只是单个报社，可能不需要考虑上述问题，但如果是一个报业集团，旗下有十几份报纸，集团领导就不得不考虑如何统筹使用这些利润，以保持整个集团的竞争力。

除了横向发展的问题，报业发展也有纵向的问题。处于报业发展迅猛时期的报社获取利润很容易，但一旦环境发生变化，这种好日子可能就没有了。因此，如何在报业发展到高潮时采取有效对策，以保持长久的可持续发展态势，也是目光长远的报业经营者不能不考虑的问题，毕竟报业的集团化发展是报业可持续发展的内在要求。展开来说的话，有下面几点理由。

第一，回顾世界报业发展史，可以看到报业发展历程中的一些客观规律和经验。比如，在报业发达的国家，当报纸发展到一定程度时，往往会在市场的驱动下进入"一社多报""一社多刊"的状态。当报社处于这样一种状态时,不管主观上有没有建立报业集团的意识,它实际上也已经进入集团化经营的状态,成为事实上的报业集团了。世界上第一个报业集团成立于1889年,名为"斯克里普斯-麦克雷报业联盟",但它实际上是一个报业集团。

第二,成立报业集团回应了中国报业的发展需求。从中国报业发展的具体过程看,到20世纪90年代中期时,国内已有不少报社拥有两份以上的系列报刊,有的还成立了一些关联公司。这些系列报刊和相关公司在一个报社的统一管辖下,实际上已经形成了集团化经营,只是没有挂牌而已。不过,也有的报社当时自己挂了牌,直接对外自称"报业集团",但未经中央主管部门批准,规模大小不一而已。

第三,成立集团后,管理上会更加便利。随着报社经营业务的多元化,报社主动成立报业集团来统筹运营的要求变得非常迫切。当一家报社里不只有一家媒体,再像以往那样靠主报代管,运营上就没有那么便利了。比如,广州日报社当时已经有了《足球报》等多家报纸,《足球报》原来是广州市体委的报纸,但后来在报刊整顿中,各个机关在不能办报的情况下,就把这份报纸转给了广州日报社。此时,完全靠《广州日报》这份主报的管理架构去管理《足球报》等十几份报纸就不太方便了。相反,成立一个集团来管理就会比较顺畅。

四、第一个报业集团的成立

1994年,全国宣传思想工作会议之后,国家新闻出版署提出:"新闻出版工作要实行以规模数量增长为主要特征向以优质高效为主要特征的阶段性转移。"当然,成立报业集团不能马上全部推开,因为还不知道它的效果怎么样。于是,1994年上半年,国家新闻出版署提出报业集团可以进行试点。之后,又先后举行了多次报业集团问题研讨会,收集各方面的意见。1995年,在对多家地方机关报调查研究,详细分析报业发展的最新态势后,国家新闻出版署认为进行报业集团试点的时机已经成熟。

当时,中央管理部门要选一两家报社作为报业集团试点,可供挑选的报社有很多。1994年,国内已拥有一批实力较强的报纸,多数分布在东部沿海地区,东北的黑龙江,中部的河南、湖北,西南的四川、重庆也有一些发展得很不错的报纸。比如,《洛阳日报》自办发行,摆脱了对邮局发行的依赖,有很大的成效;《羊城晚报》的彩色印刷在当时也是一个突破,报纸不再是黑白的,让人耳目一新;此外,《广州日报》的增张扩版、《文汇报》头版的全版广告,《北京青年报》的活泼内容,甚至《光明日报》首创的大开间编辑部,都让人眼前一亮。

在这么多的报纸当中,国家新闻出版署最后选择了广州日报社成立中国第一个报业集团,主要基于以下两点理由。一方面,试点单位应该是省级以下的党委机关报,选一个地市级的报纸来做试点,相对来说风险在可控范围内。另一方面,要看报社的经营状况。成立报业集团是中央对报业走向市场的肯定,试点单位应该是市场化经营比较好的单位。衡量市场化经营水平的指标很多,如发行量、广告收入、多种经营状况、技术装备水平等。当时,在众多指标中,国家新闻出版署最看重的是发行工作,因为发行量越大,表明报纸的传播范围越广,社会效益和经济效益可以齐头并进。从发行量的角度来说,《广州日报》有很大的优势。1994年下半年,当时主管此项工作的国家新闻出版署副署长梁衡到广州日报社做过专门调查,该报已经多年不靠下发红头文件发行,但发行量一年比一年高,自费读者的比例逐年增长,每年增长17%—20%,广州日报社因此成为比较理想的候选对象。当时各地符合试点单位标准的报纸不少,彼此各有优点,也都很努力地争取成为最先成立报业集团的单位。

在当时广州日报社的决策者心目中,对于集团化,他们构思了一个宏大的分阶段发展蓝图。

第一阶段是要把主报做大,进一步办好《广州日报》,坚持正确的舆论导向,丰富内容,优化版面,扩大发行,增强报业集团的核心竞争力。这个目标不久就实现了:《广州日报》的版面从常规 24 个版扩充为 60 多个版,遇上节假日,还会扩充到 80 多个版甚至 100 多个版;发行量也进一步提升,稳定在 100 万份以上;广告量也与日俱增,年营收很快就突破了 20 亿元。

第二阶段,做大做强系列报,增加集团旗下报刊数量,提高子报子刊采编质量,形成数量充足、结构合理、优势互补、竞争力强的报刊阵容,扩大集团的传播影响力和经济实力。广州日报集团当时有近 20 家系列报刊,而如果只是《广州日报》办得好,那就没有发挥出集团的实力。因此,集团成立后,各系列报刊也有了很大的改观。比如,《足球报》获得了比较快的发展,《南风窗》也成为一个全国性的媒体品牌。

第三阶段,要有一家上市公司,运用资本手段助力集团发展。广州日报报业集团组建了报业集团控股的传媒上市公司,成为国内第一家在 A 股市场上市的新闻单位。这家公司最早叫"清远建北",被广州日报社购入后经历了全面改造,在几轮重组后,成为今天的上市公司——粤传媒。利用这个平台,广州日报社进行了资本化发展,基本上实现了阶段性目标。

第四阶段,实现跨行业发展,利用上市公司募得的资金,以并购或控股方式,将集团内部的文化商业地产项目、三旧改造房地产项目和线上线下相结合的购书网络,以及集团外部的广播电视台、电视观光塔和影剧院线经营权或主营业务纳入集团所属的上市公司,提高市值,形成上市公司优质文化资产的良性互动。一旦实现这个目标,集团内不仅有纸媒,还有电视媒体,甚至包括电影院、剧团等文化产业。这个目标很宏大,但后来没有完全实现。

第五阶段,与政府有关部门密切配合,大力发展互联网经济。集团投资建立网站,以网上新闻发布和书刊文具销售为切入口,并入水电煤气交通等公用事业收费,吸引风投资金,建成覆盖广州全城的电子收费系统,发展成全方位高水平的成熟网商。在 20 世纪 90 年代,广州日报社已经构建了一个网站,1999 年就组织了国际围棋世界冠军大赛的网络直播。此外,还建立了大洋书城,用户在网络上下单,《广州日报》的发行队伍就可以完成配送。我们可以在大洋网上看到京东、淘宝等电商的雏形,可惜的是,因为种种原因,这些业务后来没有得到很好的发展。

第六阶段,将在广州市内取得成功的模式推广至省内其他城市,一城一策,拓展省内市场。当时的报纸有严格的地域限制,《广州日报》做得再好,也很难冲出广州市的行政范围。广州日报报业集团当时的设想是先冲出广州,在珠三角地区发展,机会成熟之后,再推广到广东全省。

第七阶段,将在广东省内取得成功的模式推广至省外其他城市,联手当地传媒集团或大型企业,拓展国内市场。

第八阶段,在国内取得成功经验并获得强大实力后,走向海外,拓展全球市场,形成中国传媒一流的国际软实力,把中国故事讲给世界听,增强中国的话语权。广州日报报业集团当时收购了洛杉矶的一家华文报纸,但后来又撤回了。

可见,广州日报社成立集团时,已经把上述方方面面的问题都考虑到了,其中的许多目标也实现了。因此,集团化发展不仅是一个口号,如果人力、财力、政策等各方面的配套到位的话,可以借助于这样一个平台来发展壮大社会主义的媒体事业和产业。

第三节　媒介体制与媒介的外部管理

除了前面所讲的内部管理之外,外部的宏观管理也很重要,媒体要与外部的监管机构形成良性互动,否则会影响媒体的正常运营。

无论是新华社的专题报道,还是《之江新语》里刊载的言论,体现的都是党政主要领导对媒体工作的判断与分析,构成媒体发展的外部环境。事实上,在中国的各个层级和各个地方都有强大的宣传部门和管理机构,媒体工作不是一般的公司的经营管理工作，要从政治和商业的双重逻辑去理解新闻工作的特殊性。因此，媒体产品很特殊，因为它们除了具有商品属性之外，还有很强的意识形态的属性，与政治、社会、历史关系紧密。用经济学的术语来说，就是媒体产品有很强的"外部性"。举一个简单的例子，一般情况下，恶性社会新闻能吸引读者的眼光，阅读率和流量高，但严肃的媒体通常会控制此类新闻的刊登，因为会给社会带来负面影响。2010年前后，国内发生了针对中小学生的多起伤害事件。那么，像这样的新闻，媒体记者要不要去采访？采访后要不要大篇幅报道？从新闻性的角度来讲应该要报道，但从宏观的社会角度来说，此类报道可能会引发其他人的模仿，各家媒体就要斟酌自己的报道数量与篇幅。

在很多社会领域都有类似的问题。比如，造纸厂如果只考虑造纸效率，就会忽视污水处理，可能选择直接将其排入江河之中，导致周边的环境被污染，给老百姓的正常生活带来很大的危害。因此，从工商管理部门到环保部门，都会对造纸厂提出一系列的强制要求，推动造纸厂优化生产流程，控制好污水排放。新闻工作也是一样，既要宣传正能量，同时还要考虑新闻产品可能给社会传递的负能量。

新闻产品具有强烈的外部性，但外部性也有正负之分。"负外部性"的例子前面已经有了，"正外部性"的例子在新闻报道领域有很多。比如，地震发生之后，通过媒体对灾情、救灾等各方面的报道，在社会上会形成"一方有难、八方支援"的氛围。这对于救灾和灾后重建来说，就是很好的"正外部性"。媒介的宏观管理之所以重要，就在于抑制"负外部性"，弘扬"正外部性"。

此外，从成立的法定程序上来看，媒体与一般的商业公司也有不同。如果要办一份报纸或一家电视台，主办单位不能直接去工商部门登记，要先获得相关行政主管部门的许可，履行完这样的程序之后才能进行工商注册。相反，现在遍地开花的自媒体因为拿不到宣传部和新闻出版局的许可，只能以文化公司的名义进行注册。

一、中国的媒介管理体制变迁

中国的媒介体制在不同阶段、不同政治制度下,表现出来的特点颇有不同。第一个阶段,清末的报刊充满了"文人论政"色彩,以梁启超等人所办的报刊为代表,它们的商业性不强,主要是推动政治改革,是一种为政治发声的模式。第二个阶段,从清末到1928年,中国的报纸基本都是民营报纸,如《申报》《大公报》等,媒介管理体制更强调媒体的自我管理和主体地位。第三个阶段,即1928年至20世纪50年代,国民党开始办《中央日报》和中央通讯社。这个阶段有两种体制并存,既有强大的国民党的党媒系统,也有《大公报》这样的比较强大的民间报纸。总体而言,这个阶段的媒体以市场为主导。在这个阶段,上海是中国的一个媒体重镇,"密苏里报人"[1]在这个过程中起到了突出的作用,很多报刊从业人员从美国密苏里大学或哥伦比亚大学毕业,之后回到中国办报,把英美理念和做法带到了中国[2]。第四个阶段,20世纪50年代到改革开放前的这段时期,我国主要借鉴苏联新闻工作的经验和模式,强调新闻工作的政治属性。第五个阶段,改革开放之后,中国媒介体制一般被叫作"双轨制",既有事业属性,又强调企业化经营。

当下的中国媒介体制比双轨制更为复杂,最重大的一个改变在于大

---

[1] 1900—1928年,在毕业于密苏里大学哥伦比亚分校毕业的记者中,有超过一半的人在中国,比较著名的有汤姆斯·密勒(Thomas Millard)、J. B. 鲍威尔(J. B. Powell)、埃德加·斯诺(Edgar Snow)等。美国新闻史专家也称呼此类身在远东,具有密苏里大学背景的新闻记者为"密苏里新闻帮"。几乎在同一时期,中国一大批重要的新闻记者、新闻学者、新闻教育者和新闻官员也出身于密苏里大学新闻学院,如《广州时报》主笔黄宪昭,路透社驻中国记者赵敏恒,著名报人吴嘉棠、董显光、汪英宾,新闻教育家蒋荫恩、梁士纯、谢然、马星野等。不难看出,在中国新闻界也同样存在一个"密苏里报人"团体。参见孔令顺.密苏里新闻奖与中国的百年情缘[J].新闻战线,2014(01):107—109.

[2] 李金铨.传播纵横:历史脉络与全球视野[M].北京:社会科学文献出版社,2019:342—343.

量互联网媒体的崛起。虽然它们否认自己的媒体属性,如腾讯、阿里巴巴、百度(三者简称BAT)等不认为自己是媒体,但事实上它们具有很强的媒体功能,这是媒体阵营中的新变量。民营经济背景的互联网巨头加入以后,不能再简单地用双轨制概括中国的媒介体制了。一些学者提出了"混合制"的说法,意思是原有媒体依然存在的情况下,有大批新生力量加入,形成了混合制。李良荣教授在文章《中国新闻传媒业的新生态、新业态》中认为,传统媒体时代的传媒资本归国家所有。在此前提之下,媒体实行企业化管理,这种局面到今天仍是如此。但是,以BAT为代表的民营资本,如腾讯最早有来自南非财团的资金,除了中国的民营资本,还有外资成分,它以多种方式在传统媒体和新媒体领域中布局①。此外,现在舆论场的很多舆情是由微博、微信等新媒体平台引发的,这些产品本身具有媒体属性,阿里巴巴、腾讯等集团早些年也收购了不少媒体的股份,如香港的《南华早报》、上海的《第一财经日报》等。于是,就形成了目前的混合制。

总而言之,中国当下的媒体至少有三种类型:第一种是传统的党媒,它是单一制的,完全国有;第二种是市场化报刊,是党媒的延续,如各地的都市报,是从党报孵化而来的;第三种是互联网平台公司和自媒体,属于民营或混合制。不同类型的媒体在管理上既有相同之处,也有不同之处。

二、我国"四横四纵"的媒体管理格局

媒介体制相对来说比较宏观,但在微观的具体管理上,中国当下的媒体管理可被概括为"四横四纵"的布局。横向上的管理主要是两条线:一方面是党的管理,即各级党委宣传部是媒体最直接的管理者;另一方面是政府设立的行政管理部门,在中央层面是国家新闻出版署,在地方层面为

---

① 李良荣,袁鸣徽.中国新闻传媒业的新生态、新业态[J].新闻大学,2017(03):1—7+146.

新闻出版局。在日常的管理中，一些重大新闻宣传报道任务的落实主要由宣传部的新闻处具体实施。新闻出版局作为政府工作部门，职能主要包括宣传贯彻党和国家的新闻出版方针、政策和有关法律、法规，制定新闻出版事业的发展规划、总体布局并组织实施，草拟新闻出版行政管理制度，负责音像制品制作复制的管理，以及本市范围内的著作权管理工作等。党的十八大之后，有几个领域强化了"党政合一"的管理模式，其中就有新闻管理机构。

在上述管理模式之下，横向上又有了更细化的分工。报纸、杂志、图书由国家新闻出版署管理，广播、电视由国家广播电视局管辖，电影由国家电影局管辖，互联网先是由信息产业部、文化部、公安部网络管理处等共同管辖，现在改由网信办管理。纵向上的管理相对来说比较简单，分为中央、省、市、县（区）四级。总体来说，目前的管理体制基本运行良好，但偶尔也会出现管理上的错位、越位与缺位现象，如管理部门职能重复的问题等，特别是在新媒体蓬勃发展的环境下。比如，当前大部分媒体趋向全媒体化，一个媒体机构有多种载体和呈现方式，但管理上还是分开的。以澎湃新闻为例，因为它是 App，所以网信办能管；因为它的法人为东方报业有限公司，所以国家新闻出版署也可以管；视频节目就更加复杂，可以由好几个部门管，如国家广播电视局和文化部的相关司局都有管理职责。因此，目前对媒体的管理存在一些职责不清、互相交叉的现象，主要是因为媒体生态近年来发展得过于迅速，相应的管理还没有跟上。

总体来看，媒体的外部管理和内部管理同样重要。要了解中国的新闻和中国的媒体，一定要先了解中国媒体的管理体制。

第五章

新时代媒体盈利模式的创新与发展

媒体融合是传统媒体与新兴媒体的融合,是两种存在本质差异的媒体之间的融合。关于如何成功实现融合,学界将创新列为关键的影响元素。盈利模式创新是媒体融合的活力之源,本章主要分析了媒体融合盈利创新的实践现状,并借鉴了哈佛商学院著名教授克莱顿·克里斯坦森的颠覆性创新理论。通过借用创新理论,本章将盈利模式转型视为一种制度层面的创新,并基于长期对传统媒体的转型发展的参与式观察及对从业人员的深度访谈,结合文献分析等方法,试图在制度的视角下归纳出国内传统媒体盈利模式实践的三种创新模式及其特点、适用范围和相应的理念、思维、配套措施等。

这三种模式是以巩固广告地位为代表的维持性创新模式、以付费内容经济为代表的突破性创新模式和以整合品牌营销为代表的颠覆性创新模式。

第一节 维持性创新:"二次售卖"模式的优化

近年来,在传统媒体与新兴媒体融合发展的过程中,广告收入仍是传统媒体的第一大收入来源,虽占比下降,但仍具有重要地位。与媒体环境相适应,传统媒体在原有的广告模式上进行了优化和改进,创新"二次售卖"模式,如在报纸头版刊登创意广告,利用平台化方式拓展数字广告业务等,提供了丰富的实践样本。不过,从本质上来说,传统媒体的广告业务只是在形式上对原有模式进行了优化和升级,目标市场和客户群体基本上保持不变,仍然属于一种维持性创新。从转型的角度看,在原有的广告模式基础上焕发出新的生命力,意味着两方面的重要调整:一是对"内容为王"的坚守,因为只有优质内容才能吸引足够多的用户,并赢得广告商的青睐;二是建立起一支广告创意人才队伍,使运营部门更好地发挥作用,将营销设计放在更为突出的位置上。

一、广告仍是媒体收入的重要来源

广告模式又称"二次售卖"模式,是一个经典销售模式。它的基本含义是第一次销售采取"低成本、大批量"的模式,尽最大可能获取大量的读者,然后把读者的注意力转手销售给广告商。"一次售卖"没有利润或利润微薄,大部分利润主要来自广告商购买广告版面的费用。例如,《纽约太阳报》在创刊伊始就把报纸售价从原来的 6 美分降为 1 美分,有效地达到了增加读者数量的目的,随后又争取到大量的广告投放。在我国,由"一次售卖"向"二次售卖"的转向发生在 20 世纪八九十年代,"二次售卖"在之后二十余年的时间里主导了媒介的经营管理。

但是,自 2012 年以来,伴随着移动互联网的发展,中国传统媒体的广告收入走向了断崖式的下滑轨道。对于大部分报纸而言,2012 年是一个重要的拐点。在这一年之前,哪怕广告收入的增速放缓,总体趋势都还是向上的。但 2012 年之后,广告收入开始断崖式下降。以 2015 年为例,根据粤传媒公告,《广州日报》的广告业务收入降幅高达 32.58%,与广告业务紧密相关的发行业务量也下降了 11.41%。总体上,这两项业务在粤传媒总营收中的占比从 2014 年的 79%,下降到了 2015 年的 72%。浙报传媒(如今改名为"浙数文化")的情况与之类似,它 2015 年的广告收入占比仅为 22.38%。上述两家报社在国内很有代表性,这说明整体的广告环境正在发生变化:广告大规模地从传统媒体流向网络媒体,广告业务已经不足以承担起传统机构媒体的盈利责任了,以广告销售为代表的"二次售卖"模式也遇到了严峻的挑战。不过,总体上看,广告的"二次收入"仍然是报业的主要盈利来源。2019年中国广告协会报刊分会发布的调查报告显示,在参与调查的报社中,报纸广告收入占比为37%,虽然比重已缩减很多,但仍是报社的第一收入来源①。

二、创新"二次售卖"形式

在媒体融合发展的竞争格局之下,"二次售卖"模式的危机需要从两个方面进行化解。一方面,寻找新的盈利模式,如重回"一次售卖"模式,把原来从广告商那里获取利润变为从读者那里获取利润。但是,到目前为止,能够建立起付费墙的中国媒体并不多。另一方面,绝大部分传统媒体依然要挖掘"二次售卖"模式的潜力,尽力延续它的生命力。②

第一种做法是巩固政务广告的优势。以前媒体的广告主以商业客户为主,现在这一主体大量地转向了政府,政务广告或政务宣传成为传统媒体重要的广告来源。根据调查和统计,主要表现在三个方面。一是党报广告继续保持增长势头,湖南、湖北、江西、四川、陕西、广西等地的省报广告都有所增长,且增幅较大,达到19%、20%,甚至30%。这部分广告增长大多来自政府的政务广告投放,过去"都市报养党报"的局面也颠倒为"党报养都市报"。在这方面,南方日报社的做法很有代表性。《南方日报》是省级机关报,南方日报社的广告客户和合作伙伴包括广东省内21个地级市以及各个厅局机关、事业单位,还有为数不少的国有企业。这些

---

① 姚林.报业媒体融合中的融媒体经营分析[J].中国报业,2019(19):32—35.
② 窦锋昌.媒体融合发展中的三种盈利模式及辨析[J].青年记者,2020(01):22—24.

客户有政务宣传及智库建设等方面的需求,而南方日报社是一个很好的平台。资料显示,仅一个南方日报社佛山记者站,2017年的经营收入就突破了1亿元,充分显示了党媒"再市场化"的巨大潜力①。二是《光明日报》《工人日报》《中国教育报》等全国性报纸的广告增长稳健,广告投放来自高校或政府部门。中华人民共和国成立初期的《光明日报》是民主党派的一份报纸,这一背景为它赢得了主要的读者群体——高校或科研院所的专家学者,所以相关学术机构因其宣传需求而成为《光明日报》的主要广告客户。三是《厦门日报》《贵阳日报》等城市党报,它们的广告虽然有所缩减,但发行量和线下创收仍然保持了比较稳健的增长。四是都市报、晚报的经营面临较多困难,推动它们开始积极创新推出户外广告、报商平台、演艺联盟等,从平面到平台不断完善、延伸、拓展报纸资源,呈现出很多亮点。比如,上海有一份报纸叫《青年报》,它借助各个教育系统中团组织的作用,在学校里发行报刊,并面向学校团建提供新媒体服务,有效地弥补了商业广告收入下滑的不足。

第二种做法是推动广告业务的转型。2022年4月27日晚间,粤传媒发布了2021年业绩年报,报告期内,公司实现营业收入约5.46亿元,同比增长7.72%;归属于母公司所有者的净利润为8 967万元。其中,广告业务转型效果显著,实现营业收入1.97亿元,同比增长23.49%,占总营业收入的36.08%。根据年报所示,粤传媒营业收入有显著增长。其中,广告业务是主要的带动板块,广告经营收入在总收入中占有超过三分之一的份额。广告收入增长的原因在于粤传媒实现了转型业务的增长,这部分收入的增幅超过七成。对于粤传媒来说,传统的广告收入主要是通过发布广告获得的,其扮演的主要是广告发布者的角色,即企业把自己的广告需求委托给广告公司,广告公司再购买媒体的版面或时段。转型后

---

① 李霄峰,刘焜.媒体深度融合背景下党媒服务地方政府模式浅析[J].传媒评论,2018(06):9—11.

的广告业务路径则使粤传媒向广告产业的上游延伸,成了广告的发布者。在这方面,媒体更要力争做广告的经营者,直接与广告主打交道,为其提供从设计、制作再到发布的一揽子服务。2021年,在展陈项目方面,粤传媒执行了广州"十四五"规划主题展、文交会、版博会、广医一院抗疫主题展等多个项目;在视频制作方面,粤传媒旗下的广报G视频团队全年共完成300余个视频项目。资料显示,广州"十四五"规划主题展由广州市政府主办、广州市发改委承办、广州日报报业集团策展,设创新之城、实力之城、枢纽之城、机遇之城、智慧之城、品质之城等展厅,通过可听、可视、可互动的手段,展示了广州迈向2035年的目标:美丽宜居花城,活力全球城市。据悉,这是全国首个主要城市的"十四五"规划展。从属性上说,这是一个政务类广告,不是商业性广告,"广告主"是广州市政府和广州市发改委,粤传媒是具体的策划者和执行者,它赚取的既有作为经营者的策划和创意服务费用,也有作为发布者的传播利润。对于之前单纯以广告发布为主的传统媒体来说,这部分增量业务构成粤传媒广告经营额增长的主要部分[1]。不过,粤传媒这种广告策略的调整依然面临着很多挑战。比如能获取"十四五"规划主题展这样的项目,主要还是依赖广州日报社的政府资源优势。一方面,此类资源优势是有限的;另一方面,它也面临着与广州电视台、《南方日报》、《南方都市报》等媒体同行及许多广告公司的竞争。也就是说,粤传媒的此类广告业务还没有形成比较坚固的"护城河",随时存在"破防"的可能性[2]。

第三种做法是开拓创意广告领域。与党媒不同,市场化媒体近几年在"二次售卖"上的努力正是体现在这个方面,《深圳晚报》头版广告的实践就具有一定的代表性。2016年,《深圳晚报》对头版广告展开了深度挖掘。2016年5月25日,两家自媒体的"不懂体"广告——"不懂为

---

[1] 来源于本书写作团队2021年8月在广东粤传媒股份有限公司的访谈。
[2] 窦锋昌.从"发布者"到"经营者",道阻且长[J].青年记者,2022(10):127.

什么,就是突然想打个广告"出现在《深圳晚报》的头版上,引起了很多人的关注;7月11日,上海东方网又包下《深圳晚报》整个头版,连续7天为自己摇旗呐喊。从实际效果来看,这种头版创意广告影响巨大。随后,在微博上,模仿"不懂体"的发帖超过百万条。同时,自东方网在《深圳晚报》头版投放创意广告以来,翻拍的"低调体""好想体"等广告在朋友圈等网络空间持续产生影响。纸媒与新媒体合力,成就了广告营销的一种新趋势。这样的头版广告在2016年的《深圳晚报》上成了现象级广告。

这样的创意广告其实不是《深圳晚报》的首创,此前的两三年,《南方都市报》《新京报》甚至是《人民日报》等传统媒体的版面上都出现过轰动一时的"悬念广告",如"vivo手机"等,但这些媒体出于各种考虑和限制,没有把此类广告发扬光大,只有《深圳晚报》站在前人的肩膀上将这种创意广告做到了极致。

当前纸媒因读者大量流失,广告收入仍在继续下滑,类似《深圳晚报》头版系列创意广告这样的做法无疑是一次很好的尝试,实现了传统媒体与网络媒体的良性互动。针对部分网友"深晚头版广告是杀鸡取卵,伤害纸媒尊严,消解纸媒权威"的说法,有观点认为创意广告要解决头版是"新闻至上"还是"营销至上"的问题,只要能够平衡好两者的关系,就可以大胆尝试。也有观点认为,《深圳晚报》的头版创意广告恰恰符合今天互联网语言的沟通方式,是大胆的创意和突破,大众对新兴事物的出现应该给予肯定和支持。

此种理论和伦理上的持续性争论是必要的,但媒体发展的事实情况也应当被视作评判的重要依据。当许多报纸面临亏损甚至被整合停刊的命运时,《深圳晚报》的收入和利润却在上升。2016年上半年,《深圳晚报》的总营收同比上升23.08%,利润比去年同期增长近800万元。按照《深圳晚报》的计划,2017年,仅头版广告利润就要做到3000万元。这个数字可能对于一份综合大报来说无足轻重,但对于《深圳晚报》这样一个体量小、规模小的媒体来说,加上其他一些收入,支撑自身采编运营的费用也就足够了。

三、平台化拓展广告业务

在高度平台化的社会,传统媒体也力求在数字媒介中拓展广告业务。比如,各家传统媒体从 2014 年开始就逐渐加大对新媒体终端的建设力度,在蓬勃发展的互联网广告中获取了一定份额。同时,它们也为原有的广告主提供覆盖报纸和新媒体终端的广告套餐,把原有的广告主留住,不至于使其继续流失。当然,这是传统媒体把广告模式发挥到极致的另一种尝试。

资料显示,2015 年网络广告的市场规模突破了 2 000 亿元,网络广告有大片的空白地带留给传统媒体去开发,传统媒体的"两微一端"也具备抢夺网络端流量入口的能力。传统媒体的广告部门给广告客户提供覆盖报纸和"两微一端"的广告套餐,用这种"一站式"的广告投放方式给客户提供方案,不用广告客户再去单独找网络媒体投放广告了。因此,传统媒体通过提高自己的服务能力,把原有的广告客户留住,其实也是很重要的一种盈利手段。

举例而言,相较于传统媒体时期,澎湃新闻的运营部门不断提升自身能力,以适应客户需求,发挥更多能动性。比如,澎湃新闻能够运用自主研发的舆情监测系统为政府部门提供舆情监测服务,为企业做公众号代运营和产品代开发工作。澎湃新闻的平台主要投放奢侈品、汽车、房产、3C 产品、电商的品牌广告。其中,电商广告按 ROI(return on investment,投资回报率)方式进行售卖。企业硬广告投放的减少和对原生广告的强调促使运营部门掌握了 4A 广告公司所具备的能力,能够完成从提出创意到设计、拍摄视频、制作 H5、直播和开展冠名活动等方面的工作,这些在广告收入中占比达 40% 以上。

在包括文化广告、体育广告在内的区域广告方面,澎湃新闻也在努力拓展自己的"战场"。目前,它已在北京、广州、杭州、武汉、西安、济南、厦门、合肥、苏州等地设立省批区域运营中心,并将继续在重庆、成都、南京、长沙、郑州、沈阳、昆明、贵阳、乌鲁木齐等地设立第二批区域运营中心,努力实现重点城市的重点业务运营,客户开发及拓展、对接,过程管理,协调实施、维护等,为将来进行更加完善、精准的区域定位广告投放做铺垫。

提高广告收入的重点在于做大流量、拓宽渠道。澎湃新闻在这方面的最大优势就是自身定位与平台化建设,其努力体现在两个方面。

一是主打全球化,不固守本地化。在移动互联网开始全面影响新闻业的2012年前后,媒体圈内有一种观点非常流行,即认为受互联网冲击最大的是全国性媒体,地方性媒体因立足于本地市场,所受冲击不大。于是,一批主打本地化的社区类媒体应运而生,如一些地方出现的社区报。澎湃新闻的前身为《东方早报》,隶属于当时的文汇新民报业集团,属于地方性媒体。但是,它很早就提出来要实现"四化",即主流化、平台化、生态化、全球化。澎湃新闻网总编辑刘永钢说:"做一个全球性媒体,是我们坚定不移的目标。"这样的战略选择主要有两方面的原因。一方面,互联网技术在本地化应用上发展迅速,原以为的"互联网不了解本地市场"的看法很快就被证伪了;另一方面,互联网将地域性磨平了,尤其是随着中国影响力的增强、国际地位的提升,世界需要看到有关中国的新闻,听到中国声音,所以中国一定会诞生全球型媒体。从媒体转型的实践来看,定位于全国甚至是全球的媒体在转型中普遍更为成功,如财新、澎湃和南风窗等[1]。与此同时,秉持着《东方早报》要办一张"中国的《纽约时报》"的初心,澎湃新闻的目标人群还是高学历、高收入的用户,这也使得澎湃能够成为优质品牌的优质广告承载平台。目前,澎湃新闻的主要品牌客户是金融产品、汽车、奢侈品等高端消费产品。

---

[1] 窦锋昌.澎湃七年,至少做对了三件事[J].青年记者,2021(14):128.

二是做高质量平台。习近平总书记在2015年视察解放军报社时指出，要研究把握现代新闻传播规律和新兴媒体发展规律，强化互联网思维和一体化发展理念，推动各种媒介资源、生产要素有效整合，推动信息内容、技术应用、平台终端、人才队伍共享融通。平台化对各大主流媒体而言都尚处在摸索阶段，澎湃新闻作为新媒体，举全员之力进行了客户端平台的建设，将平台化作为自身的一个发展目标。2019年7月，澎湃新闻App推出"澎湃号"功能。"澎湃号"是一个融媒内容聚合开放平台，汇聚政务号、媒体号和湃客号三大领域的优秀创作者，批量生产丰富的优质内容[1]。其中，"问政"是澎湃新闻2017年着力打造的官方权威政务平台，是集政务机构信息发布、官方辟谣与在线问答为一体的沟通平台；"湃客"是澎湃新闻旗下的专业创作者平台，以打造中国新媒体发展创新基地、全球创作者交流平台为目标，集纳并展示多部优秀纪实作品，现设"镜相""眼光""有数""众声"四个核心板块，分别关注非虚构写作、纪实影像、数据新闻和智库内容，均由澎湃相关新闻部门负责运营。比如，"有数"栏目就由澎湃数据新闻部——美数课负责运营。2021年，在湃客平台发布文章的公众创作者达到了1.1万多人，共发布了465万篇作品，总阅读量达到了198.45亿次[2]。媒体有针对性地向正规报纸、广播电视台、新闻网站、新闻客户端、融媒体中心等开放入驻，探索与媒体合办"新媒体区域创新发展实验室"，借助澎湃新闻平台的影响力和传播力，积极推进正规媒体优质主流内容的进一步传播，以实现媒体深度融合发展。

澎湃新闻在平台的知识生产和互动方面也取得了一定成果，其App在上线之初就推出了"追踪"和"问答"两个板块。2015年5月13日，"问

---

[1] 左志新.共建媒体融合新生态——访澎湃新闻总裁、总编辑刘永钢[J].传媒，2019(15):9—11.

[2] 徐笛,许芯蕾,陈铭.数字新闻生产协同网络：如何生成、如何联结[J].新闻与写作，2022(03):15—23.

答"升级成为社区型产品"澎湃问吧",是中国第一个新闻问答产品。澎湃新闻产品总监孙翔称,"问吧"是以人为核心的问答社区,邀请各界名人、达人在澎湃平台上与网友进行不限时的问答。在推出后6个月的时间内,先后有600多位题主亮相,其中既有姚明、陈凯歌等文体明星,也有吴晓波等商界名人,还有澎湃新闻记者、新闻当事人、普通网友等。在2015年"5·2庆安火车站枪击事件"发生后,"问吧"邀请了一位特警,解释了枪击事件中的疑点。其问答被人民日报微信头条转载,阅读量达到"10万+"。2019年7月,由"问吧"原班人马打造的"澎友圈"上线澎湃新闻App,它是一个集评论、分享、关注"澎友"、热点追踪等社区功能为一体的高质量互动社区。这意味着澎湃新闻客户端内的原创+自媒体/政务+社交的平台化内部生态已初具雏形。

此外,澎湃新闻也在进行用户原创内容方面的尝试。2018年5月9日,澎湃新闻推出数据新闻产品《我的汶川记忆》。前期由设计师完成UI设计和前端应用,人物组以汶川报道中的受访者为原点发放故事征集问卷。产品上线后,用户可以在平台上撰写自己的地震记忆并阅读他人故事。在策划改革开放四十周年的选题时,澎湃新闻则计划让用户上传四十年间的影像资料,展现时代变迁,引导用户向全平台扩散,拓宽用户范围和基数。

澎湃反对一味追求入驻者数量及由此带来的流量,而是用话题强调专业性。其发展原则是"稳步向前、小步慢进",在吸引用户入驻方面进行控制。澎湃新闻各平台均实行邀请制,有严格的准入门槛,同时会把关首页要闻页出现的内容的质量,避免低质量内容影响平台秩序。刘永钢表示,对专业度的要求也许会让平台起量的时间更长。不过,澎湃希望将平台做成行业的风向标,引领内容的新生态,从源头上让内容池更有价值、更有趣味、更有专业度,从而逐步将用户聚拢起来。澎湃新闻副总编辑夏正玉则认为,国家需要具有国际影响力的平台走出海外,澎湃新闻应该有这样的使命担当,扩大影响力,坚持平台化和国际化,承担起讲好中国故事、传播中国声音的责任。

与此同时，澎湃新闻也不断借助其他互联网平台，扩大自己的声量，拓展自己的传播渠道。截至2024年3月，澎湃新闻App下载用户超过2.5亿人，微博粉丝超过3 242万人，微信公众号粉丝超过396万人，抖音粉丝超过4 177万人，每日全网触达用户4.5亿人[1]，这种规模的用户群体，为品牌方投放广告提供了庞大的可触达群体。除了品牌的广告投放，原生广告在整个广告营销中的份额也越来越大。作为一个优质内容的生产和传播平台，澎湃新闻这几年已经锻炼出类似4A公司的营销全案解决能力。从创意策划、文案撰写、H5制作、条漫绘制到视频编导、创意拍摄制作，再到最后多渠道、多平台的分发传播，已经形成了强大的制作传播能力。澎湃新闻内部形象地自称为"内容4A公司"[2]。

澎湃新闻平台化的持续尝试和新产品的不断推出不仅为澎湃带来了流量，还增强了用户黏性。联结公众的数量是媒体重要的符号资本，它既说明了媒体平台的影响力，还可以转化为经济资本，即通过流量兑换成广告收益[3]。

不过，数字广告转型的难点在于复合型人才稀缺。传统广告从业人员习惯于平面媒体的销售模式，缺乏对数字化平台特点的认知，无法有效发挥新型媒介优势，实现传播效果最优化。当下数字营销的现实需求是大量具备跨媒体营销能力的广告从业者，而这类人才恰恰十分紧缺。在专业新闻媒体中，财新是相对突出的成功案例。广告公司在传统媒体上的投放比例下降，但财新被划分到新媒体而不是传统媒体的行列，它不受广告投放减少的影响，足以说明其成功改变了自己在广告主和广告公司

---

[1] 关于澎湃 [EB/OL]．[2024-06-10]．https://m.thepaper.cn/about_paper.
[2] 徐香.澎湃新闻：守正创新 全新出发 [J].传媒，2022（18）：20—22.
[3] 徐笛.场域内的位置优胜者——媒体转型的"澎湃"范本 [J].中国出版，2019（20）：3—6.

眼中的形象。

第二节　突破性创新:"一次售卖"模式的回归

传统媒体通过内容盈利的路径属于一种突破性创新,主要体现在盈利方式是全新的,即从"二次售卖"转变为"一次售卖",通过提高内容质量来建立付费墙。同时,这种创新也具有传统的一面,主要体现在目标市场仍然是主流受众市场,在采编理念和内容生产模式上也保持着传统媒体的专业性。因此,内容经济模式兼有颠覆性创新与维持性创新两方面的特点,可以视作媒体盈利模式领域的突破性创新实践。整体而言,一方面,这给媒体的内容创作团队提出了更多、更高的要求,独家信源、专业分析和高质量的行文才能让读者有付费的欲望和冲动。另一方面,俗话说"酒香也怕巷子深",从系统的角度来看,高质量的内容也需要持续性运维和相应的营销策略。因此,在内容付费的盈利模式下,新闻的商品属性更为显著,也就需要媒体围绕该信息产品采取创意营销、社群运营、售后服务等配套举措,从而培养用户形成较为固定的消费习惯,增强品牌黏性。

一、内容经济与"一次售卖"

传统媒体通过内容经济的方式拓展盈利模式,是一种典型的"一次售卖"。"一次售卖"指的是媒体产品本身的销售,如报纸的发行、电影的票房、书籍的销售等,这是一种基本的销售模式。世界上绝大部分商品采取的都是"一次售卖"模式,大米、牛肉等农产品,电脑、冰箱等工业产品都是直接在"一次售卖"中体现自身的商业价值,业主通过一次销售就可以收回成本并获得利润。

在媒体领域,特别是在报纸的早期经营中,"一次售卖"是主流模式。

比如，19世纪30年代以前，一份普通的美国报纸平均售价为6美分，销售收入是当时报社最主要的收入来源。自中华人民共和国成立到改革开放之前，中国报纸经营依赖的也主要是发行收入，那时不允许报纸做广告，"二次售卖"无从谈起。直到20世纪80年代特别是90年代以后，伴随着媒体"事业单位，企业化经营"改革举措的不断推进，报纸在采编上更侧重于向"信息提供商"的角色转变，满足了当时读者对报纸的需求。随之而来的是报纸发行量急剧扩大，广告大量增加，报纸的经营工作重心转移到广告上，形成了报纸的"二次售卖"。但是，即使是在"二次售卖"最为高光的时刻，发行收入依然是报社收入的一个重要组成部分，"一次售卖"所得不仅构成媒体的一个收入来源，更为重要的是，高效的"一次售卖"为"二次售卖"提供了坚实的基础。

到了移动互联网时代，伴随着媒体环境的急剧变化，大量新兴媒体崛起，传统媒体的读者被极大地分流出去，"二次售卖"模式也受到极大冲击，变得不那么有效了。在这种局面下，"一次售卖"重新焕发自己的生命力。在转型发展中，一部分传统媒体把战略重点从"二次售卖"重新转回"一次售卖"，最为核心的做法是将销售对象从广告商转向读者，竭力开展以付费墙为核心的数字订阅业务。这种做法在《纽约时报》等欧美主流媒体的转型过程中显得更加重要，即把核心竞争力定位在内容的发展和销售上，而国内尚未形成新闻收费的风气和氛围，更多的媒体是通过原创内容的版权有所创收。以澎湃新闻为例，它的前身是《东方早报》，在全面转型为澎湃新闻之前，《东方早报》通过独特的报纸定位、严肃而有深度的内容生产及持续不断的改革创新实现了盈利。根据澎湃新闻副总裁黄武锋的说法，2012年底，《东方早报》的员工已经感受到了经营上的压力，广告收入迅速下滑，大家都在想出路。相比之下，《解放日报》和《新民晚报》有一定的财政拨款和财政扶持，但《东方早报》完全是靠市场化运营，所以压力巨大。正因如此，《东方早报》的转型动力也最大①。

转型之后的澎湃新闻坚持了《东方早报》时期"做好新闻、做高品质的严肃新闻"的根本宗旨。2014年7月22日,《东方早报》的新媒体项目"澎湃新闻"正式运行,自其上线以来,实现了PC版与手机客户端、微信公众号及微博的全媒体渠道的有机整合,走出了传统媒体整体向新媒体转型的关键一步。经过三年多在新媒体平台上的运营,澎湃新闻已经取得了很好的品牌优势。于是,2016年12月,上报集团作出了进一步调整,宣布《东方早报》纸质版从2017年1月1日起休刊,全面转入澎湃新闻这个新媒体平台运营。

全面转型之后,纸质报纸的发行收入不复存在,澎湃新闻的原创内容在自身的全媒体渠道分发,供用户免费阅读,传统的发行收入也转变为原创内容的版权收入。新闻作品版权是媒体机构在互联网时代的"富矿",与互联网企业的商业模式类似,媒体的版权变现是以TOB(面向网站、平台等企业客户,将原创内容打包出售给第三方)、TOC(面向普通用户收费,形成新闻付费墙)、TOB+TOC(同时面向第三方和用户)三种商业模式相结合的方式实现的。

澎湃新闻目前采用的TOB模式,主要是将大量原创内容打包出售。在澎湃新闻上线初期的2014—2015年,其内容授权的盈利规模只达到百万量级,大约在一两百万元;到了2018年,其版权收入就已经能够突破三千万元;2019年,其版权内容服务收入已经近5 000万元,同比增长22.02%。澎湃新闻的版权收入主要来自大的商业平台,包括百度、腾讯、今日头条、凤凰网等。由于国内版权管理规范尚待完善,澎湃新闻面临稿件被滥用的情况,并且难以投入大量人力和财力进行司法渠道的维权②。由于澎湃的定位是大众媒体,需要通过分发内容来提高传播力和影响力,

---

① 来源于本书写作团队2020年10月在澎湃新闻的访谈。
② 来源于本书写作团队2020年10月在澎湃新闻的访谈。

因而不同于专业性的财经媒体。澎湃没有对新闻产品采取设立付费墙的做法,而是与各平台合作,扩大新闻的分发。

一方面,澎湃新闻主要做的是坚持提供优质的原创内容,没有跟风做聚合平台,而是通过优质内容增强对用户的吸引力,不断增加版权收入。做聚合平台是今日头条、腾讯、网易等互联网巨头成功的"法宝"之一。在2014年前后出现的转型浪潮中,不少传统媒体看到了这一方向。最出名的例子是《南方都市报》当时推出的一个名为"并读"的新闻客户端,主打的就是聚合。南都本来有强大的原创能力,但禁不住聚合的诱惑,放弃了原创。但澎湃没有这么做,虽然它的生产重心转移到了客户端,却依然坚持"内容为王"。一是把最核心的力量放到原创部门,二是把最重要的展示位留给原创内容,三是内部的考核评定体系围绕原创组织。因此,澎湃新闻也被称为第一个立足于原创的新闻客户端。刘永钢说,我们始终坚信"内容为王",其中原创是"王中之王",是"王炸"。跟风做聚合的"并读"新闻客户端早已停摆,坚持做原创的澎湃新闻多年来在新媒体江湖中闯出了一片天地。其中的原因很简单,相比于互联网巨头,传统媒体在原创方面更加有优势。只有发挥出这一优势,它们才有取胜的机会。

另一方面,为了把原创内容做好,澎湃新闻更重要的是始终坚持新闻的专业性,不断充实采编力量,加强技能锻炼。在整体转型的过程中,澎湃新闻始终立足优质的内容生产,并以此为核心,以"新瓶装老酒"的进化路径在新媒体中脱颖而出。在2014年上半年正式上线之前,澎湃大规模地扩充采编队伍,在全国多个城市派常驻记者。近年来,传统媒体的用人质量整体下滑,但澎湃"逆势而为",目的是把原创新闻做好,而不是像商业网站那样只做聚合。澎湃新闻将内容定位为"专注时政与思想",开设思想频道,坚持生产原创的、有可靠信源的"硬新闻"。澎湃新闻要求原创稿件必须有深入采访,发布通稿则须严格交代来源,否则不划入原创稿件范畴。2015年,刘永钢在接受《军事记者》采访时表示,澎湃新闻坚持"新闻立网",以"新闻+思想"为抓手,抗衡互联网嘈杂之音。刘永钢认为,"一个媒体人真正的价值在于'对新闻的判断'和'做好新闻的能力',这是最核心的,其他更多只是工具意义上的"。

同时,澎湃新闻自成立以来始终坚持采编和运营工作相分离,目前400人左右的采编团队只进行专业新闻内容的生产,广告运营过程中需要生产的各类内容均由专刊部运营人员完成,保证了高质量的新闻内容输出,为澎湃新闻的长足发展提供了重要支撑。目前,澎湃新闻拥有主体为自主研发的发稿系统,每天的总发稿量在400条左右,原创稿件占一半以上,其他部分则依靠新闻抓取完成①。2016年4月,澎湃外宣新媒体第六声(Sixth Tone)上线,定位为"fresh voices from today's China",以英语讲述小而美的中国故事,话题涵盖政策、科技、教育、性别、娱乐等领域,在海外受到用户的高度关注。

同时,为适应新媒体时代的内容生产,澎湃新闻会对员工特别是新人进行严格的新闻职业道德培训。除了培训,采编人员还要主动适应新媒体生产方式,开展自我学习、自我转型。此前从事平面设计的美术、图片编辑通过自学,已经能够制作网络动画、视频,并服务于澎湃"全景现场"等多个板块。之前从《东方早报》转岗过来的采编人员也接受了全方位的新媒体理念和技能培训。在内容生产方面,澎湃新闻要求全员强化互联网思维,从素材出发,研究内容的发布形式和传播节奏,在议题设置和内容展现上顺应互联网传播特性,创新表达方式和报道形式,提升传播的广度和深度②。在新闻策划之初,澎湃成立了包括文字、视觉、视频、产品等人员在内的小组,共同讨论选题甚至进行采访等具体操作。

---

① 来源于本书写作团队2020年10月在澎湃新闻的访谈。
② 刘永钢.坚持内容为王 坚决整体转型——澎湃新闻的实践与探索[J].传媒,2017(15):22—24.

面对内容短视频化的浪潮,澎湃新闻也设置了视频中心,各部门分散配备了负责视频拍摄和制作的记者。包括数据新闻组在内的视频中心也能进行独立生产,自主确定选题并完成报道,不完全依赖条线文字记者;文字记者的视频需求由部门内部同事或视频中心予以支持配合。这样的机制一方面能发挥集中优势,调动视频中心整体参与大型活动,如"进博会",保证发稿量;另一方面增强了视频中心的独立性,由服务配合部门转变为自主生产部门,提升了视频记者的积极性。澎湃新闻副总编辑夏正玉也指出,澎湃视频上线初期曾有过一些误区,即很多文字记者花费大量时间做视频新闻,但制作出来的聚合类视频却延续了文字稿的思维,未能体现影像价值。当然,澎湃并不认可这种"强硬"的视频化,而是主张最大化发挥文字的魅力。

二、重视读者收入而非广告收入

2019年2月,《纽约时报》公布了2018年全年的财务数据。数据显示,该报在2018年的总收入为17.48亿美元,其中包括7.09亿美元的数字收入(数字订阅收入加数字广告收入),这意味着数字收入占总收入的比例超过40%。该报首席执行官马克·汤普森(Mark Thompson)提出了一个新的发展目标:"到2025年,我们的订阅业务将增长到拥有1 000万订户以上。"截至2018年底,该报已拥有430万名订阅用户,包括数字订户和报纸订户。

根据美国新闻学会的调查,至2015年,在美国98家发行量超过5万份的受调查报纸中,有77家使用数字付费订阅模式,比例达78.6%,表明付费墙已被广泛建立。此外,世界报业协会《2017年世界新闻趋势报告》显示,读者付费已占总体数字收入的30%,全球数字发行收入同比增长28%,数字广告收入在2015年到2016年仅增长5%。这表明,读者订阅收入超过了广告收入,付费订阅收入对媒体日益关键。整体而言,西方主流媒体付费模式的成功实施,对于缓解报业的困境起到了很大作用。

截至 2017 年 9 月,《纽约时报》拥有 210 万名数字内容订户,与该报持续强势的星期天版纸质报纸订户(110 万名)相比,数字付费订户几乎是纸质版星期天报订户的两倍。在不远的将来,印刷广告将降为该报第四位收入来源,前三分别为纸质报纸订阅、数字内容订阅、数字广告。除了《纽约时报》,目前欧美发达国家的很多旗舰报纸都开始意识到读者付费将成为报业未来生存的最重要经济支柱。《金融时报》《华尔街日报》甚至《华盛顿邮报》都开始更加重视读者付费收入而非广告收入。《纽约时报》已经预见了一个印刷版报纸收入为零的未来,因为这个业务在未来或许将不再有利可图①。

三、新闻付费墙的探索

近年来,中国的主流媒体意识到了付费墙模式的价值,作出了很多积极的尝试,有些媒体甚至是"杀出了一条血路",让人们看到了直接从读者身上盈利的可能性。典型的代表就是财新传媒,它从 2017 年 11 月 6 日开始全面建起付费墙,告别了以往"阅读免费、广告补贴"的模式。2019 年 12 月 1 日,财新传媒的付费墙项目入选"2019 年度中国应用新闻传播十大创新案例",其负责人在广州的颁奖会议上介绍情况时透露,财新付费墙截至当时已经有 30 万名付费用户。这个数字说明,财新的付费墙已经获得了初步的成功。《2022 全球数字订阅报告》的数据显示,财新付费订阅用户攀升至 85 万人,位居全球第九,较 2021 年上半年增长了 21%②。在 2023 年 6 月举办的主题为"锚定未来"的首届亚洲愿景论坛(Asia New Vision Forum)开幕式上,财新传媒社长胡舒立在致辞中表示,财新的全

---

① 窦锋昌. 机构媒体盈利模式的转向及人才支撑 [J]. 青年记者,2018(01):24—26.
② 2022 财新夏季峰会开幕 [EB/OL]. (2022-07-09) [2023-07-24]. https://topics.caixin.com/2022-07-09/101910488.html.

球付费用户超过100万名。"我们在过去一直试图在国内外促进有意义的对话,通过我们对专业新闻的奉献,如今财新已成为一个值得信赖的声音,影响力远超国界。"①这一数字使财新在日前国际报刊联盟(FIPP)发布的全球数字订阅排名中跃居第八,与英国《金融时报》并列。在FIPP 2022年发布的排名中,财新名列第九,订阅用户数量为85万人。

除了财新,从2018年开始的南周内容付费工程也成为报业经营的创新案例。2018年11月,《南方周末》付费会员制全网上线。2019年10月16日,财新与《南方周末》官宣,双方联合推出"财新南周通"联名卡。经过4年的建设,南周内容付费工程为报业带来每年千万元量级的新收入、26万名会员及7万名知识付费课程用户,报业的平台建设和用户数据积累同时促进了新媒体产品产量的跃升②。随后,《三联生活周刊》和《财新周刊》也联手推出了5折联名卡活动,广受好评。三联会员卡的"特权"不限于内容上的阅读和收听,还包括50场三联编辑部播客、50次人文影像巡礼、50次新知与思想导读、50套三联编辑部书单及任意检索和查阅过往信息的服务和活动参与权,这也反映出其盈利模式背后更接近新媒体语境的产品思维和用户思维。不过,目前财新、《南方周末》和《三联生活周刊》是国内为数不多的实行新闻内容付费模式的专业媒体,受众群体尚未广泛形成新闻付费意识和习惯③。

四、媒体付费产品的打造

与内容付费相近的一个概念是知识付费。知识付费在于把知识变成产品或服务,以实现其商业价值;知识付费有利于人们高效地筛选信息,

---

① 首届亚洲愿景论坛举行 胡舒立开幕致辞 见证亚洲世纪曙光[EB/OL].(2023-06-12)[2023-07-24]. https://topics.caixin.com/2023-06-12/102064623.html.
② 窦锋昌,李爱生.报业转型:破壁与创新[J].青年记者,2022(24):13—17.
③ 来源于本书写作团队2022年8月在《南方周末》报社的访谈。

付费的同时也激励优质内容的生产。简而言之,知识付费是让知识的接收者付出相应的成本,间接地向知识的传播者与筛选者支付报酬,而不是让参与知识传播过程的人通过流量或广告等其他方式获得收益。2016年被称为"知识付费元年",随着得到 App、知乎 live、分答等不同模式的知识付费类产品开始在市场上崭露头角,知识付费成为一种重要的发展趋势,与之相关的内容创业成为风口。

首先,在知识付费模式中,受众作为需求方希望获取一些比较稀缺的知识,而这些知识往往是不易于从传统渠道中获得的,因此他们具有付费意愿。其次,受众是存在差异性的,知识消费可以满足个性化需求。不同于传统方式,受众可以根据自身喜好购买想要的知识,主动性非常强。同时,知识的获取不受时空限制,公众可以随时随地获取和阅读这些知识,迎合了当今碎片化阅读的趋势。

大多数知识付费平台通常采用订阅付费模式,以文字、音频和视频等方式进行传播,典型的有得到、喜马拉雅 FM 和网易云课堂等平台。消费者在订阅之前通常可以免费获取专栏的部分内容试读,在体验之后决定是否购买。除了应用付费模式,还有线上课程模式、直播互动模式、付费回答模式及付费社群模式①。相比于知识付费,针对媒体盈利方式的内容付费则主要针对新闻领域。在"信息"这个广义的概念之下,其中相对强调时效性的一部分构成"新闻"的概念。当时效性消失后,其中一小部分信息进一步沉淀为知识。例如,有关天气的信息可能一开始是作为新闻出现的,但经过长期连续的天气记载,慢慢形成气象现象,进而成为一种知识。信息、新闻和知识由外向内构成圈层,越往里知识的沉淀程度越深厚,越往外根基越浅薄。

在此背景之下,就国内来说,澎湃新闻也在尝试通过付费内容盈利。澎湃邀请著名配音演员童自荣与其外孙一起声情并茂地演绎了号称"销

---

① 来源于本书写作团队 2018 年 11 月在北京得到公司的访谈。

量仅次于《圣经》"①的经典童话《小王子》的音频小说,售价为 19.9 元。这是澎湃新闻在自制付费内容方面的首次试水。在澎湃新闻客户端上,之前也上线过其他付费内容,如费勇的《金刚经》修心课、刘心武的《金瓶梅》讲解、冯唐的《成事心法》等。澎湃的一位高管介绍说,以往推出的这些付费产品属于引进版权分销,即版权不在澎湃手里,但《小王子》音频小说是自制的,版权属于澎湃。未来,此类自制产品会逐步增多,多渠道扩大自制,扩大覆盖面②。

目前,在澎湃新闻客户端上,付费内容类的产品还没有得到大规模推广,尚处于试水阶段。但是,窥一斑而知全豹,澎湃近年来提出超越媒体,构建全链条内容生态服务商的设想,并在商业合作层面布局模式输出、内容风控、大文创、内容付费等诸多新业务,内容付费早就位列其中。针对澎湃的这一举动,可解读出以下三点。

第一,澎湃在付费产品的生产上选择了知识付费产品而不是新闻付费产品。如上分析,新闻付费模式至今难以成为国内媒体的主流商业模式。但与之形成鲜明对照的是,近些年,知识付费在国内发展得异常火爆,涌现出得到、喜马拉雅等一大批公司,并取得了不俗的业绩。不过,大部分传统主流媒体没有涉足这一领域。其实,媒体机构推出音频小说并不违和。在传统媒体时代就有一句媒体人熟知的话:"报纸靠新闻吸引读者,靠副刊留住读者",当时的报纸上也经常出现"小说连载"这样的版块。音频版的《小王子》和当年的小说连载并无二致,都是媒体为读者提供的多元化内容的一部分。

第二,无论是知识付费还是新闻付费,要让读者花钱阅读,就一定要走精品路线。互联网时代,良莠不齐的海量信息涌来,内容付费相当于是

---

① 红了 77 年,销量仅次《圣经》,这本薄薄的小书凭什么? [EB/OL].(2020-04-21)[2024-06-10]. https://m.thepaper.cn/baijiahao_7059526.
② 来源于本书写作团队 2021 年 8 月在澎湃新闻的访谈。

一种过滤机制，过滤掉粗制滥造的那一部分信息，把优质内容留下来，这正是媒体应该做的事。澎湃的《小王子》就是朝着精品去做的。除了童自荣祖孙两人的联袂演出，澎湃还特邀著名配音导演黄莺精心指导，使用了有声书领域极少用到的电影配音的录制阵容。作为合作方，上影文化也精心制作，搭配唱片级的专业录音棚、电影级的混音师和后期进行录制与剪辑。

第三，在不断推出知识付费产品并探索出成功的商业模式之后，在一系列配套措施的补充下，新闻付费值得期待。现阶段澎湃没有打算启动新闻付费计划，主要是基于现实的考量。澎湃当前主打的还是"短平快"的新闻，追求的是信息发布速度和数量，走的依然是传统媒体"发行优先"的路子（也就是如今所谓的"流量优先"）。在此基础之上，通过广告、版权的销售回收成本和利润。这样的新闻生产方式和财新、《南方周末》等媒体比起来有较大的差异。财新、《南方周末》推出的更多是原创性更强的深度报道，新闻数量不是很多，但可读性很强，这样的新闻内容能更好地支撑新闻付费的实施。因此，澎湃目前把付费墙设在"软新闻"而不是"硬新闻"领域，正是考虑到了自家产品的实际特点。

内容创收和产品优化的同时也需要强有力的技术支撑。发展初期，由于资金不充足，人员配备难以一步到位，澎湃以技术外包的形式进行产品研发和更新迭代。这一做法支持了澎湃产品的初步构建，但也使产品的历次更新迭代受到制约。自2016年下半年起，澎湃在技术方面由技术外包转向人力外包，项目牵头人、项目骨干均由澎湃内部的技术人员担任，澎湃新闻拥有自主独立的研发思路、产品内核及规划，并在操作时根据具体情况选择不同厂商的劳务派遣程序员予以支持。人力外包的形式能够确保技术自主，同时避免项目少的时候人浮于事，从而控制成本。2016年底至2017年初，澎湃新闻彻底实现了技术原生，拥有App客户端由外观到内核的全部自主知识产权，具备后台管理至前端的整体技术输出能力。

做付费新闻,从内部动员、思想转变到建立付费终端、产品上线与运营,再到市场推广与用户服务,需要媒体付出巨大的时间成本、技术成本和人力成本。尤其是技术力量,这是传统主流媒体的短板。从知识免费走向知识付费是一次具有颠覆意义的商业模式变革,既然是改革,则必然会在早期产生阵痛。媒体做付费新闻,为内容"上锁",在早期会面临用户、流量、广告波动的风险。媒体如果患得患失,态度不坚定,就会前功尽弃。

内容付费和知识付费的不同之处体现在受众方面,由此也反映出自媒体与专业媒体的区别。从新闻受众角度看,互联网特别是社交媒体的发展激发了大量的阅读需求。在知识高度普及的教育背景下,越来越多的高素质人才渴望更有品质和深度的新闻,以满足自己更高层次的知识需求。但是,由于互联网公司以追求流量为最终目的,因此优先提供的是满足读者最大公约数之需求的内容。各种供人消遣甚至低俗的内容在社交媒体上大肆传播,娱乐八卦、搞笑图片视频、生活交流类内容成为流量之王。需要知道的是,读者的需求是多元的,相对于以娱乐消费为导向的社交媒体,专业新闻媒体的任务仍旧是引导社会主流价值①。知识付费已成为自媒体、社群变现的有力工具。自媒体的核心思想是"利他",即通过分享有价值的内容吸引并聚集有类似需要的人群,用户画像明确。同时,社群管理的方式能精准筛选有效粉丝,提高信息的触达率。借此,通过售卖文字产品、视频产品、直播产品,媒体形成了一体化的商业模式,不仅强化了用户黏性,很好地整合了资源,还极大地降低了信任成本,增强了复购率。

总体来看,新闻付费与知识付费有五个方面的共同点。

第一,二者在某种程度上都属于"一次售卖"模式。卖方通过内容盈利,买方为内容付费,本质上来说都是直接购买他人的脑力劳动成果,承

---

① 陆蓓.新闻付费模式的缘起、困境与变革[J].传媒,2020(02):94—96.

认了文化产品自身的商业价值是通过一种闭环盈利的模式实现的，舍弃过去通过广告折现、注意力变现等"二次售卖"形式，使资金与流量直接对接①。

第二，两者都是消费升级的体现。在互联网逐渐成为主流生活方式之后，娱乐需求已经不再是人们上网的唯一动力。在碎片化的互联网场景下，过去由其他媒介提供的阅读和学习方面的需求开始要求新的载体。

第三，一些计费标准可以通用。知识付费也可以使用类似于硬付费墙和混合式付费墙的模式。比如，喜马拉雅推出的用户增值服务，有一些专辑需要用户直接购买，甚至有一些是用户成为 VIP 之后还须再次购买。

第四，两者都面临一个共同的困境，即都难于突破平台的各种限制，处在一种夹缝中求生存的状态。2018 年 5 月 8 日，微信小程序暂停 iOS 系统"虚拟支付"；2020 年 5 月 29 日，微信进一步关闭了 iOS 端公众号的虚拟支付业务。"城门失火，殃及池鱼。"在这一阶段，很多原本基于微信的内容提供商不得不纷纷"出走"，将用户引流到自己的 App。与此对应的是，财新的订阅常见问题也反映出苹果系统的限制，财新甚至因为同步和支付问题不建议用户在苹果系统中进行订阅。

第五，两者都带有社群经济色彩，即尝试以优质内容吸引客户，引导消费，将其培养为基于共同理念和价值观的社群。如此一来，媒体通过新闻质量、知识提供者的权威等吸引受众聚集为成员，付费会员等模式作为用户普遍接受的协议又建构了成员的自我认同，加强和巩固了他们与内容提供者的联系。成员们购买的除了文化产品本身，还包括非物质、符号性、情感性的体验，即会员身份。

总结而言，不管是内容付费，还是知识付费，基于信息本身的传媒业

---

① 喻国明，郭超凯. 线上知识付费：主要类型、形态架构与发展模式 [J]. 编辑学刊, 2017（05）：6—11.

盈利模式探索都具有优势。在信息爆炸时代，信息付费的出现帮助人们筛选了知识，在付出较少金钱成本的情况下，减少了人们对知识获取的焦虑。同时，新闻业的内容付费可以带来稳定的内容付费人群，他们大多是愿意为优质内容付费的优质用户，有利于最终形成广泛、良好的市场氛围。在这个过程中，新闻用户的黏性也会增强，形成内容生产者与从业者之间的正向循环。在这种积极的反馈下，互联网内容环境的生态将变得更加健康。

第三节　颠覆性创新："三次售卖"的扩散

传统媒体通过品牌拓展业务是近年来较为新型的盈利模式，具有颠覆性创新的特征。借此，传统媒体超越了以往的媒体产品销售范围，将目标市场拓展到文化地产、媒体电商、政务服务等新兴市场，而不是只面向内容和广告的主流市场。

这类盈利模式的创新是媒体以品牌为依托，在文化地产、媒体电商、政务服务、旅游、会展等领域实现多元化产业发展，参照前文的"一次售卖""二次售卖"的概念，本书在这里将这种销售方式定义为"三次售卖"。在这种形式的盈利模式中，媒体售卖的产品超越了单纯的媒体产品，形成了多元化的文创产品和活动。在这种多元化发展中，媒体的品牌依然扮演着重要的角色，或者说是媒体在"相关多元化"发展中的一种极大延伸。就此而言，这一颠覆性创新在性质上与"二次售卖"是一致的，只不过销售的产品不同而已。"二次售卖"销售的是广告，"三次售卖"销售的是更多类型的媒体衍生产品，它们一般不属于传统的媒体业务。如果用另外一种表达，"三次售卖"也可以被视作各类"非媒体"业务的拓展。这种盈利模式发挥作用的前提是媒体具备较高的品牌公信力，只有这样，消费者才有足够的信心支持这些新型的非媒体业务。另外，由于媒体机构的触手开始伸得更远,涵盖更多领域,也意味着它们需要开设更多部门,积极吸纳其他领域的人才或与外界的专业机构合作。

从 2014 年至今的十年时间里,中国多数媒体积极探索,走出了多条转型发展之路,甚至可以说走在了世界前沿,形成了媒体转型的中国模式。总体来看,在中国传统媒体大规模融合发展的十年间,三种盈利模式呈现出不同的特点:"一次售卖"虽然有复兴的趋势,但没有形成普遍的通用做法;"二次售卖"盈利虽然遭遇断崖式下滑,但通过多种广告形式的发展,出现了小幅度的回暖;"三次售卖"近年来发展最为迅速,全国各级媒体都开展了不同形式的尝试,缓解了传统媒体经营不善的困境。与中国媒体相比,虽然欧美的媒体也在一直尝试以"三次售卖"拓展收入范围,但更为典型的做法是转向"读者收入",即提升内容质量,开展以"付费墙"为特征的订阅服务。换句话说,欧美的传统主流媒体把核心定位于内容的专业竞争力上,从原来居于主导地位的"二次售卖"转为"一次售卖"。比如,《纽约时报》的订阅服务收入在报业的收入比重中不断增加,广告收入却逐年下降,其"三次售卖"模式的拓展相对较为有限。

从媒体融合实践来看,"三次售卖"模式为中国媒体发展注入了强大的活力,通过发展文化产业、文化地产、旅游电商等"非报"业务,中国媒体获得了新的盈利增长,开始反哺新闻生产和采编。但是,正如前文所说,把媒体积攒的公信力用于"三次售卖",寻求利益增长,短期来看虽然能获得收益,但长期来看可能会给媒体的品牌效能造成影响。比如,政务宣传类的报道看起来不是广告,但客观上会影响受众对媒体专业性的判断。这种转型方式有"商业大于内容"的隐患,由于其他领域的收入更为诱人,有分散媒体产出内容的精力的可能性。同时,电商、会展、旅游等几乎脱离新闻语境的发展方向也会为原本相对纯粹的新闻生产增添商业气息,进而影响其严肃的专业媒体形象。

当然,较多传统媒体也意识到基于品牌的"三次售卖"模式对自身的潜在危害,已经采取很多措施规避其负面效果。2019 年 11 月修订的《中国新闻工作者职业道德准则》第四条第 4 款也明确规定,"严格执行新闻报道与经营活动'两分开'的规定,不以新闻报道形式做任何广告性质的宣传,编辑记者不得从事创收等经营性活动",其目的也是防范某些媒体因为开展"三次售卖"而可能带来的风险。

具体来看,"三次售卖"主要包括以下几方面的内容。

一、整合媒体资源,拓展文化地产

文化地产就是传媒产业与房地产的结合,在报业日子比较好过的时代,全国的报社或多或少都曾经投资过房产或地产,有一些现成的物业和地块,以前这部分产业的价值没有被充分挖掘出来,到了当前这个阶段,将这些物业和地块盘活是当务之急。

近年来,各级政府为了促进当地的产业升级和鼓励、支持大众创业、万众创新,纷纷通过各种优惠政策拓展"众创空间",为当地的传统媒体提供了潜力巨大的市场。瑞安日报社在众创空间建设方面探索出了一条切实可行的路径。首先是瑞安日报社积极投身创业产业服务,目前已建设运营四个众创空间:城市魔方是瑞安塘下城市文化综合体,占地 57 亩、建筑面积 1.5 万方,主要是文化休闲产业业态;创 E 工场是浙报传媒瑞安电商文创园,占地 73 亩、建筑面积 4.8 万方,主要是青年创业业态;数智工场是瑞安智造科创服务中心,建筑面积 1.4 万方,主要是科创业务业态;墨客工场是温州网络文学原创 IP 众创空间,建筑面积 1200 方,主要是网文产业业态。截至 2022 年 7 月,瑞安众创空间场地总面积为 8845 平方米,公共服务场地面积为 3030 平方米,占总面积近 35%,拥有专(兼)职导师 71 名,与 27 家创投机构签订合作协议,目前已有 51 家企业入驻①。其次是由重资产运作向轻资产运作转型。其中,城市魔方和创 E 工场均由

---

① 瑞安这个众创空间获国家级荣誉,里面竟然藏着……[EB/OL].(2022-07-07)[2024-07-13]. https://mp.weixin.qq.com/s/juJWDTdtKlnifBBxJkR7ww.

瑞安日报有限公司投资,总投资额达到 8 000 万元,本质上是重资产运作模式。因成效显著,影响巨大,受瑞安经济开发区及温州宣传部邀请,数智工场和墨客工场均已由政府免费提供办公用房、装修费用,每年活动及运营费用也均由政府负担。其中,仅墨客工场温州宣传部 2018 年安排预算就近千万元,本质上是一种轻资产、零成本的运作模式。最后是有力地推动瑞安日报社成功转型。2017 年,瑞安日报社在众创空间业务方面实现超过 3 000 万元的收入,占报社总营收 50% 以上,利润达 1 000 万元,有力地反哺了报社各项媒体业务的发展。可见,瑞安日报社的众创空间业务未来潜力巨大。

羊城晚报报业集团(以下简称羊晚集团)在这方面也是一个典型的例子。报业辉煌时期,羊晚集团购置了位于广州市东郊的一个旧工厂,并在那里建设了印务中心。建成之后,羊晚集团还将剩余的旧厂房廉价出租。后来,羊晚集团重新改造了这个地方,不仅把自己的采编和行政机构整体搬了过去,还对原来的旧厂房进行了改造,建成了文化创意产业园,盘活了原有的物业[①]。同时,羊晚集团把自己原来在市中心的办公大楼腾空,用于与腾讯合作,打造了另外一个文化产业孵化基地。在报业鼎盛时期,相对于广州日报报业集团和南方报业传媒集团来说,羊晚集团发展得没有那么好,但经过这几年在文化地产方面的一番腾挪,羊晚集团在转型发展上已经遥遥领先了。在全国范围内,类似羊晚集团这样在文化地产上"做文章"的报社不少。

二、开拓销售渠道,发展电子商务

在报业鼎盛时期,报社出售的产品基本上只有两种:一种是报纸,另一种是广告。到了现阶段,原来庞大的销售和发行队伍如果只销售这两样东西已经远远不够了,需要拓宽产品线。一方面,解决了销售队伍的闲

---

① 来源于本书写作团队 2017 年 11 月在羊城晚报社的访谈。

置问题;另一方面,也为报社带来了一定的"非报"收入。

这类拓展产品一般具备两个特点:一是附加值高,二是需要媒体的公信力做背书。比如,冬虫夏草、人参、灵芝等产品的售价通常比较高,但市面上销售的假冒伪劣产品较多,媒体开设的电商平台具有一定的公信力。近年来,广州日报报业集团旗下的上市公司粤传媒卖过冬虫夏草等产品,反响比较好。

除此之外,媒体电商售卖的产品还可以与媒体产品本身紧密相连。比如,南风窗杂志社在自己的微信平台上售卖一款叫作"南风窗公务员考试读本"的小册子,就是把《南风窗》杂志上刊发的与公务员考试紧密相关的文章汇编成册,销售给准备公务员考试的考生,效果也不错①。文化产品与南风窗杂志社的品牌调性比较一致,不会产生较大的冲突感。反之,假如媒体电商售卖醋、酱油这些生活用品,就会出现明显的不协调感。例如,得到是知识付费的典型代表,它也有很大的媒体电商平台,上面售卖的产品包括书籍、香包和笔墨纸砚等,与整个品牌的吻合度较高。

杭州《都市快报》全力打造的 App"橙柿互动"是较早开展电商业务的报纸之一,报业旗下的"快抱"电商平台构建了报纸、公众号、微博等全网络的电商服务渠道,推出"助企惠农·我帮大杭州带好货"系列直播和美食、音乐、生活权益类服务产品,成为报纸跨界电商行业的典型案例。

搭建电商平台、进行多方商务合作及发展文化产业也已成为报业较为主流的营收方式。例如,《新京报》在创刊 18 周年之际,对自己的商城全面升级,更名为"新京雅集",力推图书、文创、城市三大服务板块,并提供购物优惠、新人礼包、会员年卡、限时秒杀等福利形式。此外,《新京报》还同快手等互联网平台、东阿阿胶等企业,以及澎湃新闻、封面新闻等媒体进行商务合作,开展了多种线上线下活动,如拍摄纪录片、举办线下比赛、策划具有商业价值的线上作品等,释放媒体流量和潜力。在其发布的

---

① 来源于本书写作团队 2016 年 1 月在南风窗杂志社的访谈。

"媒体融合三年行动方案 15 项行动计划"里,也提到了要进一步打造电商消费新场景,采用独立公司运营模式,推动旗下"贝壳财经"孵化上市等商业计划。

三、挖掘"非市场需求",提供政务服务

政务服务类的"非市场需求"近年来成为报业转型的重要方面。有研究者提出,近年来,报业经营探索中出现的政务广告、信息披露、政务新媒体托管、媒体智库等转型方向,满足的是一种区别于传统广告业务的"非市场需求"①。在报业经营模式拓展的尝试中,报业智库化转型最为典型。例如,南方报业集团创建媒体智库矩阵,囊括党建、经济、法治等多种类型。近年来,通过整合采编资源,智库研究、产业论坛、培训服务等智库产品成为其新的收入增长点。广州日报报业集团也通过咨询专家、合作研究等方式,发布新闻产品和打磨智库报告,不断积累具有权威性的品牌资本。

除了智库建设,报业也可以利用自身的专业性开展政务运营、内容审核等业务。为了更好地适应互联网时代,政府的各级部门也纷纷建立起政务网站和官方微信号、官方微博、官方头条号等,传统媒体就可以通过为政府提供服务的方式承包这些业务。目前,很多传统媒体在这方面业务上成效不小。例如,瑞安日报社已经把瑞安市相关部门的互联网传播服务全部承包,实现了集约化运营。2019 年,在政府严格规制政务新媒体的政策下,《北京青年报》在政务新媒体托管方面着手发力,政务号托管付费成为其营收来源之一。再如,近年来浙江省长兴县宣布全县 200 多个政务类微信号停止运营,鼓励主办单位在掌心长兴 App 开设"掌心号",由长兴传媒集团接管部分政务号运营,扩大了长兴传媒集团的营收业务范

---

① 陈国权.寻找"非市场需求"——2019 中国报业转型发展报告[J].编辑之友,2020(02):63—68.

围。截至2021年底,无锡日报报业集团共承接了近50个微信公众号,其中64%是党政机关的政务号托管,2021年全年新媒体托管收入占新媒体经营收入的近四成①。

随着传统报业与商业平台业务的联系日益密切,内容审核服务也逐渐成为经营模式的一部分。比如,人民网内容风控团队的专项业务已开展多年,力图帮助互联网公司做好内容风险把控和内容审核把关。在人民网内容风控业务开疆拓土的同时,津云新媒体利用算法和AI云平台,检测视频中的色情、暴恐、旗帜标志、非法广告等,可以对违规视频内容进行审核和处理。封面科技推出"三智"合一的封面智媒审核云解决方案,澎湃新闻也开始拓展内容审核业务。此外,报纸有多种资源优势,如党政资源、数据资源和专家资源等,它们在转型中也尝试开发数据资源,提升专业价值。例如,2021年3月,四川日报报业集团MORE数据团队承接了某国企的智慧党建项目,通过以13个数据库为数据底座,实现了一网整合党务工作、管理人才和岗位、评选考核选优等功能,利用数据挖掘技术扩大了报业的盈利空间②。

此外,开发政府数据和参与智慧城市建设服务也是传统媒体提供政务服务的一类尝试。当前,大数据已经成为重要的资源和生产要素,各级政府正积极推进政府数据公开。此外,各级政府准备充分利用大数据和人工智能等新技术推进智慧城市建设,传统媒体可以凭借自身的优势积极参与政府数据公开和智慧城市建设服务。浙江日报报业集团、南方报业传媒集团等已经在积极获取政府大数据资源,布局大数据产业。例如,浙江日报报业集团下属的浙报数字文化集团股份有限公司专门组建了"浙江政务服务网事业中心",承担浙江政务服务网平台的产品规划、迭代

---

① 黄楚新,曹月娟,许可.创新与引领——华东四省地市级党报媒体融合发展实践[J].中国出版,2022(13):13—21.
② 高敬.探索媒体技术开发类项目中的新管理办法——以四川日报全媒体"智慧党建"项目的实践为例[J].新闻战线,2022,(02):75—78.

优化、系统运维、内容运营、宣传推广等一系列运行工作。浙报集团在自筹资金初步建成大数据交易中心之后,另拟投资21.97亿元(其中定增募资19.5亿元,自身投入2.47亿元)建设互联网数据中心,预计互联网数据中心项目9年可实现营收61.9亿元,净利润18.9亿元。互联网数据中心由公司拟新设的全资子公司杭州富春云科技有限公司负责实施;大数据交易中心项目由公司与北京百分点、浙商资本共同投资新设的控股子公司浙江大数据交易中心有限公司负责实施,注册资本为1亿元,浙报传媒出资5 320万元,对应持股比例为53.2%,北京百分点出资2 700万元,对应持股比例为27%,浙商资本出资1 980万元,对应持股比例为19.8%。大数据交易中心8年测算期实现营收6.3亿元,净利润8 081万元。目前,浙报传媒剥离新闻传媒类资产之后,已经更名为浙数文化①。

在政务、商务服务项目拓展方面,澎湃同样成了佼佼者。面对疫情的冲击和数字技术的变革,澎湃新闻在创立8周年之际提出要加速将自己打造成赋能型主流新媒体,向全链条内容生态服务商战略转型,这反映的正是其进一步拓宽政务服务边界的野心。在澎湃新闻与上海文化产业发展投资基金的签约仪式上,澎湃新闻发布了新一轮发展战略,涉及内容、技术、运营的新板块全面启动。它们分别是澎湃智媒开放平台、澎湃明查中英文网站、澎湃科技频道、数字内容生态实验室、澎湃ESG项目。澎湃新闻还同步启动了"中国城市文化品牌计划""新消费品牌合伙人计划""澎湃好物伙伴计划""城市更新大会"等政务、商务、服务项目,其中的多项战略涉及澎湃新闻对于未来运营模式的创新。智媒开放平台是澎湃新闻全新打造的智媒技术品牌,依靠技术创新、融合,实现了智能化转型,依托澎湃新闻的技术实力和转型经验,为媒体和内容行业提供包含内容生产、审核、分发、商业化全链路和生态化建设的一站式解决方案。澎湃新

---

① 郭全中."To G":传统媒体的商业模式转型[J].新闻与写作,2018(04):61—65.

闻 ESG 频道充分发挥平台属性的作用,联动外部相关权威机构与资源,共同开发 ESG 评级、上市公司环境绩效榜单、ESG 观察等前沿内容。在致力于成为全链条内容生态服务商的基础上,澎湃新闻已经在酝酿和推进多个与城市文化、城市更新、媒体电商及新消费品牌相关的行动或工程。澎湃新闻不仅利用这些政务、商务服务项目的影响力去推动美好城市的建设,还试图以"链接"能力整合联系各方资源,利用自身的影响力和传播力为城市品牌赋能,促进消费品牌塑造,甚至是打通线上线下的消费场景。其中,"中国城市文化品牌计划""城市更新大会"等政务服务项目展现了澎湃新闻进一步做大智库的决心。最为引人瞩目的是"澎湃好物计划",它是一个媒体电商项目,利用澎湃新闻辐射全国的影响力,承接各类文化 IP,承载各地特产好物,利用"澎湃好物"电商平台,让非遗传承转化为潮流新品,协同原创澎湃 IP,盘活优质文化资源,也让各具地方特色的各种优质产品行销全国。与此类似,"新消费品牌工程"也希望利用澎湃新闻的影响力赋能新消费品牌①。

另外,澎湃新闻在影像平台建设、知识付费、大文创布局等方面也迈出了坚实的一步。2021 年,Pai 视频上线 2.0 版本,在线图片近 1 亿张、高清视频超 200 万条,可以提供在线交易销售模式。2021 年 11 月 8 日,上海市委宣传部、市委外宣办公室举办并授权澎湃新闻建设运营的 IP SHANGHAI 正式上线,成为国内首个面向全球用户的"城市形象资源"数字共享平台。同时,它还设立澎湃互联网传播研究院,拓展生态内容服务边界。2022 年 8 月 16 日,澎湃新闻与山东文旅传媒集团签署战略合作协议,共建山东正能量短视频库。

除了上述政务需求,传统媒体还可以通过承接其他政府服务项目扩大盈利范围。当前,政府各个部门都有很多新需求,关键是传统媒体要多与相关部门沟通,把潜在的需求挖掘出来。例如,《南方日报》的佛山记者

---

① 徐香.澎湃新闻:守正创新 全新出发[J].传媒,2022(18):20—22.

站就充分挖掘佛山市在工匠精神方面的传播需求,打造了占地2万平米的珠三角工匠精神展示馆,该委托项目的总金额高达8000万元。再如,瑞安日报社被瑞安市政府指定负责建设中国非公企业党建始源馆(400万元)、瑞安市档案局城市展厅(330万元)等项目,并负责浙江省工商系统非公党建现场会、温州基层群团改革现场会、瑞安市云江科创大会、瑞安市年度创业大赛等策划组织工作。

四、实施多元化发展,拓展文化产业

媒体产业是文化产业的一部分,在报业的辉煌时代,报社只专注于把自己擅长的那一部分做好,产业链的其余部分由其他公司去完成。但是到了现在,只做自己原来那一部分已经不够了,需要向产业链的上下游去纵向拓展,以增加总体收入,同时服务好客户。2012年之后,传统媒体"二次售卖"模式受到挑战,广告营收连年下滑30%到50%,给运营带来直接压力,再不转型,媒体可能难以生存下去。于是,各个媒体集团纷纷通过开发文化地产、搭建创意产业园及投资上市公司等途径增强自己的营收能力,并反哺报业运营,还吸收政府补贴或企业投资,试图形成多元化的盈利模式。在这方面,最典型的例子是广告业务。媒体之前只做广告发布者,广告的创意和设计几乎全部交给广告公司这个广告经营者去完成,媒体只要把广告公司设计的广告版面刊登出来,然后再将报纸发行出去,就算完成了自己的任务。但是到了今天,媒体的广告部门需要直接与广告主对接,了解并满足广告主的需求,而且在发布完广告之后,还要为广告主提供各种跟踪服务[1]。除了广告之外,在2017年及之前的几年,还有不少媒体把自己的触角伸向了演艺、会展、活动、会议、旅游等领域。这些方面以前只是媒体的报道对象,但如今媒体直接介入,凭借自己的采编力量、品牌力量去赚取"非报"收入。

---

[1] 来源于本书写作团队2021年8月在广东粤传媒股份有限公司的访谈。

在深度媒介化进程中，报纸不断顺应媒体产业形态和资源配置的变化，催生了众多非报业务。

首先，"媒体＋旅游"的做法具有普遍性，是近年媒体利用品牌进行营销的重要方式。比如，贵阳日报传媒集团探索报业＋旅游，连续多年年收入近亿元。媒体可以与旅游业产生如此紧密的关系，因为前者可以更好地对读者资源进行"二次开发"。当前，在数据库的帮助下，媒体对读者的数量、特征和地域分布有清晰的认知，能够针对老人、小孩等群体进行营销，匹配适合各类人群的旅游项目，是媒体融合旅游业的一大优势。

其次，投资教育。比如，《新周报》精准定位中老年读者群，积极策划中老年培训市场和社区发行等项目。报社通过招商引资，与武汉一家公司合资成立了湖北知音老年文化传播有限公司，以线上线下相结合的方式服务中老年人。其开办的知音老年大学设有声乐、书画、摄影、舞蹈等课程，2018年秋季第一次招生即达1000多人。主编高英雄表示，"我们通过丰富老年人的精神文化生活，让他们老有所学、老有所为、老有所乐"。《新周报》围绕"大健康""文化服务""快乐养老"等关键词，寻找产业结合点，走出一条融媒体发展之路。除了老年大学之外，还有知音幼儿园以绘本阅读、幼儿生存体验和阳光体育游戏为办学特色，采取小班教学，每班配有4名老师。园内配置了绘本室、科学发现室、音体室、美工室、多功能室等，户外有大型幼儿游乐设施区、原生态种植区、体能训练区等，满足孩子全面发展的需求。

最后是打造活动策划和文化地产项目。比如，2021年新华报业每月策划大型活动，承办和组织新生代企业家嘉年华、国际半程马拉松赛、新基建发展大会等一系列重大活动，有利于其整合内部资源，做好报纸的增值服务。上海报业集团打造的文化地产实体项目"传媒谷"竣工交付并开启招商后，特步入驻"传媒谷"建立运营中心，高新科技企业和设计企业等十余家企业也随即入驻，推动了上海报业集团规划目标中的"头部企业集聚区"和"文化艺术高地"的落地。在面临生存危机之时，经营层面的"破圈"之举有助于媒体跳出传统经营思维,进行跨界合作,寻求盈利来源的多元化,增强自身抵御风险的能力。与此同时,避免对广告营收的过度依赖也有利于冲破唯流量至上的评价体系,更好地反哺优质内容生产①。

上海报业集团近年来在多元产业的拓展上也有较多探索。2020年,上海报业集团时任社长裘新发表题为《向前是涅槃,向后是平庸》的讲话。在媒体融合已经进入相持阶段的背景下,上报集团提出以"出圈"来"破阵",业务板块包括商业模式"出圈",即突破固有的运营模式,形成新的收入来源,如新媒体创新服务收入、集团投资布局的职业教育板块带来的收入等。与此同时,还有内容生产上的革新。比如,"Pai视频"正在实现向一家全媒体内容生产生态产业园整合服务商转变。技术能力的"出圈"是指出行业甚至媒体的"圈",上报集团与华为技术有限公司签署关于共同推进"智媒体"建设的战略合作协议,界面、财联社立志未来不止步于媒体,还将成为金融科技企业。上报集团以5G、人工智能、区块链、云计算、大数据五大技术为经,以新闻传播的采集、生产、分发、接收、反馈五大流程为纬,编织成包含20个应用场景的上报集团智媒体矩阵,内容生产赋能盈利模式的转型。同时,上报集团提出改革释能,并计划跟进新行业及新机遇,把握新增长点。比如,疫情后的爆发性流量增长转换成新的业务增长点,实现媒介融合的良性自循环。此外,上报集团提出主动对接三项新的重大任务,具体包括集团将形成"2+20+N"的技术资源转移及孵化架构,以及在宏观上计划与长三角区域的文化传媒产业同行共同探讨一体化发展背景下的新型合作关系,不断扩大传统报业集团的盈利空间。

报业通过开展多种文化产业战略,可以积极探索整合营销、财政扶持、产业运营等多元化盈利模式,解决新闻产品的变现问题,为媒体运营提供强劲的经济基础。首先,对传统媒体本身来讲,要转型,就要有抓手,要有转型的平台。在这个平台上,内容、广告、策划、活动是统一的整体,

---

① 窦锋昌,傅中行.报业转型:"破圈"之年[J].青年记者,2021(24):13—15.

你中有我,我中有你,高度整合和融合,有了这样的平台,整合营销才能得以实现①。最近几年,有些传统媒体在内部开展事业部制,打通采编和经营。这样做固然有利于开展整合营销,但如何在采编和经营之间建立起防火墙是一个要解决的问题。其次,在自身盈利模式问题没有解决的情况下,最近几年来,从中央到地方的各级媒体机构纷纷采取融合举措,不约而同地将财政支持作为传媒产业全面深化改革、媒体融合向纵深推进的重要手段。比如,上海市委市政府每年给予《解放日报》和《文汇报》各5 000万元的资金支持;广东省委省政府每年拿出1.5亿元,分别给《南方日报》7 000万元、《羊城晚报》5 000万元、广东电视台3 000万元;中央财政也对《人民日报》、新华社和央视有很大力度的扶持。目前来看,争取党委和政府的财政支持是一条比较现实的路径,但这条路以后怎么样走得更顺、更好,还需要一些体制机制上的配套措施。

总之,传统媒体和新媒体融合发展过程中的盈利模式和可持续发展是传媒正常运转的基石,如果媒体在运营中不能持续盈利,就很难在新闻采编上有持续的投入。

五、启动整合营销,促进多方互惠

在单纯的"二次售卖"模式不能为新闻业带来经济基础的情况下,整合营销就成为完善机构媒体盈利模式的一个利器。

整合营销在不同的学科和领域具有不同的表现形式,具体到机构媒体的整合营销,主要表现在广告、发行、品牌、采编等部门的一体化运作,其核心是媒体资源的重新组织和分配,在一体化运作中承接政府和商业机构的活动,为政府和商业机构提供全案服务。政府和商业机构有大量的稀缺资源,互联网巨头也有先进的媒介技术和人才,为该模式奠定了良好的基础。同时,政府和商业机构也需要各类与时俱进的服务实现自我

---

① 窦丰昌.2015,一本杂志的转机与未来[J].青年记者,2015(34):19—20.

提升,传统媒体因其长期积淀的公信力、权威性、人才队伍及对政策和市场的高度敏感和理解力等优势,使这一模式具备完全的可行性和推广力,途径也较为多样。在媒体和政府的整合实现方案上,主要有政府互联网传播的外包服务、众创空间服务、数据公开和智慧城市建设服务等①。此类项目的实施既能给政府的科学决策提供参考,创造性地提升地方的区域性形象,又能给企业带来直接或间接的经济价值。对于媒体来说,在增加营收的同时,还创造了一定的社会价值,体现了其作为主流媒体承担的社会责任。

比如,在2015年和2016年,南风窗杂志社的整合营销收入已经占整体收入的约20%,其中的客户包括南方电网、广州市外办、南沙区政府、广州市残联等。这些客户需要的服务包括活动承办、内刊制作、宣传推广等多项内容。要做好这些服务,就需要所有相关部门组成联合工作小组,以项目为单位,组成一个个联合战队,完成整合营销的工作②。放在以前,南风窗杂志社不会将其视作自己的服务对象,但到了现在的环境下,扩大服务对象并扩大服务范围就成了其发展中的必然选择。

连续二十余年占据全国报纸广告收入第一名的《广州日报》,这几年也同样推出了不同形式的整合营销服务。比如,近年来,广州市有关部门每逢春节前夕都会在全国各地推广"花城看花,广州过年"的活动,以吸引全国各地的游客在春节期间到广州过年和度假,这样的推广活动如果由政府部门去宣传,很可能"事倍功半",因此,这项活动都交由广州日报社下属的广报文化公司来操作,也就是政府部门花钱购买广州日报社的这项专业服务③。广报文化公司一方面在北京、上海等各大城市开展线下推广活动,另一方面也吸引当地的媒体去做相关活动的报道,在所

---

① 郭全中."To G":传统媒体的商业模式转型[J].新闻与写作,2018(04):61—65.
② 来源于本书写作团队2016年1月在南风窗杂志社的访谈。
③ 来源于本书写作团队2018年8月在广州日报社的访谈。

在城市形成推广和宣传的高潮,达到吸引这些城市的游客到广州过年的目的。

在纸媒的黄金年代,《广州日报》的广告版面一直供不应求,广告客户排着队来投广告,报纸只需要把广告主或广告公司设计好的广告刊登出来,就算完成了自己的服务,即可获得广告报酬。在此种局面之下,《广州日报》不可能去考虑开拓整合营销的业务。但是,2013年,报业广告业务到达了史上顶峰后掉头直下,此时开拓整合营销业务就成了自然而然的发展方向和生存法宝,在广告、发行、印刷之外成立广报文化公司也就顺理成章了。公司成立之后,每年的业务量都在增加,成了广州日报社的一个新的利润增长点。

无独有偶,浙报传媒2015年的公告显示,在主营业务的收入构成里有一项为"信息服务",营收1.3亿元,占总收入的比例达到了8.82%。通常来讲,信息服务包括舆情监控、承揽活动等,其中大部分都属于整合营销的范畴。浙报传媒2016年半年报则显示,在广告和发行收入之外,位列新闻传媒类业务第三位的就是"活动或服务收入",达到4 680万元,增长率达到40%之多。在广告和发行收入均下降的情况下,这部分收入的增长显得更加不同寻常[①]。

此外,这几年很多媒体成立了智库,如新华社瞭望智库、财新智库、南风窗传媒智库等,它们其实也是整合营销的平台。在南都大数据研究院获得"2019应用新闻传播十大创新案例"的称号时,中国新闻史学会应用新闻传播学研究委员会在推荐中评议:主流都市报融合转型存在普遍挑战和困难,致力于"办中国最好的报纸"的《南方都市报》,靠数据业务的整合运营走出了一条都市报融合转型的新道路。《南风窗》也曾承办广州市政府外事办公室的会议,提供布置会场、设置流程的服务,当然也包括一

---

① 窦锋昌. 分化与整合,机构媒体盈利模式的新探索[J]. 新闻战线,2017(01):23—26.

定程度的宣传报道等一揽子计划,与文化公司的业务很相似。从国际上看,虽说近年来新闻媒体这个行业整体上遭受了巨大冲击。但是,分领域来看,财经媒体却大都能生存下来,如道·琼斯公司(Dow Jones)、彭博(Bloomberg)、英国的《金融时报》(*Financial Times*)及最成功的《经济学人》(*The Economist*),主要原因是这些媒体公司除了新闻媒体业务以外,还有一块与新闻业务高度相关的智库业务,包括数据业务、指数业务、研究服务类业务等。现在来看,中国媒体在这一部分的业务拓展上有较大的发展机会。

六、跳脱传统思维,发展平台型业务

与"一次售卖"和"二次售卖"经营模式相比,平台经济是当前新兴媒体市场的主流商业模式。2014年的诺贝尔经济学奖颁给了让·梯若尔(Jean Tirole),以表彰他的若干重要成就,包括他在平台经济理论方面的先驱性贡献。平台经济是一种将两个或更多个相互独立的团体以共赢的方式连通起来的商业模式,是对传统商业模式的颠覆性创新。传统商业模式认为,如果低于成本价销售产品,就永远不可能盈利。然而,平台经济学认为,不向消费者收取任何费用,反而向他们支付费用,理论上也可以盈利。传统商业模式更多地关注市场交易中大企业和主要需求者的行为变化,而中小市场参与者的交易需求(市场中的"长尾市场")由于信息获取成本过高往往被忽视。平台经济学正是这样一类旨在将隐藏在"长尾市场"中的潜在需求充分挖掘出来的新经济形态①。平台经济是世界上绝大多数新兴媒体公司成功的关键。2018年,世界上市值最高的10家公司中,互联网公司有7家,即苹果、谷歌、微软、亚马逊、Facebook、腾讯、阿里巴巴,它们全部采用了平台经济商业模式。同

---

① 朱鸿军.颠覆性创新:大型传统媒体的融媒转型[J].现代传播(中国传媒大学学报),2019(08):1—6.

样,在2015年全球市值最高的10家创业公司中,有7家公司采用这种模式,如Uber、爱彼迎、Snapchat、Flipkart、滴滴出行、Pinterest和Dropbox。到了2024年,大部分全球主要的头部互联网公司采取的也依然是平台经济商业模式。

"一网两微一端"是现今传统媒体的四大融媒产品。"一网两微"采用的依然是"二次售卖"模式,目前这类产品基本处于"赔钱赚吆喝"的境地。目前的"一端"(新闻客户端)有采用平台经济商业模式的雏形,虽然与成功商业平台所具备的特质还有较大差距,但平台化转向也取得了一定突破,在逐步跳脱传统经营模式的过程中不断强化平台和用户思维。新闻客户端的建设逻辑本质是吸引流量从公域进入私域,形成更强的用户黏性。其中,外链和入口是二者得以转换的关键,也成为近年来新闻客户端在实践中的发力点。一方面,客户端尝试解决增长的问题,通过努力建立商业生态闭环,扩大用户流量池。在实践中,大部分纸媒自建平台都以视频内容为入口,打造集新闻、政务、生活服务为一体的业务生态。比如,在政务服务方面,客户端纷纷搭建问政渠道以吸引用户,如天目新闻打造"一站式办事平台"、人民网"领导留言板"全国性网络问政平台、新华社客户端"全民拍"民生服务板,都是通过搭建问计于民的民生对话通道,实现报业与用户的大范围连接。在生活服务方面,2022年,封面科技与四川省招生考试指导中心联合打造了"云招考"平台,通过提供招考和志愿填报咨询服务,吸引了全省考生及家长用户的下载,平台在招考期间整体浏览量超3000万次①。另一方面,报纸也在思考如何与用户建立强信任关系,深耕本地新闻和文化,利用地缘、趣缘、业缘强化社交属性,做强视频产品。比如,豫视频不断活化客户端的"身边""兴趣小组"板块,通过

---

① 网上"云招考"平台亮相四川2022本科招生宣传会[EB/OL].(2022-03-19)[2022-06-28]. https://baijiahao.baidu.com/s?id=1727651553378919782&wfr=spider&for=pc.

用户上传视频、加入群组、发帖互动等方式,极大地提升了客户端的阅读量和互动率。

在平台型业务的长期探索中,澎湃新闻不仅开发出了具有澎湃新闻价值观的算法系统,更以人工智能算法为核心打造了"清穹内容风控智能平台",这是地方媒体在风控方面的首个产业化案例。在2020年8月,"清穹"获得了上海市主流媒体发展新媒体专项扶持资金,获颁2020年中国报业深度融合发展创新案例证书。据澎湃新闻网内容审核项目负责人李萌介绍,依托在时政新闻等领域丰富的经验积累,通过与自有技术和头部技术企业的合作,澎湃新闻以人工智能算法为核心,以知识图谱、决策引擎、自然语言处理、机器深度学习等技术为基础,打造了基于"智能+人工+制度"的具有自主知识产权的"清穹"内容风控智能平台,为网络信息内容生产、分发、传播、储存、治理、监管提供全链路、全场景、全流程、全业态、全形态的整体内容安全解决方案和风控服务。据《澎湃新闻社会责任报告(2021年度)》介绍,"清穹"系统在2021年拓展了与有关部门的合作,成为互联网新技术新应用安全评估支撑单位之一,第三方内容安全合作业务稳中有升。

从深度媒介化的趋势来看,越来越多新闻客户端向"新闻+服务"功能拓展,是一种顺应互联网平台运作机制、加强与用户深度连接的积极尝试,并在应对数字媒介抢夺用户流量的挑战中,不断推动盈利模式向多元化、创新化的方向发展。

七、开拓资本市场,吸收各种扶持

资本运作又称资本经营,指利用市场法则,通过资本本身的技巧性运作或资本的合理流动,实现价值增值、效益增长的一种经营方式,即利用资本市场,通过买卖企业和资产而获取利润的经营活动。简而言之,就是利用各种金融手段谋取利润的最大化。

第一种是资本运作。媒体资本运作的主要形式有三个方面。首先,稀释股权，吸收外来注资。小型市场化媒体在起步阶段资金比较欠缺，可以吸收风险基金或者其他资金，提高自己的发展速度。前面提到的澎湃和封面新闻的案例都采用了这种形式，有好的创意但缺少资金，最终通过释放、稀释股权获得了投资。其次，成立基金，加大对外投资力度。对于一些大型媒体集团来说，其本身有良好的资金积累，可以成立基金，增加对外投资。最后，公开上市，募集资金，增加投资。一般的大型媒体集团具备这样的条件，如上报的上市公司叫作新华传媒，广州日报社的上市公司叫作粤传媒，杭州日报社的上市公司叫作浙江华媒控股股份有限公司。

在报业辉煌时代，大部分报社都有积蓄，银行账户里有不少存款，但一般不会进行大规模的投资运作。这几年媒体环境发生巨变，政府也给予了一定的政策扶持，于是就有一些媒体开始了资本运作，在市场上收购一些有发展潜力的新媒体项目。同时，还有一些媒体因为上市，出于资本运作的需要，挖掘和收购一些新项目。

2016年底，6家国有独资或全资企业战略入股澎湃，增资总额6.1亿元。增资完成后，上海报业集团对澎湃新闻的持股比例由100%变更为82.2%，仍保持对澎湃新闻的绝对控股地位。这意味着，上海报业集团在此轮融资中出让股份为17.8%。以此计算，澎湃新闻当时的融资估值为34.3亿元。同一时期，澎湃新闻客户端下载量超过了6 000万次，日活跃用户达500万人，在原创力、传播力、影响力等媒体核心指标方面都已经完全超越了《东方早报》，具备了告别纸质版，实现向互联网新媒体彻底转型的条件。上海报业集团决定，《东方早报》从2017年1月1日起休刊，《东方早报》原有的新闻报道、舆论引导功能将全部转移到澎湃新闻网。2022年8月8日，刚庆祝完8岁生日的澎湃新闻宣布，正式完成B轮融资——上海文化产业发展投资基金独家向澎湃战略投资4亿元。增资完成后，上海文化产业发展投资基金将成为澎湃新闻的第二大股东，上海报业集团仍为控股股东。澎湃目前共有8个主要股东，除上海报业集团和上海文化产业发展投资基金,另外6家股东是上海久事投资管理有限公司、上海精文投资有限公司、东浩兰生(集团)有限公司、百联集团有限公司、上海仪电(集团)有限公司、锦江国际(集团)有限公司。这些股东都是国有独资公司或全资公司。以本轮投资的主体上海文化产业发展投资基金为例,它由上海市政府、浦东新区政府和上海实业(集团)有限公司共同发起,并由上海实业(集团)有限公司联合上海国盛(集团)有限公司和上海浦东科创集团有限公司共同组建,总规模120亿元,首期55.5亿元。按照刘永钢的说法,澎湃新闻此轮融资前后耗时一年多,在当下的大环境下,成功完成本轮融资殊为不易,但这可能也恰好证明了澎湃新闻的特性和价值。之所以选择上海文化产业发展投资基金,首先是因为理念上的深度契合,上海文化产业发展投资基金团队对澎湃非常理解,充分认可其独特的价值和影响力,对澎湃的未来发展充满信心。其次,上海文化产业发展投资基金是上海市政府批准设立的产业引导基金,更是一支市场化运作的基金,其对文化传媒的使命和理解及对澎湃的战略和资源协同都是弥足珍贵的。

由国有基金或国有公司投资澎湃,至少有两个原因。其一,澎湃及其前身《东方早报》一直都是体制内媒体,国有资本是唯一选项。其二,在如今的上海文化品牌中,澎湃新闻具有独到价值,国有资本看重这个品牌对上海的深远意义,愿意在澎湃身上投资。上海文化产业发展投资基金合伙人、首席投资官陈乐在谈及入股澎湃时曾表示:"澎湃既是上海的澎湃,也是中国的澎湃。相信经过不断的努力和发展,也必将成为世界的澎湃。"如果回到2012年前后,传统媒体依然还处于黄金发展阶段,一家优质媒体一年的净利润就有几亿元。因此,如果放在当时的环境下,4亿元的投资不算特别大的数额。但是,到了今天的移动互联网时代,单笔4亿元的投资在传媒领域就属于比较大的投资了。这一方面显示了优质内容的稀缺性及战术性,另一方面也显示了上海有关方面在扶植主流媒体发展方面的前瞻性及战略性①。

再如,浙江日报报业集团进行资本运作时,通过非公开发行和并购贷款相结合的方式收购盛大旗下两家公司——杭州边锋网络技术有限公司和上海浩方在线信息技术有限公司。事实证明,相较于把钱存进银行,浙报集团采取的多元化经营为其后期的转型提供了很大的帮助。一方面,游戏收入提供了现金流;另一方面,为浙报集团未来的发展提供了技术人才的储备,技术人员的加入也丰富了浙报集团的人文面貌。另外,2017年底,上海报业下属的界面公司通过换股的方式,完成了对蓝鲸·财联社的整体并购。整合后的界面财联社集"媒体+资讯+数据+服务+交易"五位于一体,基于界面和财联社两个品牌之前在各自领域已有的市场积累,既能以内容占据影响力制高点,又可以利用信息服务产品实现影响力的落地和变现。二者整合后可实现稳定覆盖达到亿级规模的人群,市场估值超过50亿元,有望成为该领域的"独角兽"。

相比之下,封面传媒将自己推向资本市场的操作是更加彻底的一种资本运作行为,一旦成功,将面对很多不确定的投资者。2018年5月4日,"新青年·新未来——第二届 AI+移动媒体"大会在成都举行,当天,封面新闻 App 4.0 版本正式上线,封面传媒与四川文化产业股权投资基金签署战略合作协议,将共同推进封面传媒目标上亿元的 Pre-A 轮融资。封面新闻 App 4.0 版本主要围绕内容增量、强化精品两点进行优化,通过聚焦用户体验、增强用户互动、打造用户积分体制,实现"数字化运营+精细化内容+视听读聊场景+用户互动"的运营体系。

实践表明,要实现媒体融合,仅体现在项目、产品层面是不够的,必须克服发展模式上的"小生产者"陋习,从制度层面推动生产要素的深层次融合。作为市场资源配置的通行手段和高级形态,资本运作可以发挥重

---

① 窦锋昌.拿到4亿元新融资,澎湃下一步如何发展[J].青年记者,2022(16):127.

要作用。从行业整体来看,在充分发挥资本运作推动融合发展方面,各地发展不均衡和不充分的问题越来越突出,还有不少集团仍在为生计奔忙。虽然一些媒体集团的领先经验有其特殊性,难以直接照搬,但在精神上坚定地推进互联网化转型、利用资本手段转变增长方式这两个共同点,非常值得同行学习借鉴。一批报业先锋在打造新型主流媒体和新型主流媒体集团的道路上,树立了互联网转型思维,逐渐积累起了资本和技术双轮驱动的发展能力,如果能在体制机制层面上更进一步,克服"封闭内向"和"小生产者"的发展理念,报业转型和融合发展之路未来将会走得更加顺畅、更加成功。

不过,需要注意的是,投资运作及资本市场的开拓需要大量专业人员操作,因为风险大、误区多,稍有不慎,就可能出现问题。也正是因为如此,笔者认为,这个方向上的"非报"收入的开拓并不是大多数中国报纸的上佳选择,只能是一小部分报纸的选择。

第二种是吸收财政补贴。实际上,它作为传统媒体的一种重要收入,已经在有些地区实施了若干年,但从来没有像近年来如此重要。在移动互联网的冲击之下,传统媒体自己养活自己越来越困难,党和政府看到媒体受到这股冲击,这几年纷纷出手给予财政扶持或补贴,已经在国内各省市具有相当的普遍性。

2016年8月22日,在深圳召开的"2016媒体融合发展论坛"上,深圳报业集团党组书记、社长陈寅透露,为支持深圳报业集团主业转型和媒体融合,深圳市决定连续六年每年给该集团1亿元财政资助。2016年11月,在湖南省第十一次党代会上,部分党代表联名提交提案,建议加强以党报、党刊、党台、党网为主流舆论阵地的党媒建设,从政策配套、体制改革、要素保障等方面加大对党媒的支持力度。2016年12月8日,廊坊市委常委会专题学习河北省委办公厅、省政府办公厅下发的《关于加强对各级新闻媒体财政支持的通知》,研究部署落实措施。这表明,为了加强对新闻媒体的财政支持,河北省"两办"已专门下发文件。2016年,面对广州日报报业集团旗下粤传媒严重亏损问题,广州市财政局下发支持党报媒体发展资金,宣布用 3.5 亿元支持粤传媒旗下全资子公司广报经营公司继续运营,专项用于《广州日报》的印刷、发行支出,最终帮助粤传媒渡过难关。除此之外,广州日报社及其系列报刊近年来还不断争取和获得了来自党政系统的新媒体专项扶持资金。

其他传统媒体虽然不至于像粤传媒这样因为市场投资失败而面临巨额亏损,但日子也不好过。比如,这两年发展势头很好、品牌也不错的澎湃,在上海市政府的财政补贴支持下,2015 财年依然不能做到盈亏平衡。财政补贴作为传统媒体的一种重要收入,已经在某些地区实施了好几年。比如,2017 年,四川在全国率先组织开展了广播电视媒体融合创新案例评选活动,专门筹措媒体融合专项工作经费 100 万元,对创新案例进行鼓励扶持。2019 年,海南媒体融合由政府设立引导基金,由海南省财政厅、东信资本、海南日报报业集团旗下海南日报文化投资管理有限公司等多主体共同发起,基金总规模为 10 亿元,推动海南省的媒体融合进程。2018—2020 年,广西壮族自治区本级财政每年将给予《广西日报》1 000 万元定额补助经费,积极筹措 3 300 万元支持推进广西媒体融合发展,打造形态多样、手段先进、竞争力强的新型主流媒体。实际上,对于相当一部分的机构媒体来说,单靠市场运营已经不足以支撑庞大的采编及经营支出,需要财政补贴来缓解经济压力。因此,对于某些传统媒体来说,财政补贴成为最重要的一类收入。

总体而言,做好新闻是所有媒体盈利模式的基础,无论是卖广告、卖内容、卖品牌还是卖股份,所有的前提都是内容过硬。如果媒体属性得不到巩固,就很难获得扶持。

第六章

媒体盈利模式转型的动力机制

本书前面几章分析了在新闻场域的危机下，传统媒体在经营中展现出的不同行动策略。那么，在盈利模式转型的背后，又存在怎样的影响因素及逻辑关系呢？比如，中国传统媒体组织作为具有事业和企业双重属性的组织，从企业的角度来说，媒体要考虑如何营收以维持自己的可持续发展，但从事业的角度来说，媒体要履行自己的社会责任，营收手段和方式会受到很大限制。因此，媒体盈利模式转型决策的形成会受到多重力量的牵制和推动。本章总结并归纳了中国媒体在融合发展中的六种转型逻辑，一家媒体采取何种策略，都是六种逻辑交叉作用的结果，媒体所采用的危机应对策略应是对多重因素进行综合考量后的理性选择。

第一节　影响媒体盈利模式转型的多重因素

在数字时代，传统媒体的商业环境发生深刻变化。以报纸、电视为代表的传统媒体遭遇了前所未有的转型压力，在盈利断崖式下滑的危机中，大多数报纸出现发行量深度下滑、广告收入锐减和青年读者群大量流失等严峻状况。为了挽救颓势，传统媒体采取内容付费、品牌拓展、发展平台业务等方式，各家媒体纷纷采取了多种商业化形式进行盈利创新，以提升传统媒体盈利空间。

前文已较为详细地梳理、归纳了媒体融合中盈利模式的诸多探索，但值得思考的是,究竟是何种因素和力量作用并影响了盈利模式改革的行动轨迹?有学者提出,此次媒体融合创新与变迁和以往媒体制度变迁完全不同,其理由主要有三。第一,媒体融合并没有涉及根本制度或体制的改变,而是在外部信息技术的冲击下,媒体技术、生产流程及价值观念的革新。第二,媒体融合的推进方式是自上而下的行政推动与自下而上的试点探索相结合,但这并不是传统意义上"自上而下的供给主导型"和"自下而上的需求诱致型"的制度变迁路径,来自传统媒体系统之外的技术与社会因素才是媒体融合变迁的真正驱动力。第三,推动媒体融合创新与变迁的实际行动者众多,也正因如此,媒体融合创新与变迁才真正发生。可见,媒体融合的创新与变迁不是正式制度的变化,而是多重因素影响下行动者网络的创新过程。更确切地说,是行动者突破传统制度、操作规范、组织文化及社会关系,创造出一系列新的物质性活动与符号性活动的过程①。

本章试图借助多重逻辑制度视角剖析媒体盈利模式的变革动力机制。

第二节　制度变迁中的六大核心逻辑

在这一部分,笔者根据多重制度逻辑对深嵌于传统媒体盈利模式转型之中的六大核心逻辑——国家逻辑、技术逻辑、市场逻辑、科层逻辑、专业逻辑与用户逻辑展开分析,探讨媒体转型的动力机制。这些核心逻辑之间的交互作用共同形成了我国传统媒体盈利模式转型变革的动力机制,并表现出与世界上其他国家媒体的差异化。

---

① 朱江丽.新兴场域的行动者网络:传统媒体融合的创新机制[J].现代传播(中国传媒大学学报),2021(12):49—56.

一、国家逻辑:顶层设计的征召和动员

在我国,国家逻辑旨在维护国家安全与利益,既包括那些相对稳定的制度安排,也包括对新问题与新现象的探索与治理。有学者指出,国家逻辑是相对松散、一致性不高的,需要通过执行过程的反馈不断地强化[①]。对于媒体发展来说,国家逻辑因为主管部门清晰、明确的要求和规定而表现出一致性,但由于媒体融合是探索性行动,国家逻辑需要在实践中继续发展与完善。

1992年邓小平南方谈话和党的十四大召开之后,中国社会开始了全面的市场经济改革。当年,传媒业被国家正式列入"第三产业"。1994年的《国民经济行业分类》又明确地将新闻业剥离政府机关,单独列为一类经济行业,从纯粹的意识形态领域和公益事业中解放出来。媒介的市场化方向被确定后,传媒业从此前的被动市场化转向主动市场化,迈步朝经济实体转型。1994年以后,媒体的主要收入来源转为广告和其他市场经营活动,它们自己能支配大部分利润。1999年后,国家正式出台了各新闻媒体在三年内全部转为"自负盈亏"的政策,国家的财政补贴急剧缩小,从而将新闻媒体全面推向市场,进而导致"二次售卖"的盈利模式在各级媒体中成为主流创收途径,并趋于成熟[②]。

到了2012年,媒体融合的国家逻辑通过会议讲话、政策文件、法律法规等传达给各级地方机关及其隶属媒体单位,并经过实践的不断反馈而趋于完善和稳定,各媒体组织加入了传媒变革的征召和动员的队伍。在国家战略提出之后,党中央与中宣部成为媒体融合战略的主要领导者,国家新闻出版广电总局成为主要执行机构,并通过文件的制定与下发,鼓舞

[①] 周雪光,艾云.多重逻辑下的制度变迁:一个分析框架[J].中国社会科学,2010(04):132—150+223.
[②] 夏倩芳."挣工分"的政治:绩效制度下的产品、劳动与新闻人[J].现代传播(中国传媒大学学报),2013(09):28—36.

和催促其管辖下的传统媒体落实相关政策、开展媒体融合实践①。与此同时，伴随着互联网的冲击，"二次售卖"土崩瓦解，媒体开始探索新的盈利之路。

值得注意的是，在政策的扩散过程中，中央媒体始终是转型探索的排头兵，主要从人民、群众、社会这几个维度体现央媒的人民路线和社会观念。比如，中央媒体通过宏大的历史叙事，将自身的发展历程置入新中国成长史的脉络。《人民日报》在创刊73周年时提到："1948年，中共中央决定将晋冀鲁豫解放区和晋察冀解放区合并为华北解放区，成立中共中央华北局和华北人民政府。一群年轻的新闻工作者，汇聚在里庄村，着手创办新中国第一张大报——《人民日报》。"这样的话语表达体现出中央媒体在媒体融合转型中的推动作用和重要价值。但是，总体来说，盈利对于中央媒体而言并不是首要任务，它们可以通过行政订阅和财政补贴的方式获得运营保障，而且其受数字化的冲击相对较小。

二、技术逻辑：行业变革的主导驱动力

只有实现规模化和专业化的生产，才可能产生媒介经营的需求。因此，尽管媒介作为一种传播工具早已有之，但对其经营和盈利的探索到印刷媒介诞生之后才开始。欧洲印刷媒介经历了漫长的发展历程，从15世纪开始到现在已经有近600年的历史。报纸逐渐从一种小规模的生意扩张，成长为一种规模庞大的文化产业。特别是1830年之后，传媒业伴随着大众媒介的普及而诞生。其中，技术发挥着重要的主导作用，因为没有技术的更迭，就谈不上媒体发展和传播的革新。可以说，技术是推动媒体变革的最底层逻辑。

在大众传媒时代，传统媒体主要凭借"二次售卖"模式获取广告收入

---

① 朱江丽.媒体融合行动者网络的制度逻辑及"散射效应"研究[J].新闻大学，2022（01）：105—118+124—125.

维持盈利。而在技术革命之下,新兴媒体异军突起,由于网络媒体的强时效、易获取、成本低等优势,传统媒体的读者市场和广告市场均被蚕食,原有的经营模式甚至无法维持收支平衡,多家媒体亏损严重、举步维艰乃至决定退出历史舞台。要走出这一生存发展困境,展开媒体融合这场自我革命成了必然选择。

因此,在很大程度上,传统媒体的危机是因互联网技术而起,也应当顺应这一潮流而得到缓解和克服,并在此过程中不断提升传播效能。过去十年里,从融汇多种视听形式的融媒体新闻到重大主题下的沉浸式直播报道,从实现"一鱼多吃"的"中央厨房"到为政企出谋划策的智慧大脑,从智能协作的新闻生产到精准分发的算法推送,都离不开技术的迭代升级。技术解放了媒体的生产力,丰富了用户的感官体验,梳理、分析了海量数据,并赋予媒体越发多元的角色和身份。因此,在技术的支撑下,媒体才完成了从单一的信息传播者到社会基础设施的角色蜕变。一方面,技术的投入有助于加强媒体的影响力和话语权。在此基础上对盈利策略进行布局,能够改善媒体的营收状况。但另一方面,技术上的投入与高昂的花销相伴,相关的决策行为需要承担较高的风险[1]。比如,山东广电的融媒体中心建设,其前期技术硬件投入就花费约 1.38 亿元,安徽淮北的地市级媒体淮北日报社的"中央厨房"总投资约为 0.13 亿元。不得不承认,动辄耗资千万元的硬件设施给转型期的地方媒体造成了较大的负担。因此,一味追求"高大上"的技术并非明智之举,单一的技术因素也并非决定媒体融合发展水平的因素。部分高造价的"中央厨房"并没有真正地发挥作用,最终沦为供人参观的打卡点甚至成为摆设。这也说明,只有使技术与媒体的定位、能力等特性相匹配,才能真正为媒体融合赋能,成为媒体突出重围的优势。

---

[1] 窦锋昌,傅中行,李爱生. 中国媒体融合十年历程研究[J]. 青年记者,2023(11):57—62.

技术和制度的相互作用催生了平台这一基础设施的兴起。除了各地兴建的省级云平台的技术网络，近年来各个媒体都搭建并完善了自己的客户端。客户端作为一种平台，在移动端汇入大量流量，为丰富媒体盈利模式提供了可能。通过整理部分报业集团的客户端的宣言，可以发现，盈利方式拓展伴随着主流价值观的传播逐渐树立起正当性。比如，江苏新华报业集团客户端"交汇点"宣称"不仅仅是汇聚天下事的新闻发布平台，还是用户'新闻众筹'的新闻社交平台，能得到各类便捷精准服务的生活平台，随时满足个性信息订制、评论分享的互动平台"。这种提供个性化信息订制、评论互动的平台，旨在吸引用户使用，提高日活跃用户数量。同时，较多的广告内容将通过信息流的方式推送给用户，客户端也以此盈利。南方报业传媒集团客户端"南方 plus"是广东省委省政府重点建设的权威宣传渠道。"南方 plus"在盈利拓展的过程中则表示，要"在突出新闻性的同时，也突出用户性和服务性，通过提供持续增加的政务服务和生活服务，满足用户日常办事和消费需求"。在实践中，客户端为广东地区公众的日常生活提供了交通出行、医疗服务、文化旅游等基本服务，吸引了南海通"指尖办"服务等 7 000 家"南方号"入驻，形成了政府、媒体与地方用户的强连接。上述案例体现出互联网技术的发展为传统媒体的盈利模式转型开辟了新思路，同时传统的党媒也在这个过程中不断重塑自身权威。

三、市场逻辑：人才资源的激励和配置

着眼于我国的国情，市场逻辑的运转离不开政治体制的引导，塑造了媒介市场机制的特性。20 世纪 90 年代中期之后，国内掀起了媒介经济增长狂潮，为顺应企业化发展，媒体组织从原来的事业单位管理模式转变为企业化的绩效管理模式，普遍推行责权利相结合的成本控制和员工激励机制，媒体内部层层分解利润指标，签订承包合同，最后用计件薪酬的办法将利润压力传导至采编人员。由此，传媒组织的盈利压力也就分摊到

了组织机构工作人员的头上。在这一逻辑的驱动下,为了在激烈的媒体市场竞争中突出重围,大部分媒体采纳了最能激发市场化效应的计件薪酬制,新闻人的劳动处境因而被改变,其劳动过程被重新整合,以适应商品化的新闻生产①。

到了海量信息的互联网时代,以腾讯、百度、阿里巴巴等为代表的互联网巨头也加入新闻信息供给行业,想要分一杯羹,传媒市场趋于饱和,媒体组织提供新闻数量的多寡不再成为衡量媒介产品好坏的重要指标,吸引公众注意力或曰"赚取流量"成为赢得竞争的法宝。这些变化对新闻组织和记者的生产劳动产生了重要的影响,也影响了媒体机构的盈利方式。在互联网时代的初期,流量对商业价值的塑造是积极有效的,它成为最重要的评价标准之一,能够提升记者的生产积极性,改善新闻媒体的经营状况。不过,媒体也要警惕过度商业化的流量崇拜陷阱,损害专业媒体的公共属性和责任意识。

四、科层逻辑:相关主体的调度和协作

传媒组织的良好运行离不开完善的科层制度结构,科层逻辑是国家逻辑的直接承担者和制度的直接执行者。例如,在媒体融合成为国家级战略之后,媒体组织的战略规划中心会联合其他相关部门共同商讨和起草工作计划方案,经过开会讨论通过后,再落实到各个部门的行动中,进而将员工、用户、技术、政策等各个相关行动主体都纳入融合实践。基于科层逻辑制订的工作方案使国家逻辑、市场逻辑和技术逻辑得以协同生效运转,科层制度的存在为各个部门执行方案提供了制度保障。

在互联网冲击下,媒体组织的各部门都在不同程度上面临着来自市场逻辑与技术逻辑层面的变革要求。一方面,经营管理部面临广告收入

---

① 夏倩芳."挣工分"的政治:绩效制度下的产品、劳动与新闻人[J].现代传播(中国传媒大学学报),2013(09):28—36.

下滑、入不敷出的财政危机,组织人事部需要解决大量人才流向其他高薪行业的问题,各内容制作部门则陷入产品叫好不叫座、受众数量大幅减少的困境,承受着市场压力;另一方面,技术管理部则主要调整建设重心,从传统媒体时代的印刷技术、广电技术向网络技术转型,新媒体事业部则期待能获取更多资源,提升地位和话语权,加快新媒体技术的学习和迭代。由此也可以看出,盈利模式变革是"牵一发而动全身"的,需要各部门的分工协作和调整,打破旧的组织结构,创造新的组织场域,破除传统媒体时代下的路径依赖,才可能实现大变革。这时,各部门的发展目标与企业科层制度不再匹配。根据形势的发展变化,在科层逻辑下运转的各个部门需要随机应变,作出组织结构调整,以更好地适应融合发展的总体趋势和潮流,改变媒体组织的发展面貌,实现生产和经营的协同双赢。

五、专业逻辑:新闻权威的树立和消长

从世界媒体的演进历程来看,新闻媒体的商业化和专业化是相伴相生的,其盈利模式和新闻权威性之间存在较为复杂的关系。我国的传统媒体受国家逻辑影响很大,更多是发挥宣传功能。在党报转型的市场化改革阶段,活跃的经济活动催生了市场对信息的大量需求,大部分新闻机构采取了高度市场化的量化考核和计件制的绩效薪酬制度,在经营上也纷纷采用"厚报"策略,吸引更多读者购买,扩大自身的传播力和影响力,便于收获更多广告主的青睐。从20世纪90年代中期开始,报纸不断扩版、增刊,甚至增加子报;广电媒体不断扩张频道、频率,以形成规模经济。此前,各个省级台基本上维持一台一个频道或频率,这个时期扩张到十几甚至几十个。此时,大多数媒体在生产方面以数量为主,质量为辅,并且由于媒体扩张后需要大量的稿件来填充版面,导致媒体产品普遍"浅轻薄"的现象①。

---

① 夏倩芳."挣工分"的政治:绩效制度下的产品、劳动与新闻人[J].现代传播(中国传媒大学学报),2013(09):28—36.

相应地，媒体间这种片面的增长模式带来了媒体集体性的生存焦虑。在日常工作中，当经济利益的计算须被放在头等考虑时，为提高生产效率、控制成本，媒体内部便发展出很多功利化的应对策略，以更快、更多地发稿，从业者也就没有精力好好打磨稿件内容的深度，导致新闻的专业性降低。

到了媒体融合时代，以往厚报战略下的"二次售卖"模式不再能为媒体保驾护航。为了维持内容生产的专业性和高质量，某些媒体坚守新闻职业理想，不得不另辟蹊径，寻求多元化的盈利路径，与其他资本力量较为雄厚的机构合作，实行人才激励制度，反哺和支撑内容运营团队的运转。不过，盈利模式和运转机制的选择也制约着专业性的发挥。在"流量至上"风气渐盛的时代，某些媒体为了抢时效、赚流量、博眼球，使新闻工作沦为重复化、肤浅化、机械化、去技术化的简单操作，热衷于生产肤浅、琐碎、缺乏深度和价值的"快餐化"产品，大大削弱了媒体从业者的工作自主权，新闻权威也受到了挑战。

六、用户逻辑：传受、主客关系的颠覆

与其他国家相比，在用户逻辑层面，我国传统媒体受新媒体的影响更为显著。以日本为例，其报业发展的150年之中，遭遇过广播媒体、电视媒体的冲击，日本报业不但没有被击倒，反而不断获得新的发展动力。如今，它们遇到了互联网这一更加强大的对手，形势格外严峻。但在这150年里，各家传统媒体也培育起了比较忠实的读者群体，"一份报纸一家人读"已经成为家庭文化的一个组成部分。在这样的氛围中，要动摇植根于家庭的读报文化也并非易事。相比之下，我国的报纸、广播、电视等媒体都要"年轻"得多，由于发展历史较短，没有形成良好且悠久的传统，在培养忠实读者方面也有所欠缺，一旦外部环境发生变化，便很容易遭遇颠覆性挑战[①]。于是，在新的传播格局中，"受众"逐渐演变为"用户"，并不再处

---

① 窦锋昌.日本媒体，传统的力量很强大[J].青年记者，2023（08）：127.

于过去完全被动的接收地位,而是开始以阅读、转发、评论等为核心的流量技术来衡量新闻生产与劳动。面对新闻业的危机,重视并发掘用户的价值、培养用户意识成为摆脱困境的重要策略。

新闻盈利危机与流量的竞争日益白热化,新闻受众或用户意识得到强化的同时,新闻与记者劳动的评价标准也发生了改变①。国内许多专业媒体启用设备来描述和测量新闻产品的数字传播表现,甚至将用户数据纳入业绩考核标准。这些数据彰显了用户的主体性,甚至成为专业媒体生产调节的风向标,便于迎合用户的品味和需求。究其背后的逻辑,在于流量成为决定新闻机构生死存亡的关键指标,用户每次点击累积起来的数据代表着该媒体在新闻消费市场的表现②。

相应地,这种用户逻辑也带来了一系列事关媒体营收的制度性变化。例如,一部分具有事业单位属性的新闻媒体组织开始强化市场化考核制度,甚至向互联网公司看齐,全面采用互联网公司普遍运行的 KPI(key performance indicator,即关键绩效指标)与 OKR(objective key results,即目标与关键成果法)等国际化绩效考核机制,以强化媒体的市场竞争力。在新媒体语境下,点击量和阅读量的"10万+"成为一个常态化的内容标杆和行业门槛,渐渐形成了基于流量的螺旋递进式薪酬体系,激发从业人员将稿件向流量转化。另外,新闻编辑室的评优标准也由以前的专业共同体价值协商逐渐转变为基于受众喜好的流量考核,从而激发员工之间竞争性的"挣流量"劳动③。

---

① 王维佳,周弘.流量新闻中的"零工记者":数字劳动转型与西方新闻记者角色的变迁[J].新闻与写作,2021(02):14—21.
② 白红义.点击改变新闻业?——受众分析技术的采纳、使用与意涵[J].南京社会科学,2019(06):99—108.
③ 刘战伟,李嫒嫒,刘蒙之.从"挣工分"到"挣流量":绩效制度下的市场、共谋与流量锦标赛[J].国际新闻界,2022(06):130—153.

第三节　协同效应：多重制度逻辑下的动力机制

综合上述六大核心逻辑，可以总结出多重制度逻辑影响下的传统媒体盈利模式的转型机制（图6-1）。首先，国家逻辑与科层逻辑作为中国媒体体制下媒体融合实践的主导逻辑，驱动着国家战略的实施。其中，国家逻辑是作为顶层设计的引导力量，为行动提供了大方向和分析框架；科层逻辑则为行动提供了制度保证和贯彻路径。市场逻辑一方面是基于国家政策运行，另一方面也受行业竞争中对手的多寡和商业规则影响，并且不同媒体组织的盈利模式转型也互为对照和参考，共同构成媒体组织发展的外部环境和策略制定依据。在具体的规划和操作中，用户逻辑的考虑因素占据较为重要的地位，而专业逻辑则为其转型方向提供了经验和基础。最后，技术逻辑贯穿变革的始终，可以说技术既是破坏性力量——迫使传统媒体脱离原有的模式，也是变革性力量——推动传统媒体更新技术，顺应时代潮流，进而扭亏为盈。

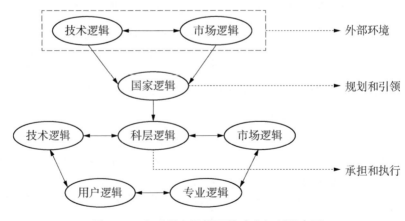

图6-1　多重制度逻辑下的动力机制示意图

总体来说,国家出台政策,提供顶层设计之后,各媒体组织通过科层制度,结合市场、技术等逻辑实施方案。这一实践过程也会成为国家逻辑的关注点,有利于推进指导性政策的出台。与此同时,科层逻辑下的转型实践也融合市场、技术、专业、用户等多重逻辑。不过,媒体组织还需要通过加强科层逻辑,制定相应的规章制度,约束和规范媒体行为,避免市场逻辑的肆虐渗透。

随着国家战略下达媒体机构、进入新的组织场域,虽然在一些具有事业单位属性的媒体集团中,国家逻辑与科层逻辑仍占主导地位,但媒体机构多年的企业管理经验及信息传播服务业的属性深深地嵌入社会信息技术发展、市场经济深化与文化变迁的过程。与此同时,媒体组织长期积淀的专业逻辑与新媒体奉为圭臬的用户逻辑之间也存在一定冲突,并与技术、市场相交织。由此,技术逻辑与市场逻辑必然会随着相关转型实践的开展而与国家逻辑、科层逻辑产生博弈关系;技术逻辑、市场逻辑、专业逻辑与用户逻辑之间也存在一定张力,难免在发展过程中出现矛盾。整体来看,媒体能否有效地协同国家逻辑、科层逻辑、技术逻辑、市场逻辑、专业逻辑与用户逻辑的关系,是转型实践成功与否的关键。

作为媒体融合转型的重要一环,盈利模式的转型是作为组织的媒体及其中的从业个体在遭遇挑战时作出的反应,但归根结底,它是多重制度逻辑合作与竞争的一个结果。倘若制度逻辑较为单一,制度创新和转型变革则动力不足;倘若制度逻辑结构丰富却存在异议,便会导致混乱,创新也相应地缺乏施展空间和标准。总体而言,有价值和操作性的制度创新需要一定条件,成功的媒体盈利模式变革只有在制度逻辑协同的情况下才能得以实现①。

---

① 朱江丽.媒体融合行动者网络的制度逻辑及"散射效应"研究[J].新闻大学,2022(01):105—118+124—125.

第七章
典型媒体盈利模式的经验坐标搭建

本章通过横向(外国媒体与国内媒体)与纵向(新兴媒体与传统媒体)的比较,建立盈利模式的经验参照体系,为盈利模式评估体系的搭建提供思路。横向比较主要阐述了国外媒体的制度环境及盈利模式;纵向比较则主要阐述了自媒体和平台媒体这类新媒体产物的盈利模式。

第一节 国外媒体的盈利模式

2018年,哥伦比亚大学托尔数字新闻中心(Tow Center for Digital Journalism)发布《用户付费计划和用户参与度调查指南》(Guide to Audience Revenue and Engagement),指出媒体与用户之间存在三种类型的付费关系,即捐赠模式(donation model)、订阅模式(subscription model)和会员模式(membership model)。捐赠模式指鼓励用户支持并捐赠与自己有共同事业或价值观的媒体;订阅模式指用户需要通过付费来访问产品或服务,即用户与媒体是交易关系;会员模式指媒体机构主动邀请用户在时间和金钱上给予支持,即用户与媒体是承诺关系。其中,捐赠模式常见于非营利性媒体。这类媒体拒绝广告等商业化运作方式,选择通过提高新闻质量积累声誉资本,吸引来自个人、慈善组织或基金会的资助维持媒体运转。

面对新媒体的来势汹汹,报业转型对全球媒体而言都是迫在眉睫的挑战。西方大部分主流媒体选择了新闻付费的转型思路，将目标从广告商转向读者，开展以付费墙为核心的数字订阅业务①。在付费墙的基础上，部分媒体进一步跨向会员制运营，增强与读者的价值认同和关系纽带。也有媒体紧跟互联网浪潮，实行多传播渠道发展模式，增进与互联网各平台的合作，打造品牌形象、跟进技术发展、吸引忠实读者，多触点、多渠道地实现盈利。订阅模式、会员模式、平台合作模式都有媒体付诸实践，并形成了较为成熟的商业运转逻辑。

一、美国典型媒体盈利模式

（一）《纽约时报》与软付费墙

付费墙指媒体对其生产的在线内容实行有价阅读而建立的支付模式②，具体包括定量付费模式（metered model）、免费增值（freemium model）和硬性收费（hard model）。国际报刊联盟《2022全球数字订阅报告》最新数据显示，新闻数字媒体内容的订阅用户总数持续快速增长。对比去年三季度，2022年全球数字订阅用户数量超过3 780万人，涨幅为8.3%③。

《纽约时报》就是定量付费模式，即软付费墙的典型代表。该报早在2005年9月就推出了付费的《时报精选》，内容包括该报及其下属的《国际先驱论坛报》(*The International Herald Tribune*，后更名为《国际纽约时报》)社论对页版的专栏文章和往期档案文章等。在两年时间里，《时报精选》获得了22万多名订户，每年新增收入1 100万美元。但是，由于这一

---

① 窦锋昌."非报收入"与"读者收入"：媒体融合发展路径比较[J].新闻战线，2019(19)：64—67.
② Kooren K. Publishers Attempt to Reconnect with Readers: Two Online Technologies Assessed [J]. Digital Research & Publishing, 2010(09):74-80.
③ 黄楚新，王丹丹.国外主流传统媒体付费阅读状况及借鉴意义[J].中国报业，2019(05):102—106.

举措影响了网站的流量和广告收入,之后它又公开宣布恢复免费服务。到了2011年,经过与硅谷科技公司的技术研发,《纽约时报》决定采用一种更加灵活且能兼顾更多阅读需求的"计量式"或"多孔式"付费墙,即不是一刀切式的硬付费墙,而是留下多条免费通道。《纽约时报》巧妙地利用"轻度用户"(light user)的访问,用篱笆墙的形式让读者与新闻有更多触点,最大限度地减少了付费墙对流量和独立访客数量的影响,从而吸纳付费订阅用户。

数月后,纽约时报公司对旗下的《波士顿环球报》也实施了付费墙。付费墙建立仅一年时间(截至2012年第一季度),该报的收费数字订户就达45.4万名,且保持两位数的增长趋势(2012年第一季度较2011年第四季度增长16%)。到2012年底,数字订户数量继续增长至64万人,此项收入加上纸媒订阅收入,该报总发行收入飙升至9.54亿美元,超过8.98亿美元的广告收入。这种收入结构的颠倒是该报20世纪以来的首次,也是整个美国大众化报业的首次[①]。2013年,《纽约时报》线上线下订购额占总收益的52%(广告收益占43%),订阅收入成为《纽约时报》的主要收入[②]。2022年2月,《纽约时报》公布的2021年全年财务数据显示,该报当年的总收入为20.75亿美元,其中包括10.83亿美元的数字收入(数字订阅收入加数字广告收入),数字收入占总收入的比重过半。截至2022年第二季度,该报已拥有832万名订阅用户,包括数字用户和报纸用户。

免费意味着读者阅读与传播新闻的零门槛,内容传播力更强,收费势必导致影响力的减弱。免费与付费之间存在天然冲突,如何设定免费阅读的内容量、付费订阅的价格,并将免费读者转化为付费用户,是成功实施软付费墙的关键。《纽约时报》进行了多次关于免费阅读内容量的调

---

① 辜晓进.《纽约时报》:盈利模式明朗,剑指千万订户[J]. 青年记者,2018(13):79—82.
② The New York Times. Innovation:Executive Summary [R]. New York: The New York Times, 2014-03-2.

整。最初，每位读者每月可免费阅读 20 篇文章，但在第二年调整为 10 篇。《纽约时报》将软付费墙进一步打造成篱笆墙，即故意设置漏洞，让用户通过 Facebook、Twitter 等社交网站的链接免费访问付费新闻，以此来维持自己在社交媒体平台上的影响力。漏洞策略为《纽约时报》扩散优质内容提供了条件，进一步吸引社交媒体上的读者为优质内容付费，从而成为《纽约时报》的订阅用户。在订阅价格设定上，《纽约时报》采取灵活调整的策略，根据不同平台制订了差异化的收费价格，以满足不同用户的登录习惯。《纽约时报》以美国学者保韦尔斯(Pauwels)于 2008 年提出的预期收益公式，即付费墙期望收益=(在线用户订阅数×订阅费)－(免费用户数×广告费)＋(纸质版订阅数×订阅费)为参考，确定了网站与手机客户端登录每周 3.95 美元，网站与平板电脑客户端登录每周 5 美元，网站、手机与平板电脑客户端登录每周 8.75 美元，纸质订阅用户免费阅读数字内容的收费标准。此外，《纽约时报》还通过跨界合作促销的方式吸引订阅用户。2013 年，《纽约时报》与星巴克合作，允许使用星巴克网络登录《纽约时报》网站的读者每天免费阅读 15 篇新闻，随后扩展至星巴克 My Starbucks Reward Program 会员在 12 周内可免费阅读《纽约时报》文章[1]。在 2017 年初，该报宣布购买一年数字内容订阅服务的用户可以免费享受流媒体音乐服务等额外福利。

《纽约时报》的付费墙尝试取得了很好的效果，重新形成了从"优质内容"到"读者付费"的商业闭环，商业链条相较"二次售卖"时代有所缩短，有效解决了生存和持续发展的问题，在不背离媒体宗旨的前提下纾解了自身的困境。可以说，《纽约时报》在数字化转型方面的相对成功体现出一份坚守内容品质的严肃专业大报继续领导数字报业的行业地位[2]。此

---

[1] 王敏."付费墙"二十年：全球经验与中国省思[J].现代传播(中国传媒大学学报)，2017(04):7—11.
[2] 于迎.数字化背景下报业的商业模式转型研究[D].复旦大学，2014:29—38.

外,内容收费模式还对记者形成了激励机制,形成优质内容生产的良性循环,在一定程度上促进了优质新闻报道的涌现,有助于媒体的持续发展。

(二)《华尔街日报》与硬付费墙

与综合性报刊《纽约时报》不同,《华尔街日报》作为财经类媒体,被视作专业财经媒体成功实施付费墙的典范。《华尔街日报》创刊于1889年,以财经报道为主,金融与商业报道为辅,深耕垂直领域,在美国社会乃至国际上有广泛影响力。1997年,《华尔街日报》率先实行数字内容付费,开付费墙之先河,此后一直保持对数字内容收费的发展模式。2007年,新闻集团(News Corp.)收购道琼斯公司,并成为《华尔街日报》新东家,一直信奉免费经济的默多克选择保持《华尔街日报》的收费模式。由于其翔实、及时的财经新闻、股市动态、经济数据和专业分析不可替代,所以在推出付费墙战略后,并未出现大量原有读者流失的情况。截至2016年底,《华尔街日报》的订阅用户数超过了110万人,订阅收入超过了广告收入。同年,《华尔街日报》定下了次年订阅人数突破300万人的目标。截至2022年第二季度,国际报刊联盟发布的《2022全球数字订阅报告》显示,《华尔街日报》的用户订阅数已达300万人,仅次于《纽约时报》,位居全球第二。

默多克接管《华尔街日报》后,对付费墙模式作出了一定调整,将硬付费墙逐步调整为分类式付费墙,并仍然坚持对传统优势领域的财经报道和信息服务收费。不过,该报对艺术、政治领域的文章开放了免费版内容,旨在吸引更多不同领域的读者,以弥补因设置付费墙而流失的免费读者流量。

2016年,《华尔街日报》为增加用户订阅人数,进一步调整了付费墙规则。其一,经过重新设计的付费墙允许订阅用户在社交媒体上分享链接,非订阅者可以通过这些分享到社交媒体的链接浏览订阅用户的文章。同时,文章中植入"入会申请",以推广付费订阅内容。此外,在合适的时间节点,《华尔街日报》允许编辑"解锁"某些内容。其二,调整网站的收费标准,探索会员制发展渠道。通过提供电子邮箱,不是会员的读者就能获得

《华尔街日报》网站 24 小时访问权限,可以限时浏览网站上的文章。限时浏览期间,《华尔街日报》会参照访问读者的阅读兴趣偏好,为其推荐不同的阅读栏目和订阅价格。另外,《华尔街日报》推出"WJS+"会员制计划,会员拥有更多线上线下权益,如线上有更多内容的阅览权限、免费分享社交网站文章的机会等,线下可以获得生活类体验活动邀请、优质活动会议邀请、与喜爱的编辑交流对话、免费的旅行机会、参观《华尔街日报》的新闻编辑室或与编辑人员一起享用主厨晚餐等独家服务①。

虽然《华尔街日报》因为自身财经内容在垂直领域的绝对竞争力,推行硬付费墙的阻力远小于综合类报纸,但硬付费墙的过高门槛也会导致媒体流量减少,社会影响力减弱。因此,《华尔街日报》根据用户习惯和数字技术的发展不断调整自己的付费墙策略,通过密切接触用户、掌握用户阅读喜好等方式拓展自己的付费用户群体规模。

(三)《华盛顿邮报》与互联网平台模式

互联网对传统媒体的商业模式形成了巨大的冲击和挑战,当读者将互联网作为获取信息的第一渠道,以纸质报刊盈利的传统媒体就会出现危机。面对危机,许多媒体选择将承载新闻内容的媒介从纸张转向网络,并以付费墙的形式争取更多的付费读者。然而,当原本免费的内容变成收费项,用户的流失不可避免。以《纽约时报》《华尔街日报》为代表的传统媒体选择首先提升内容品质,以此来吸引潜在付费群体。但《华盛顿邮报》作为美国发行量最大的报纸之一,设立付费墙时选择积极拥抱互联网带来的传播变革,加强与互联网各类平台的合作,用多平台、多终端的分发战略来触及尽可能多的互联网用户,先"广撒网"扩大自己的读者群体,再吸引更多长期付费读者。

《华盛顿邮报》创办于 1877 年,擅长报道美国国内政治动态,也报道

---

① 王芯蕊. 国外媒体融合的新趋势与转型路径[J]. 中国广播电视学刊,2018(07):87—90+101.

国际性的政治、体育、财经等新闻。因揭露"水门事件"和迫使尼克松辞职,《华盛顿邮报》的名声远扬海外。当然,《华盛顿邮报》也没能逃过新媒体发展带来的冲击,财务状况一度非常糟糕。2013年,在亚马逊创始人杰夫·贝索斯收购《华盛顿邮报》后,该报的数字化转型序幕正式拉开。《华盛顿邮报》以读者为中心,以新闻为主体,确立了多传播渠道的发展模式,并制定了多平台、多终端的发展战略。据统计,2015年10月,《华盛顿邮报》网站月独立访客量达到了6 690万人,同比增长了近59%,击败《纽约时报》成为全美第一。2016年2月,康姆斯克(comScore)的数据显示,《华盛顿邮报》的网络页面访问量达8.9亿次,不仅超过《纽约时报》的7.2亿次,更超过流量大户BuzzFeed的8.8亿次,仅次于CNN网站的10.4亿次①。可见,该报10美元/4周的订阅价格并没有"劝退"大批付费读者。根据《2022全球数字订阅报告》统计,截至2021年四季度,《华盛顿邮报》订阅用户数量达270万人,仅次于《纽约时报》《华尔街日报》,位居全球第三。

《华盛顿邮报》多平台、多终端的战略并不是简单地把同样的内容分发到不同平台上,而是根据各类合作平台的特性和需求,分别运营、设计。《华盛顿邮报》与亚马逊、Facebook、线上出版平台Medium、打车软件Uber及终端设备Apple Watch的合作都具有参考意义。

社交平台方面,《华盛顿邮报》被亚马逊收购后,开始在报纸上刊登亚马逊电子书广告,亚马逊的金牌用户能免费阅读半年的报纸。2014年,贝索斯在亚马逊的Kindle Fire HDX中预装了《华盛顿邮报》的客户端。亚马逊的Kindle提供媒介,《华盛顿邮报》提供信息,这种双向合作促成了该报网站的电子报销量快速超越纸质报销量。另外,该报与社交媒体平台Facebook强强联手,借助Facebook庞大的用户群和线上交流功能,进一步扩大了报纸的影响力,吸引了原有报纸读者加入Facebook平台。在线

---

① 余婷.《华盛顿邮报》"贝式"数字化转型[J].青年记者,2017(13):83—84.

上出版平台方面,《华盛顿邮报》与美国知名线上出版平台 Medium 合作,以新闻机构身份登录平台,为该平台的读者订制了符合其取向的内容,减少硬新闻、缩短文章长度、增加第一人称视角的新闻故事,在运营上及时地回复读者评论。Medium 的读者能用"标记"功能对文章的某一段落表示关注,《华盛顿邮报》便利用该功能总结最吸引读者的写作方式,不断优化自己的新闻产品。甫一入驻 Medium,《华盛顿邮报》账号的关注者数量就呈快速增长,该报也在平台上收获了很多高质量的读者反馈。在终端方面,《华盛顿邮报》与苹果公司旗下的穿戴设备 Apple Watch 合作,成为第一家在 Apple Watch 上发布新闻的媒体。为了匹配 Apple Watch 的小屏幕,《华盛顿邮报》为其树立了"大故事,小屏幕"的项目理念,致力于用图表的方式在手表的六屏内完成一次新闻报道。在日常生活类应用方面,《华盛顿邮报》与打车软件 Uber 合作,构建了新的新闻阅读场景。用户在乘坐与 Uber 合作的出租车时,可以免费阅读该报手机客户端上的所有内容,在该报应用中也可以随时查看自己离目的地的距离和预计剩余乘坐时间。

面对数字化转型,《华盛顿邮报》没有因为选择付费墙而放弃扩张自己的影响力,转而选择多平台合作的方式,将每个合作项目视作互联网产品,由专门的运营和研究团队根据平台特性重新定位、改写、追踪,实现精细化运营。《华盛顿邮报》通过数字化转型,在区域扩张、流量提升、渠道更新、技术创新方面独树一帜[1],广泛吸引受众的同时注重内容质量,通过"杠铃策略"将随机受众变为付费订户,建立稳定的付费用户群,建构了"内容+渠道"的可持续盈利模式。

二、英国典型媒体盈利模式

在各种实践中,很多外国媒体从付费墙出发,转型升级为会员制。会

---

[1] 余婷.《华盛顿邮报》"贝式"数字化转型[J]. 青年记者,2017(13):83—84.

员制是"付费墙2.0"的主要表现形式,本质上是一种分级增值模式①。付费墙模式仅针对媒体发布的内容本身收费,媒体提供以各类新闻报道为主要表现形式的信息产品,用户按期购买,媒体与读者的关系依旧停留在卖与买的传统思维上。会员制是以事业为纽带,是用户表示价值认同的志愿行为,基于一种相互的尊重和认同②。会员制具有更明显的互联网意识,媒体把读者、受众转化为用户,把用户对内容付费转变为对内容和服务付费,把用户的付费归为享受增值的服务,将用户而不是产品或交易置于企业组织的核心,让用户与企业直接建立联系,这是一种极具潜力的商业模式③。

1821年在英国曼彻斯特创刊的《卫报》是会员制转型较为成功的代表之一。《卫报》历史悠久,1907年时任总编辑斯科特把《卫报》从地方报纸办成了一张全国性大报。在斯科特去世后,他的儿子放弃继承《卫报》的权益,转而将持有的《卫报》股份注入了自己成立的斯科特信托基金(the Scott Trust),并由这个基金提供资金来维持《卫报》的运营。然而,《卫报》曾陷入长达二十年的运营亏损。2016年,在《卫报》对外宣布三年业务发展战略之际,该报已累计亏损超过3亿英镑。彼时,《卫报》母公司卫报媒体集团在银行的运营基金仅剩7.35亿英镑。为止住连年亏损,《卫报》推出数字产品和在线服务,试图构建新型用户关系。

2017年,《卫报》集团营收达2.145亿英镑,相较2016年增长了2%。其中,数字营收达9410万英镑,相较2016年增长了15%。2019年5月,

---

① 方苏,傅中行.内容付费时代新闻付费模式探索与策略思考[J].新媒体研究,2019(22):47—50.
② 彭增军.墙里秋千墙外道:新闻付费墙与会员制[J].新闻记者,2019(08):55—58.
③ Baxter, R. K. The Membership Economy: Find Your Super Users, Master the Forever Transaction and Build Recurring Revenue [M]. New York: McGraw-Hill, 2015:17-22.

《卫报》宣布母公司摆脱了二十年来的亏损，2018—2019 财年，集团下属的核心新闻业务扭亏为盈，利润达 80 万英镑。截至 2022 年一季度，《卫报》线上产品共拥有超过 100 万名常规付费会员和订阅者。《卫报》的运营逐渐呈现良好运转的态势，这与《卫报》数字化商业模式的转型创新分不开。

《卫报》在 2012 年提出了当时最具开创性的概念，即开放式新闻（open journalism）。《卫报》主编拉斯布里杰（Alan Rusbridger）对开放式新闻作了介绍，即它是现今产生的一种与互联网信息紧密相连的新闻生产方式，经过联系、过滤、筛查，利用公众的能力传播他们掌握的素材，更好地还原世界的面貌。有别于以往传统媒体封闭的生产流程，开放式新闻生产让用户及第三方社群媒介直接参与，使新闻传播处于时时互动、时时更新的过程中。这种诞生于互联网时代的新闻生产方式让《卫报》与用户形成了共创关系，而非付费墙模式下媒体与读者之间黏度较低的交易关系。在数字化运营转型的关键时刻，《卫报》选择重视读者的独特个性与社会交往需要，以会员制思路维护、运营付费读者群体。

《卫报》的基础内容仍然坚持免费，还将耗费成本最多的核心内容"独立调查报道"设为免费开放阅读，既呼应了《卫报》信息公平的品牌理念，又扩大了用户市场，吸引了更多高素质读者。同时，该报还推出打赏模式，每篇新闻报道页面下方会标示"请求打赏"的链接与文字说明，读者可以自愿选择定期支付或一次性支付。打赏模式将用户的情感和信任与媒介品牌连接起来，取得了明显效果[1]。广告依旧是现阶段《卫报》的核心营收来源，但它对增加读者收入非常重视。读者收入包括订阅、付费会员和一次性捐赠。《卫报》将会员分为三个等级，即拥护者（supporter）、伙伴（partner）和常客（patron）。不同会员等级拥有不同的权益：拥护者可以享受入会礼物、免广告、加入全球读者俱乐部和会员定制邮件等权益；伙

---

[1] 马黛，宋芹. 英国《卫报》融合转型的盈利模式创新［J］. 传媒，2021（19）：54—56.

伴会员可以获得线下活动门票、《卫报》纸质出版物及不定期的小礼物；最高级别的常客可以获得更多的增值福利,如参与高端沙龙、大师课堂等,或学习由《卫报》资深记者开设的非虚构写作、人物特写技巧等课程。媒体付费会员权限一般为可在线上获得更多优质内容、无广告的阅读体验等,但《卫报》的会员权益延伸至线下,开创线下实体《卫报》俱乐部,为会员定期提供活动、沙龙,成为其具有品牌传播力的文化服务类产品。总体而言,《卫报》从四个方面入手,打破了"数字泡沫"假象,实现了盈利。一是充分利用免费开放核心内容带来的用户增长红利,拓展在线广告业务。《卫报》调控传统印刷广告的收入占比,保持在8%以下,而数字广告业务持续增长。二是结合用户行为数据与人工预判,成立数据与业务洞察团队,为内容生产和商业创新等业务提供数据决策支撑,大幅提高运营效率,降低成本;通过用户分析与定位,利用技术手段获取用户兴趣与需求,实施差异化营销策略。三是较早地选择向用户完全开放数据、评论和应用工具,提供数据新闻写作培训,从而发展出由用户主导的众包新闻报道模式。四是重塑数字出版发行的多样化路径。2018年1月,《卫报》决定以小报形式发行报纸,一方面可以节省经费,另一方面方便读者携带。同年10月,为了在报纸的敏锐度与杂志的内涵性之间寻求平衡,以深度新闻为主的《卫报周刊》开始在全球发行。11月,"每日播客"成为《卫报》的旗舰产品,定期在网站和客户端播出,以吸引年轻用户①。

三、法国典型媒体盈利模式

法国独立调查媒体《参媒》(*Mediapart*)也通过会员制的半包模式实现了转亏为盈。2008年3月,曾任法国《世界报》(*Le Monde*)社长的埃德维·普莱内尔(Edwy Plenel)带领25名记者创立了《参媒》。埃德维·普

---

① 马黛,宋芹.英国《卫报》融合转型的盈利模式创新[J].传媒,2021(19):54—56.

莱内尔在创办当日发表的《〈参媒〉：一张独一无二的报纸》一文中提出，要办一张"符合报纸本义的最好的报纸"，能够"重塑民主和专业传统的21世纪的报纸"，能够"彰显新世纪报纸品位的新型报纸"。《参媒》由创始人团队管理，该团队基本上由记者组成。它的资金不依赖产业集团，也不依靠政治团体。其开创的"记者＋读者"俱乐部模式生产出众多轰动性新闻，受众可以免费进入显示新闻摘要的首页和主页，但要了解详细内容只能通过付费订阅，资费为每年90欧元。《参媒》通过不断产出高质量内容，在收获巨大阅读量的同时也收获了一批忠实的付费读者。起初，《参媒》只有8 000名订阅用户，但在两年时间里，订阅用户数迅速增长到4万人，使报纸摆脱了经营亏损。《参媒》的办报模式被多家法国媒体效仿。如2012年下半年，法国六角形（Hexagones）网站转变为收费网站，不刊登广告，只依靠用户订阅，最终通过众筹方式集资超募15%；法国发行量最大的百年老报《法兰西西部报》（L'Ouest-France）推出了平板电脑晚间版资讯，旨在开发网络受众，拓展高附加值产品，成为法国第一家专为平板电脑制作的收费媒体。

《参媒》社长曾在发刊词中特别强调该报以读者为本的办报理念。首先，《参媒》是一张依托于互联网技术的参与性报纸，既有记者撰写的优质报道，也有读者提供的丰富信息，记者和读者都成为这张报纸内容生产的主体，这对读者颇有吸引力。其次，这张报纸还是一家俱乐部，读者通过缴费可获得进入俱乐部的入场券。在俱乐部里，读者可以自由地表达意见，讨论新闻报道，促进共同思考[①]。

《参媒》实际上由日报和俱乐部两大部分组成：前者设置要闻、国际、法国、经济、文化等版面，由编辑部职业记者掌控；后者配有博客和参与版，由读者主持。两者分置网站首页左右，呈现为"双头"连接，即记者采

[①] 张子让.重塑21世纪的报纸——法国付费网络报《参媒》的成功之路[J].新闻记者，2013(09):24—29.

编的新闻与读者自发的内容平起平坐,彰显了读者的重要地位。在个人博客和参与版中,读者可以根据自己的所见所思自由地发起讨论。作为参与式报纸,《参媒》可以使读者广泛地阅读参与者提供的丰富内容。同时,俱乐部全体人员共享的"开工"板块是即时的,《参媒》已经在首页推出这一新内容,读者可以通过"滑动"功能接触更多短文。

《参媒》以开放的姿态诚邀读者共同参与办报。读者参与办报,以遵守国家法律和媒体编辑方针及自律章程为前提,并接受专业编辑的指导,所以不会出现失控的现象。更重要的是,新闻工作者与读者打成一片,来自读者的信息日益增多,有利于消弭两者之间长期存在的距离感,为读者贴近媒体营造了良好的氛围①。付费新闻阅读让报业越来越重视读者和优质资讯,而当代读者和采编团队之间通过付费俱乐部建立了新型关系,形成了一个紧密的共同体,尽可能让读者参与编辑部的运作,使报业获得了新的生机和活力。

四、日本典型媒体盈利模式

日本有《日本经济新闻》《读卖新闻》《每日新闻》《产经新闻》等著名大报。从销售额的角度看,日经新闻集团过去五年处于比较稳定的状态,2018年、2019年、2021年、2022年的营收均在3 550亿日元(约人民币180亿元)左右,只有2020年的销售额稍低一些,为3 300亿日元。在经常利润部分,《日本经济新闻》的表现更加出色,利润在过去五年呈总体增长态势。2018年的经常利润为144亿日元,2019年为134亿日元,2020年为126亿日元,2021年为218亿日元,2022年为224亿日元(约人民币11亿元)。除经常利润之外,还有一个部分为归属于股东的纯利润,2018年为51亿日元,2019年为35亿日元,2020年为13亿日元,2021年为119亿日

---

① 张子让.网络收费报纸模式的可持续性——法国《参媒》办报模式的效应与再思考[J].新闻记者,2014(09):64—67.

元,2022年为118亿日元。最近两年的股东纯利润都接近6亿元。以上三项指标是日经新闻作为一个集团的总体指标。日经新闻集团除了日经新闻之外,还有55家子公司和23家关联公司,整个日经集团2022年的雇佣人员总数接近一万人。比如,日经新闻在2015年收购了英国的《金融时报》,现在《金融时报》属于日经集团的一家独立子公司,且运营上完全独立。

具体到日经新闻本社来说,2018—2022年的销售总额稳定在1800亿日元左右,相当于约人民币90亿元,占整个集团销售额的一半。经常利润方面,每年维持在150亿日元左右,相当于约人民币7亿元,是整个集团的主要利润来源。在员工方面,日经新闻本社2022年的雇佣人数为2630人,其中763人为临时雇佣。有价证券报告书显示,日经集团把整个业务板块分为四部分:第一个板块为媒体和信息事业,包括各种报纸的采编、印刷、发行、广告等业务;第二个板块为出版相关的事业,包括书籍出版、杂志出版等业务;第三个板块是广播电视板块,包括东京电视台等业务;第四个板块为其他事业,包括不动产租赁和服务等业务。有价证券报告书还给出了员工的收入情况:日经新闻本社2630名员工的平均年龄为44岁,入职年限平均为18年,每一年的人均收入是1200万日元,相当于人民币60万元左右。通过这些数据,可以看出日本主流媒体的若干转型思路和经营策略[①]。

首先,日本的传统媒体虽然也经历着巨大的转型阵痛,但无论是从经营额还是利润额来看,它们的业务量依然巨大,利润也仍然丰厚。《日本经济新闻》1879年创刊,至今已有140余年的历史。在漫长的发展过程中,日经新闻经历过很多次挑战。但这一次,它面临的更为颠覆性的挑战来自互联网。

其次,日本的老牌传统媒体在面临新媒体竞争时都有一个基本战略,

---

① 窦锋昌.一家日本媒体五年的收支账本[J].青年记者,2023(16):127.

即紧紧抓住媒体和信息服务这个主业不放。在此前提下,进行适当的多元化发展,而不是自乱阵脚,更不会放弃赖以为生的新闻事业,依然坚持生产"独立""高品质""先进性""多样性"的新闻和信息。其人力资源分布充分说明了这一点,在该集团 2022 年雇佣的近万名员工中,从事媒体和信息服务的人员达到 9 389 人,其中只有 166 人从事"其他事业"。对正在进行媒体融合发展的中国同行来说,这种人力布局有一定的启发意义。

笔者从对日本新闻从业者的访谈中得知,在日本媒体对于大学生群体来说依然是一个就业时的高顺位选项,这当然与其工作报酬比较高有关。比如,日经新闻的员工平均年薪高达 60 万元,这种水平的收入在日本社会中也属于相对比较高的。虽然与之前相比,现今媒体对大学生的吸引力有所下降,但媒体行业在社会中的美誉度依然比较高①。

五、典型国家媒体盈利模式述评

许多实施数字订阅收费的媒体陷入了一种矛盾,即虽然每年数字订阅用户的数量都在持续增长,但因纸质订阅量和广告收入的下滑,媒体的整体收入并未随之增长。一方面,从历年的案例来看,许多媒体推行付费墙后,数字版与纸质版报纸出现了"自相残杀"的局面。据美国报纸协会统计,2012 年,数字版广告每增加 1 美元,印刷版广告则损失 25 美元②。另一方面,付费墙的推出带来了访问量的下滑。据统计,实行付费墙的第一个月,采用"硬墙"的媒体大约损失 85%—95% 的网络访问量;采用分类模式的媒体大约损失 1/3 的网络访问量;采用计量模式的媒体大约损失 5%—15% 的网络访问量③。对比来看,除了专业性媒体可以不畏高墙,坚

---

① 窦锋昌. 一家日本媒体五年的收支账本 [J]. 青年记者,2023(16):127.
② Brendish L. Death by A Thousand Cuts? [J]. NZ Marketing Magazine, 2012 (12):28-31.
③ Ryan Nakashima. Newspapers Erect Pay Walls in Hunt for New Revenue [N]. Associated Press, 2012-04-03.

持"硬墙"模式，综合类媒体大多选择各种形式的"软墙"，既留有一些免费内容来吸引网络访问量，也将优质的深度内容锁定在收费区域，以此增长数字订阅收入。

距离2012年"付费墙元年"已经过去十余年，但媒体想要培养读者付费阅读的习惯还任重道远。根据《2021年度数字新闻报告》的调查，2020年，全球大约17%的人为在线新闻支付了费用，较疫情暴发之前增加了2%。在全球范围内，新闻付费意愿最高的地区主要集中在北欧，挪威有45%的用户表示有付费意愿，瑞典有30%的用户有付费意愿。美国拥有《纽约时报》《华尔街日报》《华盛顿邮报》等媒体，但愿意为新闻付费的人群占比约为20%。

在媒体的实践中，付费墙策略正在进入市场定位更精准的发展阶段。原本粗放式的设墙在短期内可能带来数字订阅收入的增长，但访问量的下滑会导致发展模式的不可持续。付费墙不只是制订付费规则、选定付费模式，更应是在付费墙策略下优化媒体架构、升级商业模式，如优化采编流程、进行用户调研、设计营销促销，完成传统报刊向互联网时代新媒介的转型。

美国传媒经济学家肯·多克特（Ken Doctor）将报刊的付费墙运营策略概括为"5P"原则，即产品（product）、用户（people）、呈现（presentation）、价格（price）、促销（promotion），他认为这五个要素是付费墙运营的关键①。在数字化背景下，报业突破了纸质媒体的单一传播介质，开始产出数字产品，包括付费墙运营策略中媒体提供的付费数字订阅内容。报业的数字产品概念需要统筹报纸和互联网两个领域的产品概念及产品竞争策略，并且以报业在信息产业中重新确定的用户定位、市场定位和价值定位为

---

① 胡泳，崔晨枫，吴佳俤. 中外报业付费墙实践对比及省思[J]. 当代传播，2018（05）：26—30+35.

基准作出转变①。基于此,媒体需要根据自身定位,对付费墙产品进行精准分析,确定自己的目标受众,提高自己的核心竞争力及不可替代性。设立付费墙后,媒体需要根据市场反应,灵活确定收费内容,随时根据读者需求和局势变化调整收费模式,在受众到达率、利润收入和高质量生产之间寻求最佳平衡②。对许多媒体而言,除了数字订阅之外,广告收入、纸质报刊订阅依旧是营收的重要组成部分,所以媒体应当根据商业需要随时调整付费墙策略,将其纳入多元化的商业框架。例如,许多媒体都曾为了提升某个客户广告的网络访问量而在一定期限内撤除付费墙。《华尔街日报》《纽约时报》《华盛顿邮报》等与新闻聚合类网站 Blendle 合作,开创了小额支付的订阅方式,读者可付费阅读单篇报道,降低了付费墙的门槛。

目前,我国的读者没有养成付费阅读的习惯,纸质报纸发行量的下滑是"刚性"下滑,不像《纽约时报》那样存在"跷跷板"效应,纸质报纸发行量的下跌可以通过数字报纸订阅量的增加来弥补③。大部分中国媒体因为不能有效建立起付费墙,出现了广告收入和订阅收入同时下滑的问题,总体营收就呈现"断崖式"下滑之势。在这种局面之下,对大部分媒体来说,发展"非报"产业就成为一个不得已的选项④。2016 年,社交型知识社区分答、知乎 Live、喜马拉雅 FM"付费精品"专区等产品陆续上线,知识付费和"内容＋社交＋付费"的概念一时火热,使"用户为内容买单"渐成气候,许多用户正在养成为内容产品付费的习惯。部分媒体借机"杀出了一条

---

① 于迎. 数字化背景下报业的商业模式转型研究[D]. 复旦大学,2014:103—139.
② 王敏. "付费墙"二十年:全球经验与中国省思[J]. 现代传播(中国传媒大学学报),2017(04):7—11.
③ 窦锋昌. 机构媒体盈利模式的转向及人才支撑[J]. 青年记者,2018(01):24—26.
④ 窦锋昌. "非报收入"与"读者收入":媒体融合发展路径比较[J]. 新闻战线,2019(19):64—67.

血路",典型的代表是财新传媒,它从2017年11月6日开始全面建起付费墙,告别了过往"阅读免费、广告补贴"的模式,让人们看到了直接通过新闻产品从读者身上获取收入的可能性。

在传统报业的竞争策略中,由于报纸产业的双重产品性质,产品市场策略和读者市场策略同时出现。区分于同时使用两种市场策略的印刷报纸,报业的数字产品须首先以受众即用户为核心,再制定产品差异策略及一系列运营策略①。媒体在转型升级的过程中,应培养互联网产品思维,深刻理解用户信息需求及行为,及时对新闻产品、运营模式、表现形式等进行更新、调整和升级。

第二节 多类型媒体纵向对照

除了世界范围内的横向比较和借鉴之外,基于时间顺序的参考和对照也十分必要。从纵向维度来看,与过去以报刊、电视和广播起家的传统媒体相比,自媒体、平台媒体这些伴随新媒介技术而生的"后来居上者"更适应当下的传媒运行规则。因此,尽管以自媒体和平台媒体为代表的新媒体对于传统媒体来说属于"晚辈",二者的性质也存在差异,但其盈利模式和经营策略同样可以为传统媒体顺应新潮流转型带来启迪。

一、自媒体典型盈利模式

2022年,中国互联网络信息中心发布的第49次《中国互联网络发展状况统计报告》显示,截至2021年12月,我国网民规模达10.32亿,较2020年12月增长4 296万,互联网普及率达73.0%。事实上,中国网民的数量近年来一直在持续增长,伴随着网民数量增长的就是自媒体的飞

---

① 于迎.数字化背景下报业的商业模式转型研究[D].复旦大学,2014:110—129.

速发展。

自媒体包括政务自媒体、商业自媒体、个人自媒体等。政务自媒体是体制内媒体，指国家机关、企业、事业单位等组织制度下的媒体，主要负责人由单位党委委派，经济上享有一定的财政支持，如上海发布、中央纪委国家监委微信公众号等；商业自媒体、个人自媒体则属于体制外媒体，人员的身份和经济来源都与党和政府没有直接关联。

此前，以报刊、广播和电视为代表的传统媒体一骑绝尘，占据我国新闻生产的垄断地位，属于精英主导的专业化新闻生产。如今，这一局面早已被打破，中国迅速进入"新闻生产社会化"的阶段，逐渐演变为"去中心化"的复杂格局。

商业自媒体有垂直细分的领域，时政类、社会类、健康类、教育类、娱乐类、汽车类、美食类等是商业化的热门大类。按照目前我国对自媒体的管理政策，体制外的自媒体是不允许做新闻类内容的，但依然有不少自媒体特别是传统媒体出身的媒体人所办的自媒体在从事时政类的内容生产。

在此起彼伏的新闻热点事件中，诉求的表达、观点的裂变、热点的出现与发酵往往与自媒体紧密相关。这些自媒体正发展成为一支重要的新闻生产社会化力量，助推多元舆论场的形成。社会多元主体共同铺就的新闻图景有助于人们更加完整、全面、客观地认识世界，也在一定程度上有利于人们在观点的自由博弈中追寻和接近真理。在此背景下，自媒体的涌现实质上也是社会分工和资源配置进一步发展的结果，尤其在专业知识门槛较高的领域，具备医学、科技、法律等知识背景的个人或团队能够跳过新闻媒体机构这一中介，更加直接、迅速地触达用户，实现更为高效的传播。

客观而言，自媒体的发展丰富了我国的媒体类型，有效地提高了新闻和信息的供给效率，并且创造了传媒行业大量的就业机会，许多自媒体甚至在实践中形成了自己的商业模式,达到了盈利的目标。目前,学界对于自媒体盈利模式的研究主要集中在盈利模式分类和影响因素方面。学者根据不同的标准,对现有的自媒体盈利模式进行了分类。比如,黄楚新通过分析《赫芬顿邮报》(*Huffington Post*)、网易云阅读、新浪微博等新媒体的盈利情况,指出自媒体主要的盈利模式为广告和会员付费模式,社交媒体的主要盈利模式是广告和增值服务[1]。李瑞环根据已有的自媒体盈利实践,总结出了微信自媒体的盈利模式有用户付费订阅、平台服务模式、会员付费制、网络广告模式、电子商务模式、O2O模式、自媒体联盟分单、流量变现模式八种[2]。张鸿飞、李宁将当前中国商业化的自媒体作为研究对象,基于三要素模型分析总结出六种商业模式,即广告软文推广模式、会员制模式、衍生服务收费模式、"版权付费+应用分成"模式、"赞赏"模式、平台型商业模式[3]。新榜创始人徐达内梳理了微信公众号的五类商业变现模式,即流量变现、众筹打赏、线下活动、电商、原生广告[4]。卞文超将自媒体的商业模式分为三类:主打内容、植入广告营销模式;泛电商模式,依靠自身产品和渠道盈利;广告营销与泛电商混合模式。他还指出,自媒体商业化面临外部法律和内部管理运营的双重风险[5]。邱碧珍在《自媒体盈利模式对比与创新路径研究》一文中,以中国当前的自媒体作为研究样本,总结了六种盈利模式,即广告、粉丝打赏、会员收费、电商、内容付费、线上与线下相结合,并对其特点和适用对象进行了比较和分析。文章认为,自媒体在设置盈利模式时需要结合自身的特点和每种盈利模式的

---

[1] 黄楚新.新媒体的盈利模式探析——以自媒体、社交媒体为例[J].新闻与写作,2014(02),9—12.
[2] 李瑞环.微信自媒体的盈利模式探析[J].新闻研究导刊,2015(22),8—9.
[3] 张鸿飞,李宁.自媒体的六种商业模式[J].编辑之友,2015(12):41—45.
[4] 徐达内.微信公众号的五类商业"变现"模式[J].新闻与写作,2015(07):10—13.
[5] 卞文超.自媒体的商业模式与发展前景[J].青年记者,2016(24):99.

特点和适用条件①。陈以平、商朝林和罗凡琳对自媒体盈利模式进行了分析,指出自媒体的盈利可概括为流量变现,即基于庞大的用户群体,通过某些手段将部分潜在客户转化,实现流量变现并获取收益。根据流量变现方式的不同,文章将自媒体的商业模式分为四种,即广告、电商盈利,付费内容盈利,IP打造,平台分成②。学者龙思思认为价值区块是研究自媒体盈利模式的新思路,并总结自媒体的价值区块和对应的盈利模式包括用户价值区块(广告加推文)、品牌价值区块(对外合作实现并涵盖线上线下活动)、内容价值区块(用户赞赏)、平台价值区块(形成矩阵满足广告主投放需求)③。

除上述研究之外,也有学者对自媒体盈利影响因素进行了分析。比如,邱亚峥以不同的自媒体为研究对象,对影响其盈利的因素和存在的问题等进行了分析,认为影响自媒体盈利的因素有四个,即趣味、回报、互动和个性④。张洁、凌超基于双边市场视角,通过构建博弈模型,对"制播分离+广告分成"这一新型商业模式下的自媒体及与之对应的媒体平台的竞争与合作策略进行了理论分析,认为在自媒体的商业模式中,消费者不仅直接影响内容质量和广告价格,还会影响内容供应商与媒体平台间的利益分配⑤。

通过对多家自媒体进行深入调研后,本书依据以往学者的研究成果,将自媒体的变现模式分为流量变现、内容变现和复合变现三种,并针对典

---

① 邱碧珍.自媒体盈利模式对比与创新路径研究[J].经济论坛,2017(12):93—97.
② 陈以平,商朝林,罗凡琳.浅析自媒体的盈利模式——以微博、抖音为例[J].新闻研究导刊,2020(04):186—187.
③ 龙思思.自媒体营销价值与盈利模式分析——以微信公众号为例[J].当代传播,2017(02):84—87.
④ 邱亚峥.自媒体平台的盈利策略研究[D].北京邮电大学,2014:12—24.
⑤ 张洁,凌超.传媒产业新模式——"自媒体"的经济学分析[J].产业经济评论,2015(05):10.

型案例具有的特色盈利方式展开详细分析。

（1）流量变现：多元广告植入。

与传统媒体类似，广告是多数自媒体的重要收入来源，但不同的是，自媒体行业的广告形式具有多元化特征，包括流量主广告形式、硬性广告、软性广告等。头部自媒体更是拥有庞大的粉丝量，社群经济效应明显。自媒体是原生广告、软性广告的沃土，自媒体人善于用讲故事、阐述观点和内容相结合的方式，巧妙地过渡到广告主要求宣传的产品内容或价值主张，既通过创意提升了受众对广告的接受程度，又加强了广告的投放效果。

随着移动互联网的发展及微信、微博等社交网络的兴起，普通大众成为信息的生产者和传播者，在种类繁多的自媒体生产中，美食类自媒体是数量庞大、运营抢眼的一类。美食类自媒体是借助网络平台（包括各种社交网站、App 等）发布以美食为主要内容的自媒体，按照输出内容可以大致分为美食测评与推荐类、美食制作教程类、吃播类、美食文化类。美食内容贴近生活、易于制作、门槛较低，对运营制作者来说更易操作，而且美食面向的受众群体极大，所以形成了蓬勃发展、竞争激烈的赛道。

美食自媒体账号"吃啥"属于美食测评与推荐类，专注美食与生活方式，宣传口号为"做你身边的吃喝专家"。"吃啥"的粉丝画像定位于江浙沪地区一二线城市中爱美食、爱生活的年轻群体，以"追求品质生活""时尚""都市潮流""白领精英""审美品位高""文艺青年""女性群体""爱吃爱玩爱探索"等为标签。"吃啥"实现了在微信公众号、微博、大众点评、小红书、抖音、头条、知乎等全网多平台的覆盖，拥有 200 多万名活跃粉丝，其微信公众号有粉丝 50 万人，微博有粉丝 150 万人，属于美食类自媒体的"腰部"账号。"吃啥"经历了三个发展阶段：第一阶段，2014—2016 年，"吃啥"创始人只是单纯地分享自己对美食的评价和感受，第一次盈利是 2016 年一笔 1500 元的广告费；第二阶段，2017—2019 年，基于前期在微信公众号平台积累的粉丝，"吃啥"进入了较好的盈利期，拥有稳定的产出频率和风格,开始向微博、大众点评等其他平台扩张;第三阶段,2020 年至今,"吃啥"的收益减少,产出频率也降低。

拥有全平台超过 200 万名粉丝的"吃啥"的盈利模式是流量变现,其 95% 的收入来源是广告。多数美食类自媒体的盈利模式都是接电商广告或电商带货,但后者需要更大的团队规模和更高的投入成本,对于"腰部"账号来说,接商业广告的变现速度更快。"吃啥"的商业广告主要包括餐厅类的软广告及品牌客户的广告投放。美食类自媒体的广告形式有合集类坑位植入、单店类整篇介绍、视频内容游戏图文软植入、整篇品牌咨询介绍等。盈利中另外 5% 的收入是创始人作为"吃啥"主理人参与直播、出席活动及给餐厅品牌做咨询策划的收入。"吃啥"创始人始终坚持内容为王,所以"吃啥"为自己塑造了明确的人格画像,拥有黏性极强的粉丝群体。但是,单一人格化也有局限性,一定程度上限制了"吃啥"的发展规模,长此以往,流量增长速度会放缓。美食类自媒体赛道竞争激烈,资本、市场、流量和盈利都开始向头部公众号聚拢,"腰部"自媒体盈利点有限,商业广告数量少、报价低。

另外一种以广告为主要收入来源的领域是汽车类自媒体。随着大众对传统汽车网站的刻板印象感到厌倦,互联网为汽车行业的从业者提供了更多推广汽车知识的渠道。

倬峭文化旗下的自媒体品牌 Autocarweekly(简称 ACW)成立于 2013 年,由《广州日报》驻上海记者站原站长刘放创立。驻站期间,刘放与汽车企业交集颇多,在汽车圈积累了一定人脉。当时正值微信订阅号推出不久,刘放和大学同学共同创办了 ACW 公众号。由于赶上了订阅号红利期,ACW 发展迅速,很快就有客户上门寻求合作。2016 年底,ACW 业务越来越多,刘放决定辞去《广州日报》记者职务,成立公司运营 ACW。目前,ACW 公司规模为 20 人左右,分成内容组和广告业务组。2017 年,ACW 营业额达 3000 万元,其中成本约为 1000 万元。公司承接的业务主要来自汽车厂家的公关部,现有客户百余个,除了传统的大型汽车厂商,还有蔚来等近年来兴起的科技类汽车公司及一些有科技概念但无明确前景的汽车公司。ACW 的运营模式属于传统媒体的做法，即依靠接"软文"类广告来获利，一个头条的价格大约为 30 万元。当然，ACW 也面临着盈利模式单一的困境，它接下来希望能够加大视频内容生产力度，为客户提供更为多元的服务，并扩大公司规模①。

（2）内容变现：得到 App 与知识付费。

自媒体利用内容吸引关注者的注意力，并将注意力变现，广告是最为简单的变现模式。不过，将关注者的注意力打包卖给广告商的"二次售卖"模式也带来了一些弊端，许多自媒体盲目地接下广告，对广告商的资质和产品不加甄别，最终导致盲目信任的读者利益受损。也有一批运营迈上平稳轨道的知识类自媒体选择直接通过内容变现，推出需要付费才能观看的虚拟产品。其中，以制作门槛较高的财经、医疗类内容为代表。

财经类自媒体是自媒体的垂直细分领域，主要的传播内容包括财经资讯、金融投资、理财产品等。目前，学界对财经类自媒体领域具有代表性、品牌化的账号研究较多，但对其多元化发展的现状研究不多。比如，自媒体"简七读财"是多元化发展的代表之一，它将用户吸引并聚集在互联网社群，进而提供多元化的产品和服务。

"简七读财"创立于 2013 年，创始人唐晓晶在做自媒体之前，先后担任过德勤会计师事务所审计、税务咨询顾问及全球五百强外企税务经理，属于财经领域的专业人士。她在工作中发现很多人没有明确的财务规划和理财意识，便以"理财更简单，人生更自由"为核心理念，将自己的自媒体定位为"理财教育的践行者"，建立面向零基础理财群体的知识分享平台。"简七读财"在微信公众号拥有约 100 万名粉丝，同时广泛布局各大社交媒体平台。在 2020 年胡润中国最具影响力财经自媒体排行榜中，"简七读财"位列第 23 位。

---

① 来源于本书写作团队 2019 年 11 月在上海倬峭文化公司的访谈。

2013年,唐晓晶只是在社交平台无偿普及金融理财知识,分享关于个人的财富规划内容,后转战微信公众号,积累了"简七"品牌的第一批粉丝。2014—2015年,唐晓晶在线上产出内容的同时,还举办了许多线下活动,粉丝量持续增长,但她当时没能找到合适的变现模式。唐晓晶非常珍惜用户的信任,拒绝广告变现的路径。2016年,恰逢知识付费萌芽期,唐晓晶意识到大众有系统学习金融理财知识的需求,但市面上的相关课程质量参差不齐。于是,"简七读财"与网易云课堂合作,制作了一套售价365元的课程(100节)。课程的预售效果良好,"简七读财"依靠知识付费变现的模式初现轮廓。随后,"简七读财"与微信、支付宝、樊登读书会等平台合作推出理财课程①。业务成熟后,"简七读财"组建了自己的技术团队开发App,目前以微信公众号为核心阵地,以其他社交媒体为侧翼,形成了内容分发矩阵。

随后,"简七读财"以销售理财课程、金融机构流量入口为盈利途径,逐步搭建起了集资讯、数据、产品、课程、社区为一体的财经知识平台。平台的盈利主要来自知识付费(理财课程)和与金融机构的合作导流,两大业务板块在盈利中各占约50%的比重。除了自制的付费理财课程,"简七读财"还有证券开户、基金组合投资、保险方案定制三大功能板块。然而,"简七读财"自身并未转变为一个金融平台,而是依旧保持自媒体的属性。通过"简七读财"与具备相关牌照的外部金融机构合作建立接口,用户最终可以在金融机构端完成开户或购买,公众号平台只作为导流入口。未来,"简七"还计划提供类似投资顾问业务的家庭财富规划服务,但仍有待牌照资质、人力规划、数据基础、投研团队等方面的建设。

在近年来迅速崛起的"知识付费"领域,罗振宇及其团队创立的得到App已成为其中最具影响力的应用之一,属于自媒体创业的一种类型。自2016年诞生至今,该平台在知识付费或其自称的知识服务领域取得了

---

① 来源于本书写作团队2021年3月与唐晓晶的电话访谈。

令人瞩目的成就,并成功吸引了大批拥趸,使知识付费这一商业模式在互联网时代焕发出勃勃生机。在对外表达上,罗振宇早年不太认同知识付费的说法,他自己把这个行当叫作"知识服务"。不过,近年来,他表示也渐渐接受了这个说法。与此同时,得到 App 的迅速发展也引来了一大批跟随者。

当然,目前社会各界对知识付费的边界还不太清晰。在传统社会中,知识的构成是系统化的学科内容,如数学、物理、化学等就是典型的知识科目。但是,在知识付费的模式下,所谓的知识包含所有信息、技能甚至是经验总结等。我们也可以称之为"信息付费",即不论这些知识是否为严格科学意义上的知识,是否经过了科学验证和专家评议,只要它们在信息生产者和消费者之间存在认知差距,相关内容的提供者就可以依托知识付费平台实现信息交流和变现。就此而言,与传统媒体时代相比,互联网时代的知识付费大大地拓展了知识的含义和边界。因此,当前可以应用知识付费模式的产品也更为丰富,如电影、音乐、动漫、高质量信息等都具备相应的潜力。其中,在出版、教育和培训等领域,这种模式也更具有可推广性。

笔者曾访问得到 App 的相关负责人,他们认为自己所处的领域更多是教育领域而非媒体领域,哪怕公司中的多位骨干都出身于传统媒体。不过,从本质上而言,得到 App 的内容付费与《纽约时报》、财新的"付费墙"并无二致,只是售卖的产品属性不同罢了。随着互联网技术的迅猛发展和移动支付的广泛普及,知识付费行业逐渐崭露头角。相关数据显示,在 2019 年,中国知识付费市场规模已达到惊人的 278 亿元,同比增长 44.9%①。

回顾知识付费在中国的发展历程,从行业角度来看,自 2011 年起便

---

① 2020 年中国知识付费行业市场分析:疫情下迎来发展契机 用户期望提高内容质量 [EB/OL].(2020-04-13)[2023-08-01]. https://bg.qianzhan.com/report/detail/300/200413-3aba77d8.html.

有创业者开始尝试，整体上经历了从小规模"试水性"付费到大范围推广，并取得用户接受的过程。2011—2015年为付费行业的孕育期，部分网络社区开始小规模地推出付费服务。具体而言，2013年，得到App的前身"罗辑思维"在微信上招募付费会员；2014年，随着国家整顿音乐版权问题、扶持音乐市场政策的出台，各音乐客户端逐渐进入音乐付费市场；也是在2014年，微博开通打赏功能；2015年起，各视频网站平台相继尝试进入视频付费市场，推出月度、季度、年度会员等付费模式。在这一阶段，知识付费的产品形态以打赏、付费阅读和会员制为主，尚属小范围的局部行为。

2016年堪称知识付费产品的"井喷"之年。2016年初，得到App上线；3月，"千聊"提供付费直播服务；4月和5月，知乎分别推出了"值乎"和"知乎live"；5月，"分答"付费语音问答应用上线；6月，喜马拉雅FM推出"付费精品"专区，首推产品《好好说话》。在这个过程中，得到App加大推广力度，推出付费订阅内容，首个专栏为《李翔知识内参》。在获得一定反响后，平台又陆续推出《薛兆丰的经济学课》等系列收费产品。

深入剖析得到App的发展历程，我们可将其划分为以下四个阶段。第一阶段，初版功能上线，主要包括音频内容和电子书；随后，确定自身形象与定位，以"好好学习，天天向上"为宣传口号。第二阶段，主要优化基础体验，App上的内容逐渐增加，搜索功能得到强化，同时优化内容展示样式，丰富了用户使用体验，增加了金句等功能。第三阶段，平台丰富了内容类型，并优化了围绕内容的功能，重点举措是不断升级付费专栏，推出产品"每天听本书"，并进行相应的迭代和优化。第四阶段，平台开始围绕"人际关系"进行功能规划，上线了学习小组、勋章等激励用户的功能，为培养线上社区的学习氛围增加了知识城邦功能，进一步加深了用户间的信息交流；个人数据改版为今日学习，后又改版为学习计划，让用户可以更好地自主选择和交流。

罗振宇曾在以"知识服务业产业前景"为题的演讲中指出知识服务产业与其他产业的不同之处：首先，关注用户，让用户成为检验、评价知识产品的唯一标准;其次,打造头部内容,即具有用户价值,能吸引一批价值观相投、有共鸣的人群的内容(这些内容不限于形式,可以是娱乐类节目、网络自制剧或文字、视频等);最后,传统的流量变现模式已不再奏效,知识服务的终极价值在于信用,需要完全关注用户,站在用户角度考虑提供何种产品服务,以获得用户对自身品牌和产品的信赖。

然而,知识付费行业的发展也面临着一些挑战,如内容质量参差不齐、用户需求多样化和版权保护等问题。为应对这些挑战,行业内部需要加强自律,提高内容质量,满足用户需求。同时,政府和社会各界也应给予关注和支持,共同推动知识付费行业的健康发展。此外,随着人工智能、大数据等技术的发展,知识付费行业有望实现更为高效的个性化推荐和服务功能,为用户提供更加具有深度、贴合个体需求的知识内容。

(3) 复合变现:"一条"打通电商零售渠道。

文化类自媒体头部品牌"一条"拥有短视频平台、电商平台和线下店,将媒体、电商与新零售结合,以复合变现的思路为自媒体寻求盈利增长点开拓了新的商业范式。

一条网络科技有限公司成立于 2014 年,由媒体人、《外滩画报》前总编徐沪生创立。"一条"的上线填补了当时生活和文艺类视频内容的空白,其首条视频上线仅 48 小时便获得了 40 万次的阅读量。之后,"一条"保持简约格调和精致风格,在倡导生活美学理念的短视频、纪录片等领域持续深耕,给用户带来了全新的具有视觉冲击力的审美体验。新榜的数据显示,2020 年度"一条"微信公众号累计阅读量达 8 888 万次,在看数达到 52 万次(不含单篇"10 万+"的数据和小部分长尾传播);发文数量为 2 868 篇,其中的 339 篇声明为原创文章,阅读量达"10 万+"的数量为 537 篇①。

---

① 《一条的 2020》年度报告 [EB/OL].(2020-04-17)[2021-05-05]. https://cu2020.newrank.cn/h5.html?n=41f65.

"一条"的内容生产架构分为文字产品和视频产品两大部分。文字内容的主阵地是微信公众号，辅以微博和官方网站，视频内容则在腾讯、爱奇艺等平台上多渠道投放。"一条"每天推送原创短视频内容，并在腾讯视频、微博、bilibili等平台上同步发布，打造了多层次的传播矩阵。其每条视频的长度基本在10分钟以内，多为四五分钟，主题聚焦于人，关注人与社会生活的百态，注重挖掘人物背后的动人故事和有趣的生活细节。目前，"一条"已经采访全球超过1 000位顶尖设计师、建筑师、艺术家、作家、匠人、美食家和生活家。同时，它也保持每天发布的固定节奏，多集中在晚上6—8时这一时间段更新，日更一条原创生活短视频，培养了用户的阅读习惯。"一条"制作的视频画面简洁，呈现出精致的纪实风格，传递了独特的美学理念和生活观念。

"一条"在微信平台上的核心业务由微信公众号"一条"和其他三个同主体公众号及相关的小程序组成，盈利模式涵盖广告收入、知识付费及电商平台。其中，"美食台"是美食视频自媒体，每日推送介绍全国各地美食和特产的文章，详细介绍食材、烹调方式和味觉体验，并在文章最后引出相应品牌方的链接和购买渠道，以软性的形式内嵌广告①。"一条课堂"是"一条"旗下的学习平台，专注于人文艺术和生活美学，内容多为名著、电影、学习和生活技巧的介绍。同时，"一条课堂"也是知识付费平台，用户可以在它的小程序中购买包括茶艺、摄影、文学经典等多个领域的知识课程。

"一条"优质的原创内容不断吸引着用户，形成了稳定的读者群。之后，基于"生活、潮流、文艺"的内容定位，"一条"开始布局电商赛道。2016年9月，"一条"的移动客户端上线，成为其布局电商赛道的起点。"一条"下设的"一条生活馆"是关于生活用品的电商平台，包括数码家电、服饰美妆、家居器物、图书文创、运动健康等，如今发展为独立的电商平台。"一条"采用的电商模式在互联网业内被称为D2C（Designer-to-Customer）模

---

① 来源于本书写作团队2021年3月在一条网络科技有限公司的访谈。

式,指产品的设计师在设计、生产了商品后,通过某个平台直接面向消费者的商业模式①。当前,平台上设有"猜你喜欢""美妆洗护""居家日用""食饮生鲜""服饰珠宝""图书文创""家电数码""运动户外""家具家装""茶酒花香""艺术品"等分区。当前,"一条"的产品不仅有其合作的艺术家、设计师的小众设计品,还有涵盖人们日常生活的各类用品。此外,平台上还另外开设了"一条艺术"界面,呈现产品背后的故事。"一条"电商平台的上线为"一条"的盈利注入了强大的动能,在仅半个月内,其电商销售额就突破了100万元,一年内更是成为规模化的电商。

多元资本看到了"一条"持续盈利的能力,"一条"融资速度加快。天眼查的相关资料显示,"一条"在2017年9月完成C轮融资,一年之后已经完成C+轮融资,估值从3.5亿美元上升至5亿美元,由京东、东博资本领投,老股东挚信资本追投(表7-1)。"一条"的融资速度和资本结构的多元化程度在同类竞品中都占据较为领先的地位。

表7-1 "一条"的融资历史

时间	轮次	金额	投资方
2018年1月22日	C+轮	5亿美元	京东金融、东博资本、挚信资本
2017年9月27日	C轮	超4 000万美元	鸥翎投资、CBC宽带资本
2016年7月7日	B+轮	1亿元人民币	华人文化产业投资基金、创伴投资、飞马资本
2016年1月5日	B轮	未披露	普华资本
2015年6月18日	A轮	数千万元人民币	丰实资本、华人文化产业投资基金、嘉实资本、头头是道投资基金
2014年11月26日	Pre-A轮	数百万美元	SIG海纳亚洲创投基金、挚信资本
2014年7月26日	天使轮	100万元人民币	合鲸资本

---

① 成为真正的D2C电商模式 先解决这三个问题 [EB/OL].(2016-05-20) [2021-05-10]. https://www.sohu.com/a/76386599_119817.

线下生活体验馆是传统电商在售卖产品的同时为受众提供交互式体验的场所,如盒马线下体验店、天猫线下体验店等①。当前,线下实体店普遍存在两个方面的运营难题:一方面是对线上平台过度依赖,没有开发出实体空间的最大价值,也没有将适合在线下开展的营销活动创新化、常态化;另一方面则是线上线下各自独立,导致流量循环渠道难以打通。反观"一条",其线下生活馆探索出了一条与众不同的流量循环路径,有效地规避了上述两方面问题。

2018年9月,"一条"在上海的三家线下店正式运营,完成了从线上到线下的新零售布局,之后在南京、济南、北京、上海、杭州、重庆等地增开了十余家线下体验店。"一条"实体店拥有超过1 000个品牌的数千件日用好物,店内每一件商品都设置了专属电子价签。"一条"的线下实体店打造了一个"生活美学体验空间",提供了社交功能;其线上电商平台则可以辅助呈现更多商品的更完整信息,为用户提供更便捷的选购体验。可以说,"一条"线上线下的平台在功能上形成了互补。

"一条"随后还推出"美学实验室"概念活动,即在传统商场消费空间里定期邀请知名专业人士,进行线下的面对面传播,微博平台会直播讲座,并与线上用户互动。这种线上与线下的互通方式,更深度地向受众传播"一条"的核心内容,同时吸引商场其他受众的关注,更好地实现线上引流。

"一条"最初的创业团队脱胎于传统媒体《外滩画报》,保留和延续了媒体内容生产的基因,具备高水平的图文视频生产能力。该团队对"一条"定位的目标人群——都市新兴中产阶层有明确的把握,这一群体对高质量的原创内容有所追求,对社会热点问题的敏感度高。"一条"适时地抓住了2014年微信公众号红利期及生活类视频内容的空窗期,深耕专业

---

① 张海悦,江凌.短视频平台变现转型的路径探析——以"一条"App 为例[J].今传媒,2019(12):15—18.

领域赛道,瞄准视频这一媒介呈现形式的发展潜能,在扩大规模后多元化地开发商业变现模式,延长了自己作为自媒体的生命周期。

近年来,随着短视频的兴起和市场环境的变化,"一条"自媒体及时调整战略,从依赖微信公众号的红利转向视频号和抖音直播的降本增效模式。面对线下成本的增加,创始人决定调整线下店铺战略,发展以内容为核心的线下商务合作。这一转型不仅优化了"一条"的商业模式,也为自媒体行业提供了线上线下深度融合的新思路。

二、平台媒体典型盈利模式

(一) 传媒与平台经济创造新生态位

在互联网新媒体的冲击下,过去一些有全国影响力的区域性传统专业媒体正面临影响力被削弱的现状,而少数商业性互联网平台经过扩张,开始渐渐成为具有全国乃至全球影响力的媒介平台。平台是一种现实或虚拟的空间,可以促成双方或多方客户之间的交易[①]。在前互联网时代的研究中,平台被视作组件、模块或零部件的相加,其搭建给予各个内部组件实现整体功能的机会[②]。平台经济是以网络外部性为特征的经济组织,涉及买方、卖方和第三方(平台方)[③]。对于传媒领域而言,长久以来实行的"二次售卖"商业模式让媒体和平台经济相结合。媒体通过发布内容获得用户的关注,提升影响力。在纸媒时代,报纸是主要的传播媒介,而从Web2.0时代开始,互联网培养了受众通过网络终端获取信息的习惯。在今天,各类信息集合的网络平台成为主要的传播媒介,媒体应顺应时代发

---

① 徐晋,张祥建.平台经济学初探[J].中国工业经济,2006(05):40—47.
② Sawhney, M. S. Leveraged High-Variety Strategies: From Portfolio Thinking to Platform Thinking [J]. Journal of the Academy of Marketing Science, 1998 (26): 54–61.
③ 喻国明,何健,叶子.平台型媒体的生成路径与发展战略——基于Web3.0逻辑视角的分析与考察[J].新闻与写作,2016(04):19—23.

展,利用平台的网络外部性寻找新的盈利点。

许多学者分析和研究了平台型媒体的形态。美国学者乔纳森·格里克(Jonathan Glick)在 2014 年发表的《平台型媒体的崛起》中提出了"platisher"一词。该词由"platform"(平台商)和"publisher"(出版商)合并而来。他认为,平台型媒体是开放的媒介平台,不再仅依靠自身创造价值,而是依赖用户和其他部门的力量共同构建平台。学者杰罗姆认为,平台型媒体既拥有媒体的专业编辑权威性,又拥有面向用户平台所特有的开放性数字内容实体,是专业编辑机制与算法推荐机制相结合的数字内容生产、聚合、分发体系①。也有国内学者认为,平台型媒体是一个开放式平台,上面有各种规则、服务和平衡的力量,通过向所有的内容提供者、服务提供者开放,机构和个人的独到价值能在上面得到发挥②。比起传统媒体大众传播的模式,平台型媒体提供了新的媒体形态。它不仅是传播者,也是服务者,需要协调平台上的各种力量,包括传统媒体、自媒体和能够用评论、点赞、分享等形式发言的受众,成为社会资源的整合节点。平台型媒体将构建新型传播生态,并结合平台经济创造新的生态位。

生态位理论是自然生态学中的概念,指生态系统中的一个种群在时间和空间上占据的位置及与相关物种或种群之间的功能关系与作用③。在市场资源紧缺的情况下,生态位重叠度越高,竞争就越激烈。因此,产业若要在多元化经营道路上走得更远,就要学会通过生态位分离获得竞争优势④。媒体想在传媒领域生存和发展,关键在于寻找新的生态位,因

---

① 杰罗姆.平台型新媒体(Platisher)是有效的商业模式吗?[J].钛媒体,译.中国传媒科技,2014(Z1):71—72.
② 喻国明,何健,叶子.平台型媒体的生成路径与发展战略——基于 Web3.0 逻辑视角的分析与考察[J].新闻与写作,2016(04):19—23.
③ 王春新,李庆兵,李炳森,等.以生态位理论为基础的企业发展现状分析[J].管理观察,2018(35):25—27.
④ 陶喜红,周也馨.生态位理论视角下平台型媒体价值链生成逻辑[J].中国编辑,2021(07):64—68+73.

为那里没有竞争对手。以往的传统媒体或 Web2.0 时期的门户网站,其商业模式具有"信息平台＋营销平台"的双重属性。平台型媒体在 Web3.0 的技术加持下,演化出"信息平台＋营销平台＋服务平台"的一体化商业模式,将用户、场景和平台融合,占据了新的生态位。平台型媒体根据自己的竞争优势及特点发展平台经济,在技术发展窗口期实施差异化竞争,以获得竞争优势,最终实现整个产业价值链的价值延伸。

平台媒体可以分为两大类:第一类是由传统媒体转型而来的平台媒体,第二类是由互联网公司打造的原生型平台媒体[①]。第一类平台媒体具有强新闻属性,如新浪新闻、搜狐新闻等。它们脱胎于 Web2.0 时期的传统新闻媒体门户网站,在原有的新闻内容上加入算法推荐机制,但功能主体依旧是分发新闻,这类平台媒体在转型之前已经积累了用户和资本,后期也有融资。今日头条、抖音、腾讯微信等属于第二类平台,它们的本质是利用经济资本优势和风险投资的杠杆,具有较弱的新闻属性,平台新闻业务只是其发展的一个分支。但是,从发展趋势上看,平台媒体之间的边界正日益模糊,个性化和社交性成为平台媒体转型升级的重点。微博从早期的图文向视频、直播等形态融合化升级,手机百度的内容抓取和推送越来越接近今日头条、ZAKER 等资讯客户端,今日头条的"微头条"业务增强了与微博类似的社交属性和用户内容生产优势,微信的"看一看"和"搜一搜"也具有与今日头条和手机百度类似的功能。与此同时,一些专业媒体也开始探索如何成为平台媒体。比如,封面新闻、南方＋等新闻客户端纳入了越来越多的政务机构媒体,同时依托机器写作、算法推送、人工智能等技术增强平台属性。又比如,人民日报社发起的"全国党媒信息公共平台",截至 2024 年 6 月底,已经有多批政务机构媒体入驻,共计 1103 家,聚合稿件近 6300 万份,联通端口 1614 个,累计用户 4.9 亿

---

① 王斌,张雪.双向融合:互联网环境下平台媒体与传统媒体的关系建构[J].中国编辑,2022(04):24—28＋35.

人(图7-1)。

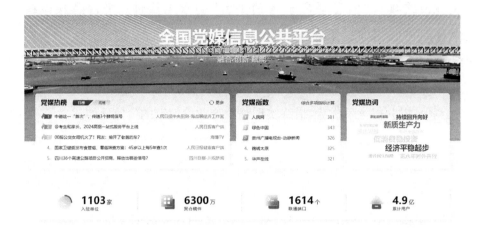

图7-1 全国党媒体信息公共平台页面

近年来,平台媒体通过提供强开放性的信息服务生产边界、强吸聚性的信息传输渠道和多样化的信息服务价值[1],为用户提供了丰富的体验和服务,推动平台媒体的营销路径大幅度拓宽。与专业媒体相比,平台媒体利用算法和人工智能,实现了更高效和精准的传播,具有技术吸纳和持续创新的活力,能迅速吸引和积累海量用户,在资本和商业的驱动下具有较强的盈利能力[2]。

(二) 从新闻到社交:观念变革与机制再造

移动互联网依靠自身的技术优势,正逐步取代早期形成的商业格局。当前,受众最大的变化就是使用移动端观看内容的频率大大提高。2021年,中国传媒大学新媒体研究院发布的《移动互联网时代下,Z世代人群获取新闻资讯习惯研究报告》指出,就新闻资讯App使用频率来说,参与调

---

[1] 陶喜红,周也馨.生态位理论视角下平台型媒体价值链生成逻辑[J].中国编辑,2021(07):64—68+73.
[2] 张志安,曾励.媒体融合再观察:媒体平台化和平台媒体化[J].新闻与写作,2018(08):86—89.

查的 Z 世代使用以腾讯新闻客户端、新浪新闻客户端为代表的门户类新闻资讯移动客户端的频率最高,使用某一传统媒体专门的新闻资讯客户端的频率较低。

腾讯与新浪都是在传统互联网时代从门户网站起家,前期积累了一批用户和商业资本。在门户网站时期,它们一直在探索盈利模式,主要盈利来源有网络广告、游戏、付费、电子商务等①。中国的综合门户网站在商业模式发展上经历了四个阶段:首先是提供检索和网络接入,培养用户的互联网搜索习惯;第二阶段,提供内容服务,通过提升内容质量或数量,吸引用户并增加网站流量;第三阶段,提供多元服务,此时门户网站的商业模式开始出现分叉,如新浪回归媒体,网易发展游戏,腾讯走上了社交媒体的发展道路,推出了微信这款即时通信软件;第四阶段,弱化门户概念,将商业重心转移到移动端,如以腾讯、网易、新浪、搜狐为代表的门户网站及时嗅到了技术变革的气息,为顺应用户阅读习惯,纷纷推出新闻移动客户端。随着微博、微信等社交产品的兴起,社交媒体平台不断丰富新闻资讯内容,使用户无须跳转到其他软件即可获取最新资讯。门户网站转型为移动端平台媒体,以聚合式、社交性和个性化的方式向用户传递新闻,同时也实现了新一轮的用户和资本扩张。在这些门户网站中,腾讯依靠敏锐的商业嗅觉,在不同发展时期对盈利模式作出适当调整,完成了从门户网站巨头向互联网巨头的转型。腾讯成立于 1998 年 11 月,总部位于深圳市,目前主要为广大用户提供增值服务和网络广告服务,是中国最大的互联网综合服务提供商之一。腾讯产品涵盖社交软件、网络游戏、门户网站和相关增值产品,其明星产品微信的日均活跃用户超过 7 亿人。腾讯自成立至今,其发展过程可以划分为初创期(1998—2004 年)、发展期(2005—2009 年)和稳定期(2010 年至今)三个阶段。在初创期,腾讯通过向用户免费开放即时通信软件 QQ 获取了大量用户,也利用产品带来的

---

① 蔡郎与.门户网站的主要盈利模式初探[J].新闻传播,2014(15):103.

流量获得了不少广告收入。进入稳定期后,腾讯形成了以 QQ、微信两个免费软件为核心的战略布局。腾讯在不断壮大的过程中积极拓展业务领域,在投资上也显现出多元化的特征。腾讯的业务涉及社交、娱乐、金融、资讯、平台、工具和智能七个领域,几乎涵盖整个互联网业务链条。

从门户网站时代开始,腾讯就着力发展资讯领域,开发了腾讯网。进入移动互联网时代后,腾讯又陆续开发了腾讯新闻、天天快报等资讯客户端。对于腾讯这类互联网巨头而言,资讯领域并非唯一的盈利点,却是其平台经济中的重要一环。腾讯依托两款高覆盖率的社交平台微信和 QQ,掌握了广阔的人际关系网络,成为腾讯旗下诸多产品的流量入口,能够与许多行业进行资源对接。腾讯作为平台型媒体,以它为核心形成了多方市场经济模式,通过平台服务的延展成功践行了平台经济和网络经济①。例如,腾讯旗下主打图文资讯的天天快报资讯客户端,在 2016 年日活量高达 8700 万,仅次于腾讯新闻、今日头条。互联网时代的快速变化催促互联网巨头公司加快产品孵化、迭代的速度,产品一旦不再具有盈利能力,就会被直接下架。短视频兴起后,天天快报流量滑坡,降本增效的腾讯果断放弃了它,并在 2022 年 7 月停止运营。

放眼国外,BuzzFeed 在十年的发展中风靡网络,是备受瞩目的媒体平台之一。2006 年,由《赫芬顿邮报》的联合创始人乔纳·佩雷蒂创办的 BuzzFeed,最初以发布娱乐榜单、测试和热门事件链接为主,提供搜索和直接发布信息的途径,便于用户获取当日的热点信息。到了 2011 年,BuzzFeed 经营进入正轨,开始自行制作政治新闻报道,并设立了专门的新闻调查团队和视频制作部门。这一转变标志着 BuzzFeed 由娱乐内容向严肃新闻和视频内容转型,逐渐成为入口级平台。BuzzFeed 在 2014 年实现了 1 亿美元的年收入,在 2016 年的 G 轮融资中成功筹得 2 亿美元,总

---

① 喻国明,何健,叶子.平台型媒体的生成路径与发展战略——基于 Web3.0 逻辑视角的分析与考察[J].新闻与写作,2016(04):19—23.

估值达到17亿美元。2021年12月，BuzzFeed完成了与SPAC(特殊目的收购公司)890 5th Avenue Partners, Inc.的合并，并在美国纳斯达克上市，成为美股首家数字媒体公司[①]。

BuzzFeed在媒体竞争激烈的美国市场突出重围，利用新技术来提高媒体触达受众的能力，获得了巨大的流量和经济收益。除了融资，BuzzFeed主要的收益来源是原生广告。虽然已经步入平台型媒体时代，但以用户的注意力为卖点的传统媒体"二次售卖"逻辑依旧可行，广告资源依旧是各大平台型媒体的盈利源泉之一。只是随着媒体形态发生巨变，广告不再只有单一的海报和文字形态，一种新的广告形态——基于人际关系的原生广告传播，成为BuzzFeed新的盈利方式。在顶尖风险投资家弗雷德·威尔逊(Fred Wilson)看来，原生广告是一种从为网站和App用户营造良好使用体验出发的盈利模式，由广告内容驱动，并整合了载体本身的可视化设计。

BuzzFeed是美国早期采用原生广告制作的媒体平台，已与通用电气、百事可乐、三星集团、英特尔等众多知名品牌展开合作。在运营初期，BuzzFeed出于对用户使用体验的考虑，坚决不在页面张贴传统的横幅广告，而是采用"付费软文"(sponsored content)的方式，软文下方还会标有"广告"(advertising)字样，最大程度地减少了对用户使用体验的影响。BuzzFeed将所有广告商的广告融入用户可获得的内容，如一篇名为《能够教会你的10次旅行》的文章介绍了旅行的好处，并推荐了几个旅游目的地和项目。这是一篇来自互助保险公司StateFarm的付费软文。用户在阅读软文时，品牌达成了广告推广目标，用户能从软文中获取自己所需的信息，双重信息传播提升了用户的消费欲望。针对投放广告的广告商一

[①] 美股首家数字媒体公司BuzzFeed"借壳"上市，首日跌超11%[EB/OL].(2021-12-07)[2024-06-10]. https://baijiahao.baidu.com/s?id=1718453124240935542&wfr=spider&for=pc.

端，BuzzFeed 提供个性化定制原生广告的服务，广告商也可以实时追踪自己投放在 BuzzFeed 上的广告的效果，并根据投放效果的反馈及时改进。传统在线广告难以在投放后及时作出改进，BuzzFeed 的这个优势扩大了品牌影响力，间接增加了广告主的收益。

BuzzFeed 抓住了网络时代用户强烈的分享欲，将社交媒体的分享属性做到极致，按照受众"愿意分享什么"来生产内容。BuzzFeed 巧妙地利用 Facebook、Twitter 等社交媒体平台，作为流量驱动器的它们能让用户在使用社交媒体时点击其中的外链来访问 BuzzFeed。简洁明了的社交平台分享外链和用户社交关系网本身的背书，都刺激着用户去点击。这种从搜索转变为分享的理念，将受众变成分销网络，缩短了信息与受众的距离。传播关系也由"一对一"向"一对多"改变，传播效率得到了大大的提高①。

受众在社交圈看到的广告往往比浮动在客户端页面的传统横幅广告更有说服力，这类广告也会带来更好的经济效益。BuzzFeed 将"病毒式"传播模式运用到原生广告的营销中，确定第一批种子用户后，把产品或服务提供给他们。种子用户在完成社交行为后，通过关系渠道将广告信息传递给第二级用户，如此循环，便完成了从小众到大众的传播过程。这种模式也容易缔造流行的"爆款"。BuzzFeed 的营销策略结合了"病毒式"传播，使内容的传播链路更明确，更有针对性。

单一的盈利模式对于平台型媒体而言意味着很大的风险，一旦 BuzzFeed 出现内容无法吸引用户、大批用户流失、流量下降等问题时，其盈利模式就将不再奏效。BuzzFeed 将社交媒体平台如 Facebook、Twitter 视为流量驱动器，但流量本身来自社交媒体平台，用户的社交关系网络也在社交平台上。一旦社交媒体本身产出了具有可替代性的产品，抑或

---

① 王雪莹. 分享优于消费：BuzzFeed 的成功之道 [J]. 青年记者，2018（21）：88—89.

BuzzFeed提供的内容不再能吸引具有高购买力的人群,广告商的资本就会流向新的平台。近年来,Facebook大幅减少了对内容生产者的支持,也丧失了对年轻用户的吸引力,让高度依赖于它的BuzzFeed遭到了灾难性打击。2022年前三个季度,BuzzFeed消耗了1 240万美元现金,而去年同期该公司实现了现金的净增长。截至2022年9月底,BuzzFeed持有的现金仅为5 900万美元,在现金流方面面临更大的压力①。由于陷入持续的盈利困境,BuzzFeed于2023年4月宣布裁员15%,并关停了旗下的原创新闻团队。此时,BuzzFeed的市值已经仅剩100万美元,股价跌至谷底。这在海外被视作一个数字媒体时代的终结②。

(三) 从技术到新闻:定制内容与精准推送

随着移动互联网、社交技术和个性化推荐的不断发展,传媒行业经历着深刻变革。传统互联网时期兴盛一时的门户网站,因为缺乏交互性、同质化严重、依托于电脑端等问题一直没得到解决,转型不坚决、不及时、不彻底,导致了新闻门户网站的快速没落。此时,以今日头条为代表的具有交互功能的互联网平台开始涌现。在这类平台上,企业可以通过用户日常浏览行为产生的数据分析其喜好,再利用强大的算法功能给他们提供个性化的新闻推送。

今日头条是一款基于数据挖掘技术的个性化推荐引擎产品,它在2012年8月上线。与国外的同类产品BuzzFeed不同,今日头条并没有采编人员,也不直接生产内容。它更像一个内容仓库,吸引不同内容的生产者入驻,并通过算法记录用户阅读轨迹,根据喜好进行个性化推荐③。今

---

① 应对广告市场低迷,BuzzFeed宣布裁员12% [EB/OL].(2022-12-07)[2024-06-10]. https://baijiahao.baidu.com/s?id=17515146668065128515&wfr=spider&for=pc.
② 市值从11亿美元跌到0.01亿,谁害惨了BuzzFeed?[EB/OL].(2023-06-26)[2024-07-17]. https://new.qq.com/rain/a/20230626A03VUK00.
③ 徐笛.边界的交融:科技公司媒体服务样本[J].中国出版,2017(12):7—10.

日头条创始人张一鸣将今日头条定义为"一个具有媒体属性的技术公司",它邀请传统媒体入驻,在平台上发布新闻内容,再通过算法机制将传统媒体生产的内容精准地推送给目标用户。这种运作模式改变了传统互联网时代用户搜索、寻找内容的习惯,抓住移动互联网时代用户习惯用智能手机进行碎片化阅读的特点,按用户喜好智能地推送短篇内容,构建了"内容找人"的阅读习惯。免费使用的客户端降低了用户的使用门槛,较快地培养了用户获取资讯的习惯。字节跳动正以搜索体系作为支撑,构建"算法推荐(信息找人)+用户搜索(人找信息)"的一体化信息连接生态闭环,从而将更多的流量留存在自身产品圈内,以保证其用户黏性的持续增强和内容的不断丰富[1]。

今日头条算法推荐系统的应用也意味着它掌握了大量用户的兴趣偏好、阅读习惯等原生数据信息,能够形成精准的用户画像,并根据画像更精准地推送定制化内容,其中也包括广告信息。今日头条的广告投放分为软性和硬性两种。软性的有嵌入式广告,硬性的有CPT(cost per time,按天展示)和GD(guaranteed delivery,担保式保量投放)两种方式。硬性广告会在今日头条版面的固定位置展示,可以按时长购买,也可以按照曝光次数购买。GD广告以信息流广告为主,穿插在新闻之间,形式上与新闻类似,在界面融入上较为自然。与传统硬性广告不同的是,今日头条推出了CPM(cost per thousand mille,按千次展示量竞价)广告方式,根据平台设定的区域和对象随机推送。这种模式收费低,可以垂直覆盖目标人群,适合面向大众的广告展示、促销等行为。嵌入式软广告的表现形式则更为多样,类似于原生广告。广告主可以在今日头条下设的科技、时尚、汽车等板块,通过软文、音频、视频或多者结合的方式,对产品进行推广。栏目中还会配有对产品的测评类文章,加深用户对产品的了解。此类广告因为用户接受度高,被广泛应用在各类移动客户端的广告策

---

[1] 邵原.字节跳动 互联网行业破局者[J].企业管理,2020(04):72—76.

划中。

进入移动互联网时代后,广告依旧是平台类媒体的重要收入来源。当前,一个较为完整的广告产业链条已然形成。与传统互联网时期一样,用户能够免费获取今日头条这类平台媒体的使用权,但要忍受平台媒体无孔不入的广告推销。即使广告做得再近似于新闻资讯,它们在本质上还是大有不同。即便如此,平台媒体依旧要在平台内置广告,否则会失去重要的资金来源。

今日头条还在电子商务和O2O业务领域布局。2014年,今日头条上线了名为"今日特卖"的电商业务入口,开启了对电商行业的初步探索。2017年9月,今日头条推出"放心购"功能。"放心购"只支持企业用户入驻,即只有商家才能在上面售卖产品,用户也不用跳转外部链接就可以直接在头条体系中购买。"今日特卖"已经初具独立电商平台的雏形。2018年9月,今日头条将"放心购"升级为"值点商城",并推出"值点"App,主打高性价比产品。但很可惜的是,不管字节如何调整,今日头条的电商业务始终未有起色。"值点"App目前已经从各大应用商店下架,平台内的新用户也无法继续注册。之后,字节跳动对电商的开拓转移到了抖音上。

互联网产品的周期短,竞争激烈,今日头条这类主打新闻的图文资讯平台媒体在短视频平台媒体的冲击下,也显现出颓势。QuestMobile统计的2022半年度中国移动互联网实力价值榜显示,今日头条以3.4亿的月活量仅排到"用户规模亿级玩家"第20名[1],不复往日风光。回顾今日头条的发展历史,其商业模式还有改良空间,包括与传统媒体合作共赢、丰富盈利模式、增加增值服务、收取VIP会员费、深度拓展电子商务等。从商业角度考量,今日头条只是字节跳动旗下的一款产品,转型成本甚至可

---

[1] 接入抖音电商,今日头条也要卖货[EB/OL].(2022-10-19)[2024-06-10]. https://36kr.com/p/1964624024152323.

能高于重新打造新产品的成本。不过,今日头条的蓬勃发展为字节跳动早期人才队伍的建设和资本积累打下了坚实基础,使字节跳动异军突起成为可能。2022年5月,字节跳动更名为抖音集团,旗下包括抖音、今日头条、西瓜视频、懂车帝、剪映、巨量引擎等业务,估值过万亿元,成为全球最大独角兽公司。据2024年11月17日的报道,字节跳动通过股票回购计划,向投资者提出每股180.7美元的回购价,字节跳动的估值约为3000亿美元①。

(四)展望与反思:新闻权威消解与价值重构

当前,看似打破专业壁垒的平台媒体引发了学者们对新闻业的强烈忧虑:资本主导的平台媒体不仅稀释了传统新闻业的市场份额,更消解了传统新闻业的权威②;在方便受众新闻阅读的同时,平台媒体上出现了大量虚假新闻,新闻对于公众生活的价值大打折扣③;平台媒体内嵌的算法将用户置身于独立的信息茧房④。可见,平台媒体在重创新闻业的同时,也对传统的传播权力格局进行了重构。

当平台媒体发展到一定程度,它们之间经过融资与兼并后隶属于少数几家巨头公司,有形成垄断的风险⑤。传统媒体内部普遍存在技术研发人才队伍人员不足的问题,传统媒体迈向平台型媒体的道路阻碍重

---

① 字节跳动最新估值约3000亿美元 传没有任何上市计划 回购价上涨12.9% [EB/OL]. (2024 - 11 - 08) [2024 - 12 - 01]. https://news.china.com/socialgd/10000169/20241118/47605872.html.
② Bell, E., Owen, T. The Platform Press: How Silicon Valley Reengineered Journalism [R]. Columbia University: Tow Center for Digital, 2017 - 05 - 26.
③ Newman N., Fletcher R., Kalogeropoulos A., et al. Reuters Institute Digital News Report 2017 [R]. Oxford: Reuters Institute for the Study of Journalism, 2017 - 06 - 21.
④ E. Bakshy, S. Messing, L. A. Adamic. Exposure to Ideologically Diverse News and Opinion on Facebook [J]. Science, 2015, 348 (6239):1130 - 1132.
⑤ 王斌,张雪.双向融合:互联网环境下平台媒体与传统媒体的关系建构 [J]. 中国编辑, 2022 (04):24—28+35.

重。即使如主流媒体央视网,其核心技术研发人员也不足 300 人,南方报业、澎湃新闻等媒体的技术团队也只有 30 人左右。与之相对的是,互联网巨头公司,如今日头条,其所属公司字节跳动的研发人员超过 3 000 人,运营、维护等中台人员超过 1 万人①。两者在资本和人才力量方面的悬殊意味着,短期之内,传统新闻媒体很难建立起能与之抗衡的自主平台。

在此背景下,平台媒体集聚了强大力量,逐步打破了新闻场域的规则,改变了新闻场域中的资本分布,甚至成为影响新闻业的主导力量,对新闻业的发展形成了结构性约束②。通过版权协议的签订,自身并不生产新闻的平台完成了对传统新闻机构的吸收,赢得了传播主动权,成了新的行业参与者③。近年来,传统媒体在融合转型过程中,为增强自身在互联网上的影响力、引导力,吸引更多粉丝,扩大用户规模,几乎都在大型平台媒体上开设了账号。比如,《人民日报》的新浪微博粉丝数量超过 1.5 亿人,微信文章阅读量普遍超过 10 万次。同时,多数媒体除了官微外,还形成了部门、版面乃至业务的微信、微博、今日头条、抖音矩阵。传统媒体对平台媒体形成了高度依赖,如果不借助商业平台,而是单纯通过移动客户端等方式自建平台,绝大多数传统新闻媒体的影响力将日渐衰微,大量优质内容无法有效地触达用户。

伴随着专业媒体大量进驻商业型平台媒体,有关网络舆论、文化安全和意识形态方面的问题也涌现出来。学者尼尔森(Nielsen)和甘特(Ganter)的研究结果表明,平台媒体凭借自身的垄断地位建立起了新的

---

① 王枢,徐建勋.论传统媒体的平台化转型[J].新闻爱好者,2019(07):51—55.
② 白红义.重构传播的权力:平台新闻业的崛起、挑战与省思[J].南京社会科学,2018(02):95—104.
③ R. Kleis Nielsen, S. A. Ganter. Dealing with Digital Intermediaries: A Case Study of the Relations between Publishers and Platforms [J]. New Media & Society, 2018, 20(4):1600-1617.

传播规则。新规则下的双方地位明显不对等,平台媒体则可以通过规则的修改影响传统新闻机构的利润收益。传统新闻机构的新闻生产必须按照平台指定的规则进行,一旦违背了平台媒体的意愿,新闻的推送率就会受到明显的影响①。传统新闻业呈现高度专业化的特征,几乎是读者获取专业新闻的唯一途径。然而,当前,大量非专业人士介入新闻生产和新闻传播领域的工作,部分工作让渡给了算法黑箱,新闻的权威性和专业性都受到严峻挑战。平台媒体以强大的信息分发渠道引诱传统媒体入驻,此时的传统新闻媒体不再处于新闻生产和新闻传播的核心地位,反而被推向生产和传播链条的边缘。同时,平台媒体可以决定哪些机构的新闻被采用、哪些新闻可以被用户阅读,对其而言,百年大报和自媒体都只是众多的新闻来源之一。

算法推送已经不再局限于新闻的分发配送环节,还会深刻地影响内容的生产环节,影响媒体对新闻价值的定义和判断。"新闻价值"这一概念本身的主观性极强。以前,新闻价值只能基于受众的居住地、年龄、性别等粗略的标准,但随着技术的演进,出现了更精准的新标准,使内容生产者在考量新闻价值时能借助更多的数据支持。需要明确的是,技术是一把双刃剑,内容生产者如果只是单纯地根据算法组织生产,将面临新闻质量降低的风险。

三、多类型媒体盈利模式述评

(一)自媒体:分发渠道和盈利模式的路径依赖

自媒体丰富的盈利模式可以为传统媒体的经营创新提供多种实践样本。第一,通过广告植入的流量变现方式反应速度较快,如美食类、汽车

---

① R. Kleis Nielsen, S. A. Ganter. Dealing with Digital Intermediaries: A Case Study of the Relations between Publishers and Platforms [J]. New Media & Society, 2018,20(4):1600-1617.

类自媒体主要通过软广告等形式的商业广告盈利；第二，自媒体在内容变现方面探索较多，如通过知识付费等方式在优质内容积累的用户身上实现变现，如财经类、医疗健康类自媒体通过订阅付费课程、在线问诊等方式盈利；第三，采取复合变现模式打通媒体内容、电商平台、线下实体的联动，形成闭环的盈利体系，如"一条"从媒体内容到电商再到新零售的转型。

可以看出，自媒体打破了传统媒体时代对知识和信息的垄断，使人类社会快速地进入一个开放多元的社会，信息的数量大大增加，流动速度也更快。整体来说，可以说是利大于弊。但是，由于自媒体行业整体门槛较低，专业媒体"把关人"的作用已被大大削弱，社会化媒体的议程还在一定程度上影响着专业媒体的议程，这为虚假信息、极端言论等不良内容提供了培养皿，可能会导致注意力资源的浪费和舆论空间的无序。在移动互联网时代，用户的注意力成为各平台和产品竞相争夺的焦点，但大众的审美取向和对新鲜事物的追求日新月异。互联网的快速更迭对自媒体行业的影响尤为凸显。对于以内容为生的自媒体来说，用户的关注度和活跃度的高低直接反映了内容吸引力的强弱，也决定了自媒体品牌的生死。然而，持续高质量地产出优质内容并非易事。因此，绝大多数自媒体账号都是昙花一现，只能通过售卖注意力来快速变现，很难在一段较长的时间内拓展自己的盈利链路。自媒体账号要想保持粉丝黏性，实现持久变现，只能与专业的自媒体孵化公司合作或者果断选择转型。

除了做好内容，自媒体依托的互联网巨头提供的平台也并非完全稳定的因素。随着第四次科技革命的兴起，以大数据、云计算、物联网和移动互联网等技术为代表，中国出现了阿里巴巴、腾讯、百度、字节跳动等互联网巨头。这些公司依靠庞大的用户群和先进的技术能力，逐渐获得了巨大的影响力。互联网巨头作为羽翼渐丰的中国资本集团，影响着几乎所有的社交平台。在算法黑箱的掩护之下，它们自觉或不自觉地试图通过影响网络舆论走向来维护自身利益。微博的热搜推荐、腾讯微信公众号的敏感词过滤、百度的搜索关键词推荐、抖音的热门视频算法推荐等行为已经显示了这些由资本控制的社交平台具有极大的设置甚至控制大众议程、影响社会舆论走向的能力。当前,在新闻信息服务领域,报纸、广播、杂志等传统媒介捆绑在一起所占的市场份额恐怕已经不足20%,80%以上的内容分发渠道已由新技术巨头主导的算法型传播取代了[1]。平台分配注意力的多少直接关系着自媒体账号的成败,限流、禁言等管理措施近年来在各大互联网平台屡见不鲜。要想让互联网巨头和自媒体账号实现互惠互利,自媒体需要确保持续输出高质量的内容,在特定领域形成巨大影响力,并凸显自身的渠道价值。与此同时,自媒体要与粉丝和用户保持良好的互动,培养情感联系,延长个人账号的寿命,进一步探讨可行的变现逻辑。

(二)平台媒体:技术触达和精准营销

平台新闻业的崛起带来了一套新的新闻生产和传播机制,影响着世界几十亿人的阅读习惯。商业型平台媒体虽然标榜自身"技术中立""技术无罪",但由人编写的算法本身并不一定完美,平台的推送无论是否需要人工介入,它都无法真正地达到客观。算法应用在消解新闻性的同时,对用户而言,也不可避免地将其置身于过滤泡构成的信息茧房中。在平台媒体时代,新闻社交化成为一种趋势。如果新闻推送的算法依据用户社交行为来实行,用户的行为会影响新闻推送的过程,那么算法选择的新闻为用户提供的"过滤泡式"环节会在潜移默化中影响其情感和态度。这种操作的可能性使平台媒体和传统媒体一样,开始具有强大的议程设置能力。平台媒体本身没有采编权,却能够通过算法推送"翻云覆雨",影响舆论,用算法限制或强迫人们获取某种新闻。当人们的一举一动都被技术监视,人们将会丧失独立思考的能力,甚至原本有能力借助技术与资本

---

[1] 钟超,丑则静.社交媒体时代的网络舆情治理:美国的教训与启示[J].天津行政学院学报,2020(04):45—54.

建立起网络时代意见"自由市场"的技术公司,却可能建立一个新的"封建化媒介社会"①。

互联网时代海量信息传播的格局已经形成。有学者指出,"互联网+"是一种高维媒体。这种高维是相对于传统媒体而言的,低维向高维的转化是不可逆的,其最终的结果就是平台型媒体②。未来媒介的发展方向必然是平台媒体,这给传统媒体带来了巨大的转型挑战。传统媒体必须意识到,若无法在内容上展现强劲实力,日后将难以与资金、技术、人才密集的互联网公司竞争。自媒体、平台媒体等不具有新闻的采编权,所以主流媒体和机构媒体在原创优质报道领域拥有的采编权使得其仍是平台媒体上多数公众关注的头部内容——"硬新闻"的供应商,具有核心竞争力。在向新媒体转型的过程中,传统媒体必须认识到自己的优势和劣势,可以适度降低对平台的依赖,坚持正确的新闻价值观,坚定地做好内容生产,在内容上坚持创新性、原创性、深度性,增强版权保护、用户迁移和价值变现的自主意识,有效地利用平台资源做大做强③,谋求可持续的发展。

第三节 搭建坐标系:典型媒体完善盈利模式的经验总结

一、完善盈利模式多元渠道

国外媒体付费制的盈利模式探索为中国盈利模式的发展提供了丰富的经验。目前,西方主流媒体在数字化转型中建立了多种订阅收费或会

---

① 史安斌,王沛楠.传播权利的转移与互联网公共领域的"再封建化"——脸谱网进军新闻业的思考[J].新闻记者,2017(01):20—27.
② 喻国明.互联网是一种"高维"媒介——兼论"平台型媒体"是未来媒介发展的主流模式[J].新闻大学,2015(02):41—44.
③ 张志安,曾励.媒体融合再观察:媒体平台化和平台媒体化[J].新闻与写作,2018(08):86—89.

员收费机制，实现了从广告收入模式到读者付费模式的转变。具有代表性的订阅收费模式是《纽约时报》采用的"软付费墙"和《华尔街日报》采用的"硬付费墙"，即针对数字内容收取一定费用。"软付费墙"允许有免费吸引用户的部分内容，"硬付费墙"则是全面收费，收费标准和免费内容数量的设定对订阅转化至关重要。还有一种会员制是在订阅的基础上提供额外的增值服务，加强用户忠诚度，如《卫报》通过线下活动维护用户，《参媒》通过半封闭模式实现运营，《华盛顿邮报》则运用多平台合作模式，与亚马逊、Facebook等互联网平台合作，根据平台优化内容，扩大影响力。对于我国的媒体来说，国外媒体的尝试提供了多种盈利模式经验，可以尝试和调整付费策略，使数字收入、广告收入等多种盈利来源实现平衡。

二、建立媒体盈利绩效评估制度

自媒体和平台媒体的盈利模式评估往往有一套较为完整的体系，如从财务指标、用户规模、用户黏性、社会影响力、技术实力、发展潜力、行业地位等角度评估盈利模式。对于传统媒体组织来说，可以借鉴新兴媒体的经营评估策略，结合经营现状，制定具有中国特色的媒体组织经营绩效评估指标体系。其中，新兴媒体的绩效评估主要分为三个维度：第一个维度是财务维度，涉及营收额、净利润、营收成本比、用户付费转化率等财务指标；第二个维度是媒体影响力，涉及品牌知名度、媒体曝光率、网民好感度等指标；第三个维度是媒体发展潜力，涉及媒体未来增长预期、行业地位和收入增长潜力等。

第八章

媒体盈利能力评估制度的建立与应用

前文对典型媒体盈利模式进行了分析，可以为我国媒体盈利模式的转型提供相关的参考经验。本章将进一步确定相关测量指标，旨在建立一套中国媒体组织盈利能力的评估体系。这一媒体盈利模式指标体系的研发以媒体组织盈利模式为基准，参考国内外经验，结合国内媒体组织现状，将指标体系分为影响力、责任力、运营力三个维度，既考虑到媒体组织的一般性，也考虑到中国媒体的独特性。

值得注意的是，中国媒体盈利模式转型是媒体融合政策演变的产物，因而关注盈利模式上述三个评估维度的同时，还需要考虑其背后媒体融合的多重动力机制。比如，盈利模式评估中的影响力维度与传播方式、形态、效果有关，这就要考虑媒体组织的技术水平、市场化程度及组织领导力和灵活度。因此，基于影响力这一维度的指标进行战略路径优化时，可以针对组织的技术、市场化策略、组织管理方式进行设计，从而在实践层面提升盈利模式转型的效果。同样，在责任力维度，评估体系主要涉及公众信息感知、政府满意度和传媒品牌形象，这与媒体组织的政策纲领、市场定位、组织战略息息相关。在运营力维度，运营主要关注财务的运行状态，其评估体系主要关注传媒组织的资产报酬率、盈利指标、资金周转情况等运营数据，这与媒体组织的技术转化率、组织管理绩效有关。

具体而言，本章以上海报业集团的转型发展为例，尝试从整体着眼，对其转型现状进行分析和评价，并指出可以进一步改进和完善的空间。

第一节　我国媒体组织经营绩效评估指标的确立

我国媒体组织经营绩效评估指标(以下简称"指标体系")的研发以媒体组织盈利模式为基准,借鉴国内外媒体组织盈利模式评估的原则与方式,结合我国媒体组织经营的现状,目的是制定出具有中国特色的媒体组织经营绩效评估指标体系。同时,根据 PDCA[①] 闭环管理原则,在跟踪国内外媒体组织盈利模式最新发展现状,总结国内外媒体组织盈利模式最新经验,分析媒体组织盈利模式进展的基础上,对指标体系进行动态修订和升级(图 8-1)。

一、指标设置

过去已有的传媒组织经营绩效评价的相关研究为本书指标体系的建立提供了部分依据。20 世纪 30 年代以来,国外学界和商界在传媒产品的绩效评价研究方面取得了较为丰硕的成果。在商界,美国尼尔森公司(1936)、阿比壮公司(1949)、法国广告载体研究中心(1958)、日本媒体研究公司(1962)等权威调查机构对传媒产品进行了量化评价,不仅关注传媒产品的视听率,还关注其品质及受众的反应[②]。在中国,近年来传媒经营绩效评价得到一些学者的关注。比如,黄贺铂从金融化与资本扩张的视角提出了有关传媒组织金融化水平的评价体系,主要包括所有权结构与股东价值、金融资产持有率与金融投资率、用户平均收益与市盈率、资

[①] PDCA 是计划(plan)、实施(do)、检查(check)、处理(act)的英文单词首字母的组合。现实生活中每一项具体的工作都离不开制订计划方案、执行方案、检查方案、调整并不断改善方案四个阶段。

[②] 黄贺铂.中国互联网平台公司的金融化与资本扩张机制研究[J].传媒经济与管理研究,2022(01):71—101.

第八章 媒体盈利能力评估制度的建立与应用

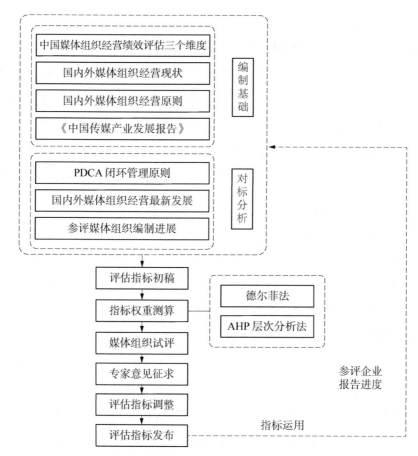

图 8-1 我国媒体组织经营绩效评估指标体系研究路径

本收购与金融网络等细分指标[1]。盛虎等人提出了关于传媒组织并购绩效的评价体系[2]。也有学者将绩效具体分为社会绩效和经济绩效,提出了传媒制度绩效评价的思路、框架及方法[3]。已有的文献为本书提供了可资

---

[1] 黄贺铂.中国互联网平台公司的金融化与资本扩张机制研究[J].传媒经济与管理研究,2022(01):71—101.
[2] 盛虎,张俊哲,张开阳.中国新闻出版传媒企业并购项目绩效研究——fsQCA 的构型分析[J].新闻大学,2022(04):104—118+123.
[3] 刘楚君.我国传媒经济学发展的历史脉络与范式建构[J].传媒经济与管理研究,2021(01):3—17.

借鉴和参考的资料，构成本书的重要基础。此外，已有的文献尽管从不同角度罗列了不同的评价指标体系，但指标体系的结构关系还有待进一步厘清。其中较为重要的是，面对中国传媒组织多利益主体协调的复杂生态，如何基于传媒组织目标，制定符合实际的媒体组织绩效管理评估标准，以实现组织运行效率的最大化。

中国传媒组织经营绩效评价体系的建立应当是多维度的。传媒组织经营绩效的概念较广，涵盖传媒组织从资源获取到运行的全过程。传媒组织的属性意味着其中容纳了多元的利益相关者，因而会存在多重价值和目标。比如，英国新闻学者托斯塔尔(Tunstall)把报业的目标分为经济效益目标和非经济效益目标。虽然传媒从事经营活动具有必要性，是其维持自身发展的前提，但传媒活动也要受到公共性和公益性的制约，非经济效益目标也尤为重要。在中国，传媒组织具有特殊性，在社会活动中承担着多重角色。有学者认为，中国传媒组织的经营绩效内容和层次与一般企业不同，它更应该注重文化性和公益性，其中的社会责任也是经营绩效中要考察的重要方面。鉴于传媒组织经营绩效评估比纯粹的私人组织和公共组织更为复杂，所以传媒组织经营绩效评价也较为困难。这就在客观上造成了传媒组织经营绩效这一概念的多维性(multidimensional)，难以从单一角度对其外延进行简单描述，往往需要设置多种维度，从不同角度衡量传媒组织经营绩效水平[1]。

传媒组织是多元主体参与利益博弈的场域，经营绩效的目标设定需要关注多元利益相关者，因而在评价指标体系的建构中要尽可能地充分反映利益相关者的预期，符合不同利益相关者的需求。首先，传媒组织提供新闻产品生产，作为文化产品的提供者，传媒组织经营绩效评价要为社会群体带来充分的文化价值。其次，传媒组织是一种产业模式，一种以传

---

[1] 姚德权，姚梦实.中国传媒组织三维绩效评价指标体系研究[J].深圳大学学报（人文社会科学版），2013（06）：108—113+14.

播为职能的影响力产业,其多元利益主体涵盖股东、投资者、供应商、组织高管、员工和社区等主体,利益相关者对于传媒产品的影响力和满意度较为关注。最后,传媒组织是具有公共性和公益性的组织,因而社会责任是政府、公众利益相关者重点关注的因素。此外,作为商业性的传媒组织,债权人和股东也存在利益博弈,如债权人考虑组织变现能力,股东要考虑投资回报,高管及员工一般会考虑组织的盈利情况,组织财务指标是这一部分利益相关者重点关注的对象。总之,只有各方面利益得到合理协调,才能让组织正常运行。由上述分析可以发现,传媒组织的绩效评价需要关注传媒产品的影响程度、传媒组织社会责任的承担水平及组织运营能力等维度。

基于利益相关者理论,结合行业和学界专家的意见,本书初步构建的适用于所有媒体组织经营的基础评价指标结构如下。

第一级指标类别包括媒体组织的影响力、责任力、运营力三大类,Y代表影响力,Z代表责任力,C代表运营力。第二级指标类别对应媒体组织经营维度下的各项议题,共11项。第三级指标类别对应各项议题下的相关行动与期望,共32项(表8-1)。

表8-1 媒体组织经营绩效指标分类表

一级指标		二级指标	三级指标
Y 影响力维度	Y-1	传播规模	3项
	Y-2	传播流量	3项
	Y-3	传播质量	4项
	Y-4	传播效应	2项
	……	……	……
Z 责任力维度	Z-1	公众信息感知态度	2项
	Z-2	政府满意度	2项
	Z-3	传媒品牌效果	3项

续 表

一级指标		二级指标		三级指标
		……	……	……
C	运营力维度	C-1	盈利能力	4项
		C-2	营运能力	2项
		C-3	偿债能力	3项
		C-4	发展能力	3项
		……	……	……

影响力维度的分类指标见表8-2。

表8-2 影响力维度分类指标

序号	三级指标
Y-1	传播规模
Y-1-1	媒体组织是否联动其他级别媒体发挥传播作用
Y-1-2	是否存在及时响应传播口径
Y-1-3	传播内容对国家和社会的贡献程度
Y-2	传播流量
Y-2-1	媒体组织传播渠道的搭建范围和程度
Y-2-2	媒体组织传播策划的专业程度
Y-2-3	媒体组织传播的流量覆盖程度
Y-3	传播质量
Y-3-1	提供的传播内容对公众的影响程度
Y-3-2	提供的传播产品的数量情况
Y-3-3	提供的传播内容产品和服务的质量评价
Y-3-4	传媒品牌建构的效果
Y-4	传播效应
Y-4-1	受众接触传媒产品的态度影响程度
Y-4-2	受众接触传媒产品的行为影响程度

责任力维度的分类指标见表 8-3。

表 8-3 责任力维度分类指标

序号	三 级 指 标
Z-1 公众信息感知态度	
Z-1-1	提供社会需要的传播内容产品和服务情况
Z-1-2	传播产品和服务创新成果
Z-2 政府满意度	
Z-2-1	传媒组织社会监督责任的发挥程度
Z-2-2	传媒组织舆论引导、维护政府形象的程度
Z-3 传媒品牌效果	
Z-3-1	传媒组织品牌形象在公众中的评价优劣
Z-3-2	传媒品牌带来的盈利效果转换
Z-3-3	传媒品牌驱动经营效率、提升经营能力

运营力维度的分类指标见表 8-4。

表 8-4 运营力维度分类指标

序号	三 级 指 标
C-1 盈利能力	
C-1-1	传媒组织的总资产报酬率
C-1-2	下属媒体经营企业的盈利情况
C-1-3	媒体组织广告量增长情况
C-1-4	政府财政补贴情况
C-2 营运能力	
C-2-1	传媒组织资产利用效率
C-2-2	传媒组织资产周转能力

续 表

序号	三级指标
C-3 偿债能力	
C-3-1	传媒组织的资产负债率
C-3-2	传媒组织的债务风险程度
C-3-3	传媒组织的财务杠杆收益
C-4 发展能力	
C-4-1	传媒组织的经济增加值
C-4-2	传媒创新产品的策划与传播能力
C-4-3	传媒高水平人才引进程度

针对不同媒体的组织性质(如国有媒体和混合所有制媒体)、媒体传播领域(如新闻信息服务、内容创作生产、创意设计服务和文化传播渠道)、媒体规模(如小、中、大型媒体组织等不同层面),本书提出建立分性质、分领域和分规模的媒体组织经营管理评估指标("基础指标+专项指标"体系)。该指标可以对不同媒体组织经营绩效进行比较全面、准确的评估,解决针对性不足的问题,从而建立一套比较完整、科学的综合性绩效评估体系,使评估结果具有较强的权威性和公信力。

二、指标权重测算

评估指标权重采用德尔菲法(专家调查法)与AHP层次分析法确定。

第一步,构造判断矩阵(表8-5),对B_{ij}采用1—9等级标度:1表示对A_k而言B_i和B_j同等重要;3表示B_i较B_j更为重要一点;5表示B_i较B_j明显重要;7表示B_i比B_j强烈重要;9表示B_i比B_j重要得多。2、4、6、8表示相邻判断的中值。当$i=j$时,$B_{ij}=B_{ji}=1$;当$i \neq j$时,$B_{ji}=1/B_{ij}$。

表8-5 矩阵构造示例

A_k	B_1	B_2	……	B_n
B_1	b_{11}	b_{12}	……	b_{1n}
B_2	b_{21}	b_{22}	……	b_{2n}
……	……	……	……	……
B_n	b_{n1}	b_{n2}	……	b_{nn}

第二步,依据评估指标体系设计专家调查问卷,对各层次中指标的重要性进行两两比较,并利用1—9等级标度法为重要程度赋值。同时,征询10—20位专家意见。

第三步,通过层次单排序,确定对于上层次某元素而言,本层次各元素重要性次序的权重值。层次单排序即通过计算判断矩阵的特征和特征向量问题,指对判断矩阵A计算满足$AW=\lambda_{max}W$的特征根和特征向量,将特征向量正规化,并将正规化后所得的特征向量W作为本层次元素A_1、A_2、A_n对于其隶属元素C_k的排序权值。

第四步,由于受诸种主客观因素的影响,判断矩阵很难出现严格一致的情况。因此,在得到λ_{max}后,还需要对判断矩阵的一致性进行检验。为了检验判断矩阵的一致性需要计算它的一致性指标CI,定义为$CI=\frac{\lambda_{max}-n}{n-1}$。当CI=0时,方可判断矩阵具有完全一致性。$\lambda_{max}-n$越大,CI就越大,则判断矩阵的一致性差。为了检验判断矩阵是否具有一致性,需要将CI与平均随机一致性指标RI进行比较。RI的取值见表8-6。

表8-6 RI取值示例

阶数n	1	2	3	4	5	6	7	8	9
RI	0.00	0.00	0.58	0.90	1.12	1.24	1.32	1.41	1.45

若判断矩阵CR=CI/RI<0.10时,此矩阵满足一致性原则,否则需要

对判断矩阵进行修改,直至其满足一致性原则。

第五步,从上到下逐层进行层次总排序。结合同一层次所有元素单排序的结果,计算出对于上一层次而言,本层次所有元素的重要性权重值。

第二节 建立中国媒体组织经营绩效多元评估体系

本书建议政府主管部门下设"中国媒体组织经营绩效评估管理委员会"(下文简称"委员会")。如果实施困难,则可在行业协会中设置相关机构。该委员会作为中国媒体组织经营绩效评估的领导机构与执行机构,是由政府主管部门负责人、中国媒体组织经营绩效研究和实践领域的专家、行业协会代表、公民代表等多元主体构成的开放性机构。

一、委员会组织体系

委员会常设主席一名、副主席及委员若干名。委员会下设评估小组和秘书处。评估小组是由委员组成的动态组织,组长由管理委员会选出一名委员担任。秘书处是评估事务的联络和协调部门,设评估事务联络人若干名(图8-2)。

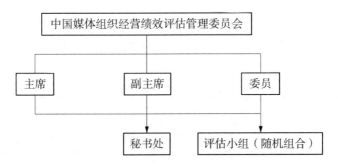

图8-2 媒体组织经营绩效评估管理委员会组织体系

二、委员会职责与工作内容

委员会的职责与工作内容包括：接受中国媒体组织经营绩效评估申请，组建评估小组对经营绩效情况进行评估，出具评估报告；组织委员会成员适时修订评估指标与权重，发布新体系。

秘书处的职责与工作内容包括评估事务的联络、协调和服务工作。一般而言，秘书处常设于委员会一致同意的法人机构。

此外，委员会采取开放、灵活的工作模式，根据申请评估媒体的行业属性等特征，组织政府、专家、行业、媒体从业人员代表，成立报告评估小组。评估相关内容之前，由评估事务联络人组成的审核小组对参评媒体提交的中国媒体组织经营绩效报告及相关资料清单进行初审，再一并提交评估小组。评估小组成员根据评估标准对媒体组织经营绩效报告及相关资料清单分别打分，由评估小组组长综合意见确定评估结果，提交管理委员会主席或副主席签审。

三、评估主体权重占比

本书初步提出权重设置建议：中国媒体组织经营绩效评估总得分＝政府部门意见×30％＋专家意见×50％＋行业意见×10％＋社会意见×10％。该权重仅为初步征询学界、业界专家和本书组研讨后的结果，其科学性有待进一步计算与论证。

第三节　构建评估流程，发布评估报告

一、评估流程

第一步，各媒体在报告发布前自愿向中国媒体组织经营绩效评估管理委员会秘书处提出正式的评估申请，与秘书处所在法人机构签订评估协议,媒体承诺将评估结果附于中国媒体组织经营绩效评估中。

第二步,委员会组织2—3名政府主管部门负责人、3—5名媒体组织经营绩效领域专家、2—3名行业协会代表和2—3名媒体从业人员代表成立评估小组。媒体从业人员代表由中国媒体组织经营绩效评估管理委员会提前向社会公开招募,媒体从业人员自行申请后由委员会进行背景审核,审核通过后加入媒体从业人员代表库,成为备选评估小组成员。每次评估时采取一次性随机抽样,产生评估小组的代表。

第三步,由评估事务联络人组成的审核小组对参评媒体提交的中国媒体组织经营绩效报告及相关资料清单进行初审,再一并提交评估小组。

第四步,评估小组成员根据评估标准,通过Kappa[①]方式对报告及相关资料清单独立进行评分。

第五步,评估小组综合参评中国媒体组织经营绩效评估结果,进行发展指数计算,按星级分类,并作出最终评价。

第六步,评估小组组长审签并出具评估报告,提交委员会主席或副主席审签。

第七步,评估事务联络人将评估报告发送媒体组织,与媒体组织进行后续沟通(图8-3)。

二、指数计算

这一过程采用功能系数法计算中国媒体组织经营绩效指数。从纵向、横向两个维度考虑:自身发展指数代表媒体自身的经营绩效情况,指中国媒体组织经营绩效评估管理委员会给出的评估分数;贡献指数代表该媒体在媒体组织经营总体发展水平中的情况,指该媒体与所有参评媒体组织的平均水平比。此方法能充分反映媒体的总体情况和个体发展状

[①] Kappa统计量用于衡量两个评分者或评判者之间的一致程度,此处用来检验媒体组织经营绩效评分的一致程度。

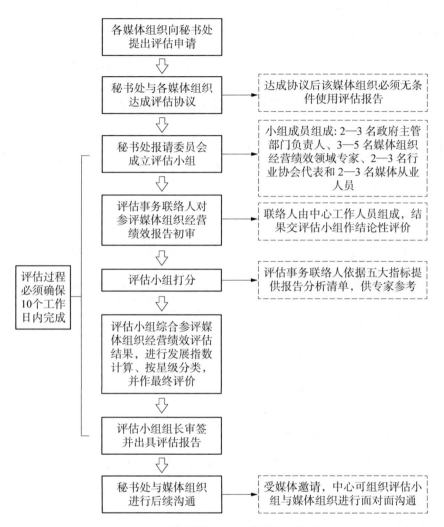

图 8-3 中国媒体组织经营绩效评估流程

况,兼顾了发展速度与规模水平之间的平衡。

本书初步提出中国媒体组织经营绩效指数计算公式:媒体组织经营绩效指数＝自身发展指数×50％＋贡献指数×50％。该权重仅为初步征询学界、业界专家和本书组研讨后的结果,其科学性有待进一步计算与论证。

为直观反映媒体组织经营绩效发展现状，本书将媒体组织经营绩效指数进行星级分类，分别为五星级、四星级、三星级、二星级和一星级，分别对应卓越者、领先者、追赶者、起步者和旁观者五个发展阶段(表8-7)。

表8-7　中国媒体组织经营绩效指数星级分类

序号	星级水平	得分区间	发展阶段	企业特征
1	五星级（★★★★★）	85分以上	卓越者	建立了完善的经营管理体系
2	四星级（★★★★）	70—85分	领先者	基本建立了经营管理体系
3	三星级（★★★）	55—70分	追赶者	开始推动经营管理工作
4	二星级（★★）	40—55分	起步者	经营管理工作刚刚起步，尚未建立系统的经营管理体系
5	一星级（★）	40分以下	旁观者	尚未开展经营管理工作

三、发布评估报告

（一）评估报告的内容

中国媒体组织经营绩效评估报告由以下要素构成：评估概述、评估依据、评估过程、评估结论、改进建议、评估小组名单、评估小组组长审签、委员会主席或副主席审签。

（二）评估报告的发布

对于参与中国媒体组织经营绩效评估的企业，本书建议从以下几个方面展示中国媒体组织经营绩效发展报告和媒体优秀履责实践。

第一，由委员会发布《中国媒体组织经营报告蓝皮书》，每年收录中国媒体组织经营绩效评估报告全文及优秀的媒体组织经营管理实践案例。

第二，由政府主管部门牵头建立"中国媒体组织经营绩效评估在线网站",展示参评中国媒体组织经营绩效评估报告;"中国媒体组织经营管理"微信公众号为中国媒体组织经营绩效报告提供展示、宣传平台。

第三,政府主管部门与中国媒体行业论坛合作,定期举办"中国媒体组织经营管理优秀案例研讨会",围绕中国媒体组织经营发展成果年度报告,为推进中国媒体组织经营绩效发展建言献策。

第四,由政府主管部门和高校统筹、媒体参与、行业协会监督,举办"中国媒体组织经营管理案例大赛年度论坛",正式发布评估成果与本年度获奖的媒体组织名单(举行颁奖仪式)。同时,现场展示中国媒体组织经营活动,鼓励发展星级为五星的媒体组织,树立优秀媒体组织形象。

第五,根据中国媒体组织经营绩效的评估结果,对于经营绩效总分高或在某方面贡献突出的媒体,本书初步设想设置以下供参考的奖项,如"中国媒体组织经营管理二十强""中国媒体组织经营履责先锋模范""中国媒体组织经营特殊贡献奖""最具影响力媒体经营创新成果奖""最佳媒体组织经营管理奖"等,奖项均由中国媒体组织经营绩效评估管理委员会组织与高校合作评审后颁发。

第四节 设计基于评估结果的激励机制

当前,中国媒体组织提高经营绩效的动力不足,应根据评估结果设立多元激励机制,激发媒体组织提高经营绩效的积极性,让创新媒体组织经营绩效的组织获得实质性利益,得到有效的激励。

一方面,可以设立专项活动评选奖项。比如,对经济效益较好的媒体组织,可以通过中宣部、广电总局颁发奖项等途径,给予它们更为有效的奖励,同时鼓励更多的媒体进行经营模式创新的实践。首先,组织评选"媒体组织经营管理先锋模范""媒体组织经营特殊贡献奖""最具影响力媒体经营管理创新成果奖"等与媒体组织经营绩效相关的荣誉奖项;邀请人民日报社、新华社、央视新闻等媒体参与或协同举办"中国媒体组织经营管理创新年度论坛"等活动，加大对媒体组织经营绩效报告情况的宣传力度及对创新型媒体组织的荣誉表彰力度。通过以点带面的方式，充分发挥优秀典型的示范引领作用，在媒体界内部营造创新经营管理的共识和氛围，增强精神激励效果。

另一方面，可以设立专项媒体人才奖励机制。比如，重视对媒体经营领域的人才培养，实施人才激励政策。具体来说，将媒体内引进的高层次经营管理人才纳入政府资助和扶持范围，媒体可以每年向主管部门申报引进人才信息，不同经营管理指数星级的媒体组织分配的名额不同，等级越高，名额越多。申报审核成功后，相关人员将享受税收、办公、个人住房、医疗、养老保险、家属及子女安排等各方面的优惠政策。

第五节　媒体盈利能力评估制度的应用

基于前文的可持续发展评价体系，接下来以上海报业集团的转型发展情况为例，从评估制度的三个重要一级指标，即影响力、责任力及运营力三个方面，对媒体集团或单一媒体盈利能力作出评估，以便进一步强化盈利模式的制度化和完整性。需要指出的是，由于本书编写组未能拿到上报集团的核心财务数据，这里的评估只能是一个粗略的方向性的评估。

一、上海报业集团盈利模式现状

近年来，媒体融合在内容生产方面的格局已经初步显现。从中央到地方，主流媒体以两微一端为代表的一批重点融合项目、产品和品牌陆续诞生、壮大，并不断提升其在网络空间的影响力和传播力。同时，各家媒体也都在想方设法开拓新的盈利模式，丰富自己的盈利模式。

(一)生产传播:现象级新媒体产品涌现

以上海报业集团为例,其在产品、项目层面的融合实践可以概括为"三二四"布局:以上观、文汇和新民为标志的三大传统主流媒体的互联网主阵地;以澎湃、界面为标志的两大现象级互联网新媒体;以第六声、摩尔金融、唔哩、周到为标志的四大互联网细分市场项目。上述每个产品都代表了侧重点不同的融合探索方向。具体来说,上观通过探索党报、机关报向互联网新媒体的话语体系转变,使严肃的政策公文通过互联网的表达方式进入了老百姓的日常生活;澎湃通过探索传统纸媒的整建制转型,成为国内新闻客户端第一阵营中为数不多的由地方媒体集团生产运营的客户端;界面通过在财经和商业报道的细分领域建立内容影响力,在2016年位列年度最受白领用户欢迎的新闻客户端第二名;第六声通过讲述中国故事,传播中国的主流价值观,获得了受众的喜爱;摩尔金融则探索了互联网广告之外的内容付费、交易等具有创新性的商业模式;唔哩探索了海量内容聚合、专业编辑精选及基于大数据分析的个性化推荐,走出了一条与从内容原创出发不同的发展之路,打造了以90后新生代为目标群体的头条类产品[①]。

举例来说,澎湃新闻"时事"板块下的"美数课"数据新闻报道栏目就在内容和形式上进行了创新,以大数据技术为支撑,对海量信息展开了挖掘、清洗、整理、分类、分析和可视化,将不计其数、枯燥冰冷的数据转化为通俗直白、可读性强的解释性新闻故事,并通过精美的图表、生动有趣的漫画和强交互性的动画等形式予以呈现。根据表现形式和题材的差异,可视化数据新闻可被分为不同类型,其中的地图可视化叙事是近年来兴起且得到广泛运用的形式,它在图像直观性、事件时空感和位置信息实时查询功能这三方面体现出独特优势,因而适合运用于报道地理数据繁多

---

① 裘新.媒体融合:不仅仅是媒体的融合[J].传媒评论,2016(12):25—27.

和需要提供位置信息查询服务的新闻①。按照数据关系分类,数据地图可分为分布、比较、构成和联系四种类型,制作者通过颜色深浅、面积填充色块大小、形状高度等方式呈现地域分布、时间演变等维度的数据关系。在许多地图可视化叙事中,制作者邀请读者一起参与新闻生产,将 UGC 和 PGC 结合,模糊了创作者和读者的界限,朝着混合主体的方向发展。这种叙事体验以读者为导向,便于读者在短时间内处理大量信息,并使其快速进入情境。

与新媒体产品的推出相一致,上海报业集团还在内部实施了采编序列改革,目的是调动采编人员的积极性,让采编一线人员在外部环境急剧变化的情况下专心把采编工作做好。在上海报业集团,截至研究调查时,有 38 名采编人员获聘首席岗位,聘任时平均年龄为 41 岁,最小的为 28 岁。这是在上海市委主要领导的直接过问下,根据上海市委全面深化改革领导小组第七次会议审议通过的相关方案全面开展的一项改革。首席的遴选评审注重业绩,没有资历门槛和条件限制,可以更好地让优秀人才脱颖而出,服务于一线。

(二)经营管理:产业运营和投资体系建成

如果说价值制约着团队管理者对于未来工作的规划,资源则制约着管理者对于下一步工作可行性的判断。以强化区域与行业垄断为目标的资源配置方式在媒介融合的趋势下正日益式微,告别垄断,面向无边界市场,打造以全媒体平台技术为主导的传媒集团需要引入新的资源配置方案,以适应竞争与合作交织的成长优势修复需求②。对于上报集团而言,以《解放日报》《文汇报》《新民晚报》三大报为代表的传统报刊业务群为原集团提供了

---

① 孙艳平.地图可视化叙事策略探析——以澎湃新闻"美数课"为例[J].青年记者,2022(01):60—63.

② 朱春阳,邓又溪.迈向无边界市场:全媒体技术环境下中国传媒集团成长路径创新研究——以上海报业集团为例[J].山西大学学报(哲学社会科学版),2021(06):45—59.

充足的渠道资源。此外,上报两大集团所有的地产和股权为新集团的转型创新提供了资源支撑,"集团拥有的物业面积将近100万平方米;上市公司拥有遍布上海各地的107家新华书店和上海书城;旗下拥有的金融资产静态价值超过40个亿"①。在裘新的历次讲话中,可以看到集团对于资源问题的重视:"报业集团的分工,也不是简单梳理权力分配,而是梳理资源的分配"②;"以统筹经营为主要职责,通过金融、地产等资产的经营、运作,反哺报业主业,同时为集团进入新的产业领域提供资金支持和实力保障"③。

上海报业集团希望通过第一个"三二四"布局初步实现融合发展的阶段目标——媒体的融合。换句话说,就是围绕产品端,实现传统媒体与新媒体的交互,融为一体、合而为一④。但实践表明,要真正地实现媒体融合,仅体现在项目、产品层面是不够的,必须打破现有的发展模式和利益格局,使产品背后的流程、架构、管理等各个生产环节融合,使资金、资本、资源等各种生产要素融合,从制度层面推动深层次融合。在这个维度上,上报集团在推动深度融合的产业运营和投资体系方面也呈现出"三二四"的布局。

"三"是产业融合。上报集团三大产业板块构成其产业的金字塔:平面媒体业务是当下的主业,位于塔尖,是基础型产业板块;文化新媒体业务位于金字塔的中间层,是主导型产业板块;集团持有的地产和金融股权作为支持型产业板块,位于金字塔底部,支撑着集团的报业主业和文化新媒体产业发展。

"二"是平台融合。上报集团组建了文化新媒体投资和地产金融股权

---

① 读裘新施政纲领,看上海报业去路[EB/OL].(2014-03-03)[2024-01-05]. https://www.huxiu.com/article/28889.html.
② 臧鸣.上海报业集团正式揭牌成立 推进主流媒体创新转型[EB/OL].(2013-10-29)[2024-01-05].http://media.people.com.cn/n/2013/1029/c40606-23362556.html.
③ 裘新.产业基金:国有传媒集团新媒体发展的多元途径[J].新闻战线,2016(08):23—24.
④ 裘新.媒体融合:不仅仅是媒体的融合[J].传媒评论,2016(12):25—27.

投资两大投资管理平台,每个平台旗下归集了相关领域集团的全资子公司、控股上市公司、产业基金等不同主体,实现了集团对资本、资产的统一规划、统筹运营。

"四"是资本融合。上报集团发展新媒体的投入模式大致可分为四种。第一种是财政扶持资金。扶持资金按照专项资金管理要求,直接作为项目补贴收入。这种投入模式在传统媒体转型起步最"烧钱"、最艰难的阶段,对于党报党刊及其他公益性、非市场化的项目而言,是不可或缺的。第二种是国有资本投资。财政扶持资金加上集团的预算资金,可以作为资本金投入项目公司。第三种是产业基金投资。上报集团旗下目前主导发起了两支产业基金,瑞力文化基金由包括上海报业在内的三大上海本地国资平台发起,已确立健康医疗、文化教育、能源环保、互联网科技与金融、资产管理五大业务板块,2016年实现母子基金管理规模超过110亿元,已推出项目的年化收益率超过30%。八二五新媒体产业基金由上海报业集团联合国内主流母基金元禾母基金、歌斐资产等共同发起,两期累计管理规模超过30亿元。第四种是产业母基金投资。如果说单个项目投的是一个点,单支基金投的是一条线,那么母基金通过"基金+项目"的组合,覆盖的就是整个面,能够在更高的层面上形成整合效应、规模效应和放大效应。

总体来看,上报集团希望通过深层次的产融结合和体制机制融合,从单一产品、项目的打造,实现向新型主流媒体集团的整体转型,继而成为互联网时代的文化传媒产业集团,而不只是一个媒体集团。例如,澎湃新闻除了通过内容获得版权收入,还尝试"围绕内容产业的生态链条,在技术、素材、加工、审核、版权等领域进一步布局,从全媒体内容产品供应商拓展成为全链条内容生态服务商"①。相应地,在人员组织安排上,它由传

---

① "内容+技术+运营"叠加驱动的新媒体产品已现机遇期[EB/OL].(2019-04-19)[2024-01-16]. https://www.chinaventure.com.cn/cmsmodel/news/detail/343451.html.

统的闭合式媒介组织结构转变为"中央厨房式"的新闻生产组织结构,与《东方早报》共用一个专业的新闻采编团队。据悉,在澎湃新闻近400人的初级团队中,超过2/3的工作人员来自《东方早报》。同时,澎湃新闻在每个子栏目下设一个新闻工作组,组内有固定的成员,小组之间独立运营,保证了工作的独立性与高效率。此外,核心人员还可以购买内部股份,与市场机制相结合,调动了人才团队的积极性①。在实际效果上,"澎湃新闻的技术团队已拥有一系列软著权及若干专利,并自主研发国内领先的融媒体解决方案'澎π'系统,涵盖了从管理模式到技术平台的全方位一体化解决方案"②。

相较于澎湃新闻,界面新闻从一开始就表现为纯粹的重量级团队。首先,其在团队建设上选择了开放战略,从《经济观察报》《第一财经周刊》等外部媒体招募人才,以团队激励作为激励的方式,这是完全颠覆中国传统媒体运营的组织形式③。在经营模式上,界面新闻除了通过经营社区、生产内容来获得广告与用户订阅费,还尝试培育更具有互联网基因的盈利渠道,如自媒体广告服务、金融资讯收费服务、精品电商、大公司招聘、投研服务等。这些超越媒体属性的业务经营让界面新闻走上了一条规模扩张的道路,以保证多元业务之间形成交叉补贴效应。随着上报集团建设"智媒矩阵"战略的问世,界面·财联社更是转型升级为一个智能驱动的信息服务商,已在上市公司公告、研究报告、互动易、调研记录四大领域完成非标数据的格式化处理,未来将建成中国第一家证券领域智能非标数据库,"专注资本市场服务的财联社目前产品总量已经超过30个,每年

---

① 田龙过,郭瑜佳.媒体融合背景下新闻生产方式的挑战与革新——以澎湃新闻为例[J].出版广角,2020(04):70—72.
② 裘新.未来已来,相信未来——创造上海报业改革新传奇[J].传媒,2019(04):22—28.
③ 朱春阳,邓又溪.迈向无边界市场:全媒体技术环境下中国传媒集团成长路径创新研究——以上海报业集团为例[J].山西大学学报(哲学社会科学版),2021(06):45—59.

更新率超过20％,但是其后台只有一个:星矿数据库"。当前,界面·财联社在专业领域的影响力显著。2020年底,国内头部券商(市场占有率前20名)中已经有18家成为界面·财联社的客户,其中包括占有率前3名的头部券商;对中部券商的覆盖率(中部30名)达到63％,尾部券商覆盖率(后20名)达到45％,基本完成覆盖1.5亿元A股市场投资人的目标[①]。

(三) 技术能力:数字平台的智媒体布局

上海报业集团最基本的项目是借助智能手机应用程序实现的,即俗称的新闻客户端,通过开设一个新的数字平台,将新闻发布终端和生产重心从报纸转移过来,保持生产活动的职业水准,聚拢线上用户[②]。2014年,上海报业集团推出新媒体战略的"三驾马车":澎湃新闻、上海观察和界面新闻三个新媒体客户端。其中,澎湃新闻成为传统媒体转向新媒体的"爆款"。澎湃新闻不仅高薪聘请技术人才优化新闻端口,投入大量资金引入现代化设备,还开展将传统从业人员培养成现代化的"全能记者""背包记者"的技术培训。其新闻从业人员基本可以运用当下最先进的大数据技术、云端技术、无人机拍摄技术,实现新闻的数据化、可视化与全景化生产[③]。

此外,上报集团还研发、生产了技术形式多样的融媒体新闻产品。其中,H5因内容聚合化、强交互的特点而被广泛应用于新闻调查、政策解读、知识科普、重大主题报道、回顾盘点等领域,将背景、事实、数据、分析等汇聚于一个页面的同时,还可以将专题切割为一个个子专题,形成矩阵式报道,从而降低理解门槛。同时,融媒体新闻产品注重情感连接和挖掘

---

① 裘新. 冲出"跑者蓝调"的烟霭——上海报业集团加快媒体深度融合发展的实践与思考[J]. 传媒,2021(06):43—47.
② 周睿鸣. "转型":观念的形成、元话语重构与新闻业变迁——对"澎湃新闻"的案例研究[J]. 国际新闻界,2019(03):55—72.
③ 田龙过,郭瑜佳. 媒体融合背景下新闻生产方式的挑战与革新——以澎湃新闻为例[J]. 出版广角,2020(04):70—72.

情感内核,能够实现自我形象的呈现和身份重构,具有轻量化、便于传播和强社交的属性。

例如,澎湃新闻曾于 2020 年推出针对上海棚户区改造策划的 H5 新闻《虹镇老街》。编辑利用 H5 的形式重新加工新闻素材,营造动态场景,形成了丰富的多感官体验。《虹镇老街》回顾了上海代表性棚户区虹镇老街的整体改造,选取虹镇老街普通居民老人的第一视角口述生活,娓娓道来,以小见大,呈现了新中国成立后上海的快速发展和生活变迁,引发了具有集体记忆的人群的情感共鸣,成为海派文化数字化的珍贵史料。在具体设计上,这个产品将多种表现形式融合,深度还原场景,经由深度交互的游戏化场景传播,加之具有慢生活气息的对话,表现了历时性变化,增强了观者身临其境的代入感。从生产方面来看,H5 新闻的制作不仅需要传统的采写编人员,还需要插画师、UI 设计师和提供技术支撑的运营师。

上海报业集团在技术能力上实现了"出圈",而且出的是行业甚至媒体的圈。上报与华为技术有限公司签署了关于共同推进"智媒体"建设的战略合作协议,界面、财联社有志于在未来发展成金融科技企业。此外,上报集团技术委员会打造了机器新闻,机器翻译,智能金融数据平台,政务新媒体平台,新闻内容可视化与视频化,AI 娱乐,用户平台与智能分发系统,互联网新媒体内容标签系统,新媒体内容智能审核、认证、分发、交易平台,国际传播平台,VR 和 AR 沉浸式新闻体验,VR 娱乐,纸媒"有声化",智能营销,内容的新触达空间,舆情监测系统与新媒体传播力指数等[①]。裘新认为,这些单元是"蕴含着新一轮技术创新最有可能在新媒体领域得到应用、嫁接出果实的机会空间"[②]。截至 2020 年底,各媒体在 20

[①] 裘新. 未来已来,相信未来——创造上海报业改革新传奇 [J]. 传媒,2019(04):22—28.

[②] 裘新. 向前是涅槃　向后是平庸——上海报业集团"打赢疫情阻击战,推进治理现代化"的战略选择 [J]. 传媒,2020(06):30—36.

个应用场景布局的50个项目,已有43个完成并投入使用,初步完成了集团"20—50智媒体布局"①。其中,智能技术为媒体提供了打破数据区隔、超越感知边界、突破人机界限等"边界突破"的行为可能性。同时,上报集团提出改革释能,并计划跟进新行业及新机遇行业,把握新增长点,比如将新冠疫情后的爆发性流量增长转换成新的业务增长点,实现媒介融合的良性自循环。此外,上报集团提出主动对接三项新的重大任务,具体包括集团"2+20+N"的技术资源转移及孵化架构目标,以及在宏观上计划与长三角区域的文化传媒产业同行共同探讨一体化发展背景下的新型合作关系。

二、盈利模式的评估与改进空间

上海报业集团的转型是上海地区乃至全国省市级地方性媒体融合发展的一个缩影。从宏观层面来讲,上报集团的转型措施是较为有效且具有可复制价值的。首先,最重要的就是,上报集团利用新媒体打头阵,然后掌握了先手之势,确保了发展所需的资金。之前传统媒体的式微导致了一部分的财政亏损,但上报接下来又要做新媒体,推动新技术的创新,这需要庞大的资金。正如时任社长裘新在2018年年度报告中所说,"今后相当长的时期,集团经营工作的主要任务还是尽最大努力,开源节流,确保财务平衡"。其次,上报集团实行复合型战略,但其定位又是清晰的,即"绝不能面面俱到、遍地开花,而要确定主攻的核心单元和拳头产品"。同时,其核心单元也非常强调传统媒体的品牌价值,这也是为了时刻警惕先手之势的流失,不能一直依靠新媒体带来的庞大资金和流量来对冲传统媒体的亏损。传统媒体要自立,新媒体也要发展出更加成熟的商业模式。最后,上报集团积极地与各行业、各领域的企业机构合作开发技术,

---

① 裘新.冲出"跑者蓝调"的烟霭——上海报业集团加快媒体深度融合发展的实践与思考[J].传媒,2021(06):43—47.

注重内化，形成了自己的技术开发中心、融媒体平台等，在发展中成功地化被动为主动。

不过，尽管在生产传播、经营管理和技术提升等方面取得了一定的成绩，但如果以本书提出的影响力、责任力及运营力三个指标来衡量，上报集团还有比较大的提升空间。比如，在影响力和责任力指标方面，且不说今日头条、一点资讯这样的新媒体平台，就是在传统媒体的范围内，以人民日报社和央视为代表的中央级媒体在网络舆论场的表现也非常突出。在2016年的微信500强账号中，人民日报、央视新闻、央视财经牢牢地占据前三名。这三个账号发出的文章几乎每篇都有"10万＋"的阅读量及过万的点赞量。到目前为止，上海还没有哪一家媒体能在网络舆论场上有这么优异的表现。在运营力层面，传统媒体还缺乏成熟商业模式之下的细分领域产品，未能摆脱对广告的依赖。即便优秀如澎湃这样的新媒体平台，截至2016年还未能在经营上实现自给自足，更不要说产生利润了，以至于需要上海六家国有企业共同出资6.1亿元去输血。然而，在同样的媒体环境下，浙江日报报业集团凭借多元化的经营和投资手段，近年来一直保持着比较高的利润率，为自己的新闻生产提供了比较好的经济基础。在技术能力上，上海报业集团融合发展的整体优势尚未完全发挥出来，数据库建设和读者库的底层框架之间的对接还有待进一步强化，进而二次利用用户数据提升内容触达率和影响力，提升用户使用黏性，增强变现能力。因此，上海的传统媒体虽然已经取得了醒目的成绩，但距离中央提出的成为新型主流媒体集团的目标还有不小的距离，它们旗下产品之间的内容、技术、人员和资本等资源配置的流动性不足，整体上还依然处于各个地方队竞技的状态，没有达到"国家队"的状态[1]。

---

[1] 裘新. 未来已来，相信未来——创造上海报业改革新传奇[J]. 传媒，2019（04）：22—28.

第九章
媒体盈利模式的理论总结与优化建议

本章在厘定相关概念和回顾跨学科理论资源的基础上，结合世界新闻媒体盈利模式诞生和发展的历程及我国改革开放以来的盈利模式演进史，以制度逻辑为导引形成了盈利模式转型动因的协同机制。具体的研究结果可以从理论创新和实践创新两个角度进行总结。

一方面，在理论上，本章立足于制度视野，利用创新理论，以系统和整体的眼光，将新时代下我国传统媒体盈利模式的再创造进行了维持性创新、突破性创新和颠覆性创新的分类阐述，对现有媒体组织在盈利转型方面的动力机制进行探究，以此透视媒体为增强变现能力和提升商业化程度所作出的努力。另一方面，在实践上，本书试图打造以盈利模式创新实现融合发展的抓手，尝试结合国外典型媒体、国内自媒体及平台媒体的实践经验搭建参考系，从中获得启发，继而建立可持续的评估制度，并结合典型案例进行分析。

中国传统媒体盈利模式转型是理论和实践的统一，两者缺一不可，在把握上述阐释、分析盈利模式转型这一系统而动态的发展过程的基础上，本章将总结盈利模式转型制度化的基本框架及其反映出的媒体发展问题，探讨新形势下媒体可采取的战略和战术，并总结本书研究的不足及对未来的展望。

第一节 理论维度：盈利模式转型制度化的基本框架与现实困境

一、基本框架：作为制度变革的盈利模式转型

通过走访部分媒体、深度访谈、文献研读、话语分析等方法，本书主要针对我国传统媒体盈利模式的转型进行了深度探索，形成了图9-1所示的动态过程框架。

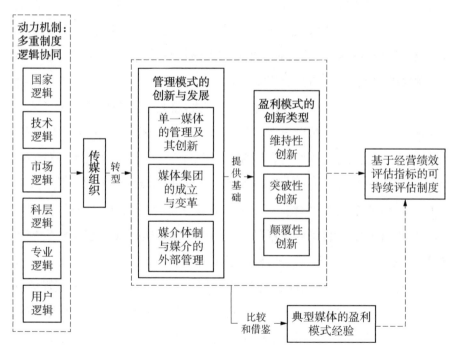

图9-1 媒体盈利模式转型动态过程的基本框架示意图

传媒机构是一个高度强调各部门协作的组织，所以盈利模式并非简单的营收来源和获取利润的途径问题，其运作也绝非经营管理部门的单

一职责。对于盈利模式的分析和研究，实际上是观察传媒变化、发展的一个窗口。因此，本章采用制度理论的视角，试图相对系统和完整地探寻新媒体技术冲击和媒体融合政策支持之下的盈利模式转型过程。

从创新角度来看，新时代下的盈利模式可以根据其"被破坏"的程度可划分为维持性创新、突破性创新和颠覆性创新。总体来看，在中国传统媒体大规模开展融合发展的时间里，三种盈利模式创新类型呈现出不同的态势。以新闻付费为代表的突破性创新有复苏的迹象，但远未成气候；延续"二次售卖"模式的维持性创新起初是断崖式下滑，但如今已"触底反弹"，电视台的广告额在2018年甚至有小幅回升；拓展品牌业务、寻求多元融资途径的颠覆性创新发展迅速，各地的各家不同媒体探索了多种行之有效的发展模式，较好地缓解了整个传统媒体的经营状况。总体而言，在传媒发展领域，创新类型的选择要与媒体机构自身的发展情况匹配，并非"彻底的""颠覆"创新变革才是最佳路径。

当前，不论传统媒体采取何种盈利方案，都是基于我国宏观的传媒制度运行的。根据前文对世界和我国媒体组织盈利模式变迁的历史回顾，可以发现盈利模式的转型是在国家、技术、市场、科层、专业、用户（受众）等核心逻辑的共同催化下产生和实现的。这些逻辑权重的此消彼长是随着时代境遇的变化而变化的，且不同逻辑下也存在勾连和较量，值得深思。作为管理模式的重要组成部分，我国媒体管理模式的创新和发展也对盈利模式的转型起到了铺垫和奠基作用。

此外，我国的媒体融合在很大程度上参照和借鉴了国外先驱媒体的探索经验。不过，欧美主流媒体和中国主流媒体的选择差异比较大，前者虽然也尝试发展颠覆性创新的相关业务，希望让自己的收入更加多元化，但最为核心的做法是将注意力从广告商转向读者，竭力开展以付费墙为核心的数字订阅业务，将自己的核心竞争力定位在内容的发展和销售上，从原来主导性的"二次售卖"转变为"一次售卖"。比如，《纽约时报》的读者订阅收入在该报整体收入中的比重不断增长，广告收入所占的份额呈现连年下降的趋势。

目前，传统媒体在信息传播市场中面临的主要竞争对手来自以自媒体机构和互联网平台媒体为代表的商业化运作的新媒体组织，它们在盈利模式上的举措也成为我国传统媒体行动的重要参考。结合转型实践的经验，本书基于经营绩效评估指标为传统媒体盈利模式的可持续发展建立了评估体系，也可视为对其制度绩效的考量。

二、媒体盈利模式转型需要突破现实困境

尽管盈利模式的多元化发展成为当下媒体转型的潮流和趋势，能够降低传统媒体的经营风险，但其背后的商业主义逻辑和规则也暗藏着侵蚀新闻专业性、权威性的风险。在传统的"二次售卖"盈利模式下，尽管媒体也需要对接广告主，通过从事商业活动获取利润，但在新闻媒体行业有生产和经营分开的"防火墙"规则，这在很大限度上约束了新闻机构内容生产的独立性和客观性。此外，尽管传媒组织企业化改革之后生产的新闻已经具备商品属性，但其运作模式并非直接从内容上获利，甚至由于印刷和发行成本较高，销量越高对于报社或报业集团来说并非全然意味着赚得越多。在"二次售卖"模式濒临失效的互联网时代，专业新闻机构谋求生存和发展的走向可笼统地分为直接盈利和间接盈利两类。直接盈利对应着"一次售卖"，即建立起所谓的付费墙。同时，在互联网环境中，数字媒介产品的边际成本几乎为零。于是，用户或受众的喜好直接影响着订阅量，也直接左右了媒体机构营收的规模。如此一来，新闻信息及其相关内容服务的商品属性更为显著。这一方面可以促使传媒机构获取更多的独家信息源、生产更高水准的内容，并以此来争取扩大订阅量。但另一方面，过分看重内容也可能成为媒体发展的掣肘，因为用户积极介入新闻生产的价值判断，新闻业过分关注流量指标，甚至迎合读者和市场的需要，导致维持读者的阅读快感和引发其阅读欲望成为新闻生产的内在逻辑，这些都会对新闻从业者的专业判断构成威胁，加深商业主义倾向，从

而挫伤新闻的权威性和影响力。

就间接盈利的方式而言,盈利危机导致大量媒体普遍依赖政府、企业或其他外来资金维持经营。一方面,这种补贴对于支撑传媒组织运转而言可能是杯水车薪;另一方面,尤其是接受其他商业资本的援助和合作,在很大程度上会影响新闻活动的专业性,从而损伤新闻业的权威和公信力。除此之外,从事多元化经营以反哺新闻生产也是一条间接盈利的主流路径,即媒体涉足更为广义的商业活动(如文化产业、房地产等)已成为常态,而且正在逐渐成为媒体机构的重要组成部分①。从实践来看,中国媒体通过发展文化地产、电商、旅游等"非报"产业,为各家媒体带来了不菲的收入。这些收入可以反哺新闻采编部门,改善媒体的营收状况,在紧要关头起到为媒体"续命"的功能,稳定媒体从业人员的"军心"。因此,这种发展路径符合近年来的媒体实际情况。但是,这一路径最大的风险在于,它有可能弱化媒体的属性,削弱其既有的公信力。将媒体长期积攒的公信力用在"非报"产业方面寻求收益,长期来看,这样的做法可能会损害媒体的公信力和品牌影响力。不过,在这一方面,国家有关部门已经出台了相关政策和措施,以规避其负面影响,如 2019 年 11 月修订的《中国新闻工作者职业道德准则》中就有明确规定,其目的正是防范某些媒体实行多元化盈利模式可能带来的风险。

究其本质,多元化经营实际上是"液态新闻业"②的一种表征,反映出新闻业边界的消弭。这不仅意味着专业媒体之外的个体能够参与新闻生产,也意味着原本从事新闻媒体工作的机构和人员可以同时投身到其他领域,分散了新闻生产活动的资源,这在一定程度上同样是对新闻专业性

---

① 李艳红,陈鹏."商业主义"统合与"专业主义"离场:数字化背景下中国新闻业转型的话语形构及其构成作用 [J]. 国际新闻界,2016(09):135—153.
② 陆晔,周睿鸣."液态"的新闻业:新传播形态与新闻专业主义再思考——以澎湃新闻"东方之星"长江沉船事故报道为个案 [J]. 新闻与传播研究,2016(07):24—46+126—127.

和独立性的消解。在这种情形下，非媒体业务和媒体业务之间也存在着需要调解的矛盾。比如，浙江报业集团打造的传媒梦工厂就出现过媒体业务不清晰的问题，在集团的收入中，来自互联网和非媒体业务板块的收入大幅提高，但广告分成不够，导致采编经费不足的问题不断凸显。2017年，浙报传媒集团启动了新闻传媒类资产的回购，回购了57家业务主体，主要是解决媒体采编和公司独立性的问题，即广告分成不足影响新闻采编的问题。这表明，在集团的转型过程中，由于过分重视互联网新兴业务，忽视了传统媒体产业。究其原因，除了传统媒体的行业性整体困境，也与集团的战略规划和重视程度有关。浙报传媒集团在意识到问题所在之后，整合集团资源，协同实施了以用户服务聚焦的产业创新工程。其重构产业和商业模式、拓展产业链的目标是实现国内互联网文化产业的发展，并及时避免了新兴业务与媒体业务分裂的问题。但不容否认的是，如何通过"新闻＋服务"整合媒体业务和非媒体业务仍是传媒组织发展过程中需要面临的重要议题。

尽管传媒行业内存在一定的新闻伦理规范对上述新现象予以指导，但当其应用于具体的实践语境时，现实终究比理想复杂，尺度的把控难以得到精确的判定和衡量。关于破除矛盾、脱离困境的解决办法，一方面需要各家媒体在具体实践中进行具体分析和选择，另一方面也亟待成熟的传媒制度作为指导。有学者认为，难以与现状匹配的传媒制度是我国传统媒体与新兴媒体融合发展进度滞缓的根源①。当媒体机构想要实施自身的制度变革和组织创新时，难免会受传媒制度环境掣肘。作为生产力要素的技术和作为生产关系要素的媒体制度是对立统一的关系，二者的互动演进和动态平衡在很大程度上决定着传统媒体转型融合的方向和进程。因此，如何由制度创新撬动媒体转型，是一项需要深入思考的重要

---

① 周茂君，李抟南. 媒介融合视域下我国传统媒体转型与制度创新研究综述［J］. 新闻与传播评论，2015：83—92.

议题。

第二节 实践维度：媒体需要全新的战略与战术

在众声喧哗的网络舆论场中，传统媒体的渠道优势被打破，话语权的下移和分化，导致其面临影响力、引导力弱化的话语权危机。与此同时，传统媒体的商业模式被廉价、便捷的互联网信息击溃，面临着受众流失、收入下降、人才外流等考验重重的盈利模式危机。发展出有效、可存续的盈利模式，解决生存危机，是媒体恢复生机、重夺话语权的前提；其是否具备有力的话语权、能否维护意识形态安全，是检验盈利模式转型有效与否的重要标准之一。

一、盈利模式转型须树立战略思维

传统媒体要解决话语权危机和盈利模式危机，首先要"抬头看路"，即在宏观层面，至少要树立五个方面的战略思维。这种战略思维应当建基于制度层面，是一种系统化主张，即在新的盈利模式和收支策略基础上，实行内容、渠道、流程、价值观、创意等各层面配套的"组合拳"。

（一）内容战略奠定盈利基础

内容战略要求传统媒体要坚定不移地做好内容生产，而判断内容生产是否成功的一个标准是"舆论引导力"的强弱。在这方面，传统媒体特别要防止"中互联网思维的毒"，融合的目标不能是"去媒体化"。

1990—2010年可以说是纸媒的"黄金年代"。在这一时期，只要把内容、发行做好，媒体自然就能吸引广告的投放。20年中，中国的传统媒体有的"大富大贵"，有的"小富即安"，总体境遇都还不错。然而，随着移动互联网的飞速发展，当前的媒体环境已经发生了非常大的变化，传统媒体的盈利能力急速下滑，为了维持财务平衡，有些媒体开始涉足游戏行业，有些媒体去做文化地产,有些媒体去做户外广告,但不经意之间,它们却忽视了最重要的内容生产,以至于有传媒类期刊发表专题文章,说"传统媒体放弃了对主流媒体地位的追求",陷入了"不务正业"的窘境①。

我们看到,这几年有不少传统媒体的转型走向了"去媒体化"的道路,这可以说是中国媒体转型的一个特有现象。不少中国媒体的转型,目的就是要使媒体"去媒体化",具体表现在收入结构、股权结构、内部稿酬机制、采编与经营权限、采编运作等方方面面。其背后的逻辑是,内容生产需要付出高昂成本,但新闻价值已不是首要的追求目标,那么干脆就不要继续投入了,转而去做内容聚合或多元化产业发展反倒更好,最终导致媒体变得越来越不像媒体,传统媒体甚至成了只是具有媒体属性的文化公司②。

2015年9月16日,央视知名主持人白岩松寄语传统媒体人:"传统的媒体人是一个特别规范的内容供应商,如果你始终在做一个很好的内容供应商,我要恭喜你。目前最大的问题是我们丢掉了内容,天天焦虑,觉得要被新媒体抛弃了,你都丢掉了内容,连传统媒体都会抛弃你。"这个提醒值得传统媒体业界人士的重视。相比于各家互联网媒体"新贵",如腾讯、网易、新浪、今日头条等,强大的内容生产力才是传统媒体的最大优势。

移动互联网时代到来之前,传统媒体的日子还是比较好过的。其中最重要的原因就是,彼时传统媒体具有渠道上的巨大优势,而并非这些媒体的内容做得有多好。2010年之后,各种自媒体飞速发展,传统媒体的渠道优势被极大地削弱了。这个时候,它们更加需要把内容做好。从纵向来看,许多传统媒体如今的内容生产相比于2010年以前是进步了,至少

---

① 窦丰昌.2015,一本杂志的转机与未来[J].青年记者,2015(34):19—20.
② 窦锋昌.新闻价值是"父爱",算法推送是"母爱"[J].青年记者,2017(04):14—16.

是没有明显的退步。但是,为什么白岩松会发出有关新闻内容的危机警示?为什么传统媒体业内也感觉到自身在内容上的竞争力下降了呢?根本原因还是固有渠道优势的下降,即内容方面的竞争加剧了。现在的内容竞争不仅发生在传统媒体之间,还发生在传统媒体与新媒体、自媒体之间。相比于新媒体和自媒体,传统媒体的内容竞争力表现得比较疲软①。

在这个背景下反观传统媒体的内容生产,它们要想在新媒体环境下继续"优雅"地生存下去,更要提高内容生产能力,源源不断地提供优质内容给读者(用户),这是传统媒体融合发展的必由之路。毋庸讳言,上海媒体面临的挑战相当之大,既有体制性的制约,也有自身生产机制的制约,还有人才和生产能力的制约。在各种制约之下,传统媒体在内容上既要与同行竞争,还要与海量的自媒体竞争,难度可想而知。

总之,在向新媒体转型的过程中,传统媒体一定要认清自己的优势和劣势。在新媒体环境下,如果以内容生产见长的传统媒体在内容上没有强势表现,是无从与资金、技术、人才密集的腾讯、字节跳动等互联网公司去竞争的②。但是,过去几年里,不少传统媒体陷入"不务正业"的迷失之中,中了"互联网思维的毒",放弃了原创新闻的生产,放弃了对严肃新闻的投入,转而去做内容聚合和算法推送了。实践证明,放弃了内容生产的媒体(如《南方都市报》的"并读")的转型并不尽如人意,最成功的往往是坚持优质内容生产的媒体。

(二)"渠道战略"抢夺流量端口

传统媒体不能再固守原来的媒体平台,必须全力做好各个新媒体端口和平台,做好技术驱动型分发渠道的建设。近年来,报业的平台化转向

---

① 窦丰昌.主流媒体为何陷入"不务正业"的窘境[J].青年记者,2015(28):14—15.
② 窦锋昌.新闻生产注重新闻价值也要注重算法推送[J].中国广播,2017(06):95.

正逐步跳脱出传统的经营模式,不断地强化平台和用户思维①。

移动互联网给媒体带来的最大变化是渠道的变化。以上海报业市场为例,2010年以前,竞争再激烈,也就是《文汇报》《解放日报》《新民晚报》《新闻晨报》《东方早报》五家日报之间的竞争。到了现在,"人人都有麦克风",一千万人就有一千万个发声平台,各个企业也有自己的自媒体渠道,产品和品牌推广对大众媒体的依赖程度显著地下降了②。移动互联网已经宣告了大众媒体的"死亡",取而代之的是各种类型的分众化媒体和个性化的自媒体。

移动互联网的发展让手机成为用户获取信息的第一端口,以前的传统媒体则习惯于按照纸质媒体的方式去分发内容。但到了现在,在巩固既有纸质出版物的前提下,传统媒体必须做好各个新媒体出口③。当然,新媒体出口一直在变化当中。就目前来说,标配就是"一网一端两微"。"一网"指官方网站,有PC端和手机端之分。虽然媒体网站的点击量和活跃度不如以往,但其也是媒体做好其他出口的基础数据库,因此不能忽视。"一端"指App新闻客户端,大的新闻机构通常会开发几款客户端。客户端的利弊很明显,其长处是新闻推送直接、快速,短处是打开率比较低。"两微"指官方微博和官方微信。微博前几年很热,如今活跃度也有所下降,媒体对它的"热情"降低了不少,现在的重心都转向了微信公众号。原因有二,一是后者的影响力比较大,二是比较容易变现。

上述各个新媒体端口要做出影响力是难度很大的,需要媒体改变原来纸媒的新闻生产模式,每天要在新媒体上随时随地地发布原创稿件,导致采编人员的工作节奏大大加快,工作量也大大增加。为了配合这种新闻生产方式的变革,媒体要在组织架构上适当调整,在原有的纸媒编辑部

---

① 窦锋昌,李爱生.报业转型:破壁与创新[J].青年记者,2022(24):13—17.
② 窦丰昌.南风窗的未来:与大国一起成长[J].南风窗,2015(21):55—57.
③ 窦丰昌.南风窗的未来:与大国一起成长[J].南风窗,2015(21):55—57.

的基础上组建全媒体编辑部，统筹纸媒和各个新媒体平台的稿件采写和刊发。同时，媒体还要改革对采编人员的考核方式，把新媒体平台的稿件采写纳入正常的月度工作量。

如今，中国各家媒体都已是全媒体形态的媒体，不再是单纯的纸媒，虽然在所有的内容分发渠道中，纸媒依然具有重要性。"酒香也怕巷子深"，到了新媒体时代，这句话依然有效甚至愈发显著，因为再优质的内容也需要强大的渠道将它推送出去。在这个过程中，媒体要特别强调技术驱动的重要性，它既体现在网络平台的搭建上，也体现在内容的抓取和推送上。

总体来看，传统媒体的平台化逻辑本质是吸引流量从公域进入私域，形成更强的用户黏性。在纸媒平台建设的过程中，外链和入口是流量从公域到私域得以转换的关键，近年来成为新闻客户端在实践中发力的重点。

（三）流程再造战略助力创新

报业在创新盈利模式的过程中，尤其是在市场化改革深度推进的单位中，近年来出现了企业化特点的管理模式，形成了工作室制或项目制的组织运行架构。比如，扬州报业传媒集团改变了传统媒体的大中心制，建立以产品为核心的项目制，释放人员活力。天目新闻上线之初，以浙江在线新闻网站的核心团队为班底，形成工作室的创作单元，激发了采编人员的创新能力。无锡日报社推动频道制改革，打造了多个垂直类融媒体中心，通过竞争激发内部组织的活力。近年来，上海报业集团对《文汇报》实施的小部制改革也符合这一趋势，使传统报业在重大报道中的跨部门策划、协作更加灵敏。

近年来，作为中央级报纸的新华社在体制改革中也体现了技术转型、资源盘活、人才挖掘等特点。比如，新华社总编室自2020年启动"揭榜挂帅"制度以来，推出了9期创意征集活动，全社370余名采编人员积极参与，推动了14个优质创意成功落地。"揭榜挂帅"创意征集机制通过项目制,打破了业务部门条块分割的工种分工架构,有效地整合了各部门的优势资源,提升了融合报道的传播力。例如,在以微视频《SHU 你不易,其实你很"牛"》为主打的系列精品融合报道中,总编室专门组建了由 5 个编辑部、10 余个分社共同参与的项目团队,通过多次论证和策划会推进项目,不断修改、完善、打磨、提升产品,最终的作品在各新媒体平台持续引发传播热潮,总浏览量超过 1.2 亿次[①]。

上海报业集团近年来在体制改革中也体现出资源盘活、人才挖掘的特点。2022 年 6 月,上海报业集团启动"融媒工作室赋能计划",从集团各媒体入驻第三方平台的 270 多个账号中精选出《上海网络辟谣》《文汇·文艺评论》《新民帮侬忙》、晏秋秋工作室、澎湃新闻"澎湃明查"、界面新闻 | 数据线工作室、绿眼睛 Andy 工作室等 20 个工作室,对其进行内容上的扶持,推动优质创意落地。这种以组织资源盘活为突破口的项目制改革,打破了业务部门条块分割的架构,提升了融合报道的传播力。2022 年 8 月,上海报业集团旗下的澎湃新闻"澎湃明查"工作室推出中英文网站平台,生产面向国际的新闻核查报道,对全球热点事件进行核实,获得了较大的关注。近年来成立的"澎湃海报工作室"在节日、重大事件报道中推出"月圆人团圆""痛与愈"等多种主题海报,极具传播力和引导力。

(四)价值观战略深耕专业领域

改变价值创造逻辑的前提是价值目标的变化。在新的媒介生态中,媒体不应只着眼于受众的规模,而是应当追求目标用户的有效连接及活跃度。用户的个性化需求及其被满足时的体验感,在用户感知产品使用价值方面正发挥越来越重要的作用。这种感知对最终的交换价值起到决定性作用[②]。传统媒体在生产和传播新闻产品时,应树立用户个性化消费

---

① 孙铁翔,贺俊浩.让创新要素充分涌流 让创造活力不断迸发——新华社"揭榜挂帅"创意征集机制的实践与思考[J].中国记者,2022(04):59—62.
② 罗静,江飞.在用户场景中重建价值创造的逻辑——传统主流媒体商业模式转型探析[J].青年记者,2020(27):18—20.

的理念,细化产品定位,深耕垂直细分领域,将媒体价值的主导力量从产品本身转向目标用户,促进产品与用户之间的连接,使产品和用户需求、使用场景适配,进而使用户与媒体形成较强的关系纽带乃至成为一个具有关联度的共同体,自然地迸发用户社群和媒体的商业价值。

因此,传统媒体需要妥善考量和评判自身优势和资源,明确目标人群及其需求场景,形成小而美的、精耕细作的垂直领域。同时,培育用户自我生产和再创造的能力,努力打造具有品牌效应的媒体IP,建构起用户与媒体双向交互的价值创造体系和可持续发展的盈利机制,营造用户与媒体互惠共利的深度融合空间。

不过,对于传统媒体来说,在注重用户个性化需求,调用算法等匹配技术的同时,也要处理好传统新闻价值观与新兴的算法推送的关系,即内容与渠道、内容与推送的关系。

随着移动互联网的进一步发展,技术在新闻业中扮演的角色正日益突出。在今日头条、一点资讯、天天快报等新媒体平台上,作为传统新闻业核心的内容把关工作已经全部或大部分交给了机器和算法。在这样一种严峻状况下,有学者开始批判"新媒体主义",因为中国当下到处都在非常高调地谈论平台的价值、技术的价值、算法的价值及技术决定论。这会直接导致本来已很单薄的作为公共信息产品的新闻日益窄化,"新媒体主义的乌托邦"会误导人们对当下中国媒体的基本判断。

相信在传统媒体长期从事新闻实践的人也会有同感,即原来他们坚信的那些新闻要素是否还存在?如果像今日头条的宣传语所说:"你关心的,才是头条",那么"何谓新闻价值"就真的成了一个疑问。至少,当前的新闻价值不再是由专业的新闻人说了算,而是交给机器去判断,由机器根据一系列复杂的运算来决定什么事情具有新闻价值。

这显然是不正常的,在这样的情境下,传统媒体更要坚守传统新闻价值。新媒体的编辑部主要由众多编辑组成,采取新闻稿聚合与编辑改写模式;传统媒体的编辑部主要由新闻记者和编辑组成,一线采访的专业记者远多于编辑,"记者在现场"是传统媒体最核心、最重要的新闻价值。在后者的设计中,编辑部与经营部之间设有"防火墙",用以确保新闻报道的独立、客观、公正。同时,这种制度设计实际上也是对读者的承诺,即无论如何转型,上述核心价值观作为专业新闻机构的基石,是必须坚守、不容更改的传统。而且,不只是传统媒体应该坚守这种传统新闻价值观,事实上,国内外大型新媒体平台也在回归这种新闻价值观。比如,中国成功的大型新媒体平台对原创内容予以高度重视,还通过推动和支持众多自媒体平台的搭建,使原创新闻获得生根发芽的新机会。

总之,在这两种路线并行的时刻,传统媒体要坚持自己的新闻价值观,坚定地做好内容生产,而部分互联网平台则需要进一步改善自己的算法,做好推送。前者做的是内容,后者做的是渠道,两者分工不同,只有大家各司其职,协同发展,才能共享美好的明天。

(五)创意战略激发内部活力

新媒体环境下,基于广告营销的"二次售卖"模式遭到了极大的挑战,但广告的生命力依然还在,特别是创意广告。在纸媒上,创意广告的实施需要报社内部与广告主的密切配合,落地流程比一般的商业广告复杂。例如,当有重大时政新闻时,广告版面必须让位,这时就需要广告部、编辑部协商沟通,建立广告部门与采编部门的联动机制。资深传媒观察人士郭全中认为,当前纸媒因受众大量流失,广告收入仍在继续下滑,其头版系列创意广告是一次很好的尝试,可以实现传统媒体与网络媒体的良性互动。蓝色光标数字营销机构副总裁、北京蓝标研究院院长陈阳认为,头版整版创意广告符合当今互联网语言的沟通方式,是一个大胆的创意和突破,大众对新兴事物的出现应该给予肯定和支持。陈阳还指出,这种尝试对传统媒体和新媒体都有启迪价值,希望看到更多的创意者做出更多的具有互联网特质,符合人际传播规律的创意广告。

传统媒体的广告总量和份额的确在下降,但这并不意味着广告模式的完全失效。相反,一百余年延续下来的广告模式的影响仍在。只不过,在今天的媒体环境下,广告的做法不能再坚持原来纸媒的那一套,而是要用新的创意提升对广告客户的服务水平。实践证明,只要动脑筋、想办法,广告模式的生命力是可延续的。例如,各家传统媒体在 2016 年继续加大对新媒体终端的建设运营力度,在蓬勃发展的互联网广告中获取了一定的份额;它们还为原有的广告主提供覆盖报纸和新媒体终端的广告套餐,留住原有的广告主,这是传统媒体发挥广告模式效力的另一种尝试。

尽管 BAT 是网络广告的巨头,但它们绝对没有一统网络广告江湖的能力,还是有大片空白地带留给各家传统媒体去抢夺,传统媒体的"两微一端"就具有这样的能力。传统媒体的广告部门给广告客户提供覆盖报纸和"两微一端"的广告套餐,用这种一站式的广告投放给客户提供周全的方案,不用广告客户单独地再去寻找网络媒体投放广告。因此,传统媒体通过提高自己的服务能力将原有广告客户留住的方式,其实也是很重要的盈利手段,比吸收新的广告客户更容易。

二、媒体盈利模式转型的具体战术

传统媒体创新内容生产,不仅依赖于技术和资源推动的全媒体新闻生产,政府也要在宏观层面提供媒体融合的支持战略,给媒体创造良好的发展环境,为盈利模式的发展提供核心支撑力。结合国内外的成功经验和失败教训,如下几个具体的战术问题也很重要,一定程度上影响着媒体转型的成败得失。

(一)开拓"银发"融媒机制

发展新媒体固然重要,但融合发展过程中不能忽视老年读者。因此,媒体不能忘记一个特殊国情,即我国正步入老龄化社会。以上海为例,2015 年,60 岁及以上的老年人口占沪籍人口比重已突破 30%。对比之下,截至 2023 年 10 月 1 日,日本人口为 1.24 亿,65 岁及以上人口占比达 29.1%,创历史最高水平①。在全球传统媒体危机重重的大环境下,日本的传统媒体却实力犹存,"崩而不溃",原因之一也在于日本的老龄化。

在全球纸媒不景气的大环境下,日本的纸媒也难以独善其身。2000年,日本纸媒的总发行量大约是 5 371 万份,2013 年降至约 4 700 万份,减幅为 12.5%。平均每户家庭的订报数则从 2000 年的 1.13 份减至 2013 年的 0.86 份,日本年轻家庭不订报的现象越来越普遍。报纸发行量的逐年减少直接影响到日本各报社的报纸销售收益和广告收益(各家报社的收益核心)。2000—2013 年,日本年度广告总投放从 61 102 亿日元降至 59 762 亿日元,降幅不大;同一时期,对报纸的广告投放则从 12 474 亿日元降至 6 170 亿日元,缩水了一半还多②。2014 年之后,这个数据还在继续下降,但依然维持在一个较高的水平上。

即便如此,日本纸媒的整体危机感远不及中国,这既与日本报社巨头因已做到规模足够大而产生的自负心理有关,也与当下日本报社巨头的财务状况相对呈良性有关。此外,还有一个重要的原因,就是日本的人口结构。众所周知,日本人口老龄化现象日趋严重,老龄人口急速增长。日本总务省 2023 年 9 月 17 日公布的人口统计数据显示,日本 65 岁以上老年人口在总人口中的占比达到 29.1%,共有 3 623 万人。同时,日本还是世界第一长寿大国。2010 年,日本男性平均寿命为 79.6 岁,女性平均寿命为 86.4 岁。因此,虽然随着新媒体的崛起,日本传统媒体有衰落倾向,但在整个日本社会,纸媒的影响力仍然巨大,特别是对于习惯于使用传统媒体的老年人来说③。

---

① 日本总人口连续 13 年负增长[EB/OL].(2024-04-12)[2024-06-10]. https://baijiahao.baidu.com/s?id=17961350814921909828&wfr=spider&for=pc.
② 任饮冰:实力犹存的日本纸媒[EB/OL].(2014-06-04)[2024-06-10]. https://www.yangfenzi.com/shehui/43473.html.
③ 何德功.日本纸媒怎样服务老龄人口[J].中国记者,2012(08):120—121.

2023年，新闻通信调查会对日本5 000名18岁以上民众的调查结果表明，NHK以67.0分的信息可信度居于首位，日本报纸以66.5分的可信度紧随其后，互联网的可信度仅为49.5分。2023年，日本的报纸订阅率为58.1%，说明半数以上民众仍然是通过报纸获取信息的。调查显示，日本全国性报纸的订阅率为26.4%，县报和地方报的订阅率为23.8%，地区性报纸的订阅率为7.8%。其中，民众主要订阅的是纸质报纸，占比为92.4%，电子版报纸仅占2.0%①。根据本书写作团队所获资料，《读卖新闻》和《朝日新闻》2023年的发行量还各自保持在800多万份和500多万份的水平上，发行量较少的《每日新闻》的日发行量也有300万份左右②。

在中国，做得比较好的传统媒体和新媒体主要集中在大城市，特别是一二线大城市。同时，这些大城市的人口老龄化程度也更高。例如，上海是全国最早进入人口老龄化、老龄化程度最高的城市。根据上海市卫健委发布的2022年上海市老年人口和老龄事业发展基本信息，截至2022年12月31日，全市100岁及以上老年人口为3 528人。其中，男性887人，女性2 641人。2022年，本市人口预期寿命为83.18岁。其中，男性为80.84岁，女性为85.66岁③。在这种情况下，优质的传统媒体依然有很好的前景，当地政府可以把媒体如何更好地服务好老年人作为一个宏观问题来考虑，在这类城市的配套设施、精神产品供给等方面下功夫。

（二）强化内容版权保护体系

在新媒体环境下，报业的广告收入无法补贴发行亏损，因而被迫调整

---

① 报纸的信息可信度仅次于NHK，但订阅量持续下降［EB/OL］.（2024-04-16）［2024-06-10］. https://www.nippon.com/cn/japan-data/h01821/.
② 来源于本书写作团队2023年2月在日本每日新闻社的访谈材料。
③ 上海60岁及以上户籍老年人553.66万人　占户籍总人口36.8%［EB/OL］.（2023-04-16）［2024-06-10］. https://baijiahao.baidu.com/s?id=1763312660654215419&wfr=spider&for=pc.

收入模式。由此,报业市场由前些年的价格大战转为纷纷提高售价。比如 2015 年,在上海市委的支持下,《解放日报》的全年售价从 270 元涨至 432 元,以 30 万份的日均发行量计算,仅售价上涨一项就可增收 4 800 多万元。2015 年,邮局报刊订阅目录显示,全国调价的邮发报纸有 600 家左右,接近我国报纸总量的三分之一。比如,《南方周末》每期售价从 3 元上涨至 5 元;广东的《羊城晚报》《深圳晚报》《晶报》年定价都从 360 元涨至 480 元。从国际上来看,2013 年初,法国《解放报》《十字架报》《费加罗报》宣布涨价;2014 年初,法国《巴黎人报》《解放报》和《世界报》零售价上涨,《世界报》则以每份 2 欧元的价格成为法国最贵的报纸[1]。

上调纸媒的出售价格,是报社在无法继续维持原有经营模式的情况下,为取得财务平衡所采取的应急措施。这实际上改变了大众化报纸时期过于依赖广告收入的商业模式,其背后隐藏着媒体经营理念的重要转变,对报业发展有重要意义,即新闻产品本身是有价值的,而有价值的产品不应该是价格低廉的。这一点在近年来兴起的内容付费领域表现得更加明显。例如,得到 App 上的内容产品"李翔商业内参"卖出 8 万份,以三人之力创造了 1 600 万元的营收;"薛兆丰的北大经济学课"更是后来居上,订阅人数突破 20 万人,销售额高达 4 000 多万元。在得到 App 上,类似的知识付费产品在 2017 年有三十几款[2]。2017 年之后的几年,得到、喜马拉雅等 App 上的知识付费课程数量增长迅速,可见优质内容的潜在商业价值。

上述案例说明,即使在"免费的"互联网时代,依然有许多读者愿意为有价值的内容付费。因此,传统纸媒提高售价也是一种合乎逻辑的选择,另一种选择就是提高内容版权的转让费。提高售价能否行得通,关键在于媒体提供的内容是否足够优质。版权转让收费能否提高,一方面取决

---

[1] 刘鹏. 传统媒体融合转型的若干趋势 [J]. 新闻记者,2015(04):4—14.
[2] 来源于本书写作团队 2018 年 11 月在北京得到公司的访谈。

于内容的质量，另一方面也与整体的法治环境紧密相关。据悉，我国有关部门已经着手研究和部署保护传统媒体的版权工作，像北京、上海、广州这样的全国一线城市，完全可以在版权保护方面先行先试，通过法律、行政等手段打击侵犯传统媒体版权的行为，让传统媒体花费高昂成本采写、编辑的内容能够得到保障。如果相关举措施行得力，不仅传统媒体的内容会得到有效保护，更重要的是，传统媒体经营借此也能打下坚实的基础，因为无论是维护传统的广告模式，还是开发收费的阅读模式，都离不开对版权的保护。

（三）探索内部团队激励机制

媒体整体工作做得好不好、转型成功与否，与"一把手"有紧密的关系。因此，媒体内部需要高度重视"一把手"的选拔和考核工作，大胆探索团队激励等各项措施。

具体到党委和政府来说，主要是做好两件事，一是选拔出合适的媒体领导，二是优化对媒体领导的日常考核。面对"千古未有"的媒体大转型，在既有的组织人事制度框架内，应为媒体领导"卸下枷锁"，充分授权，让他们带领媒体大胆地尝试各种转型方式。近几年，转型成功的媒体无一例外都是有强有力的领导，特别是"一把手"。与此同时，媒体需要一定的自主权，大胆探索团队激励等各项措施。在新媒体环境下，我们时常看到几百人的机构媒体在内容生产和经营上干不过几个人运营的微信公众号的情况，其主要原因是不同的体制、机制导致的人员活力、干劲、工作效率的差异。

探索内部团队激励机制的目的是鼓励新闻机构的内部创新，这与采编人员离职后的个人创新有很大区别。理论上，就前景而言，内部创新和离职创业各有优劣，都有可能创造成功的案例。但可以看到，近些年来，在中国的大环境下，外部创业成功的概率更高，从机构媒体走出来的个人推出了一大批优秀的媒体项目。因此，应当鼓励媒体尽可能地开拓创新空间，优化组织制度，以内部创新驱动自身的发展。当然，创新首先需要投资,所以必须考虑创新成本,既包括媒体机构的自有资金,也包括外部资金,如政府补贴、慈善捐助、风险资本或资本市场的其他资金。不过,资金的使用前提是媒体已有完善的治理结构和合理的财务规章,否则就会面临风险。

专业新闻媒体的内部创新总体上可以归类为两个方向。一是"勇立潮头,敢为人先",即做出开创性行动或施行现有经验较少的优质方案。二是在目前已经较为成熟的商业模式的存量基础上产生新的增量。前者的风险较大,但收益回报较高;后者则相反,成功概率更高,但可能称不上"伟大"。处于转型中的媒体应当务实、全面地把握和考量自己的优势,不能过分地追求"空中楼阁"。

在所有的生产要素中,人才激励必定是实现成功的充要条件。习近平总书记在中国文联十大、作协九大开幕式上的讲话强调,人是事业发展最关键的因素。"盖有非常之功,必待非常之人。"要实现事业的繁荣发展,就必须培养人才、发现人才、珍惜人才、凝聚人才。要能守住新的舆论阵地,必须先把能够守住阵地的人留住,形成人才集聚效应。目前,在传统媒体向新媒体转型的过程中,有的媒体员工流失率平均超过了10%。造成人才流失的原因主要有:团队内部缺乏有效的长期激励机制来留住人才与激励人才;员工的职业发展通道单一,晋升机制需要完善,激励员工的手段相对单一;员工培养机制不能满足公司的战略发展目标,不能有效地调动员工工作的积极性。

在数字化媒介的冲击下,传统报业采编体系依赖报纸生产的惯性很难快速改变,很多报纸从管理角度出发,建立了以绩效薪酬体系为核心的激励管理机制,激发员工的创新活力。比如,为了提升 N 视频的内容产出,母报《南方都市报》对记者实行视频数量分级考核,在 N 视频客户端首发新闻的记者可以获得奖励基金和月度奖励。浙江新闻客户端在薪酬上也设计了激励制度,基于考核指标的达标率,栏目主编可以获得经费支持和荣誉评比上的倾斜,明显增强了采编人员主动设置议题的意识和能力。

再如，作为澎湃新闻深化改革的两大核心内容之一，上报集团已经联合第三方专业机构，制订了针对管理层和核心骨干的激励方案，即根据行业特点，按照采编、技术及经营三大主体岗位分别制订方案，并将团队激励和员工整体薪酬体系、采编人员职务序列改革等做一揽子设计。不只是澎湃需要进行这样的内部改革，全国的媒体都应该在人才培养方面多想办法，探索不同的分配机制、投入机制和管理机制，找到有效地适应媒体融合发展的人才激励途径。

（四）通过并购、参股建立媒体"统一战线"

如今的新闻生产不再是专业新闻机构的"主战场"，而是已经演变为社会化大生产，仅微信公众号就已经有2000多万个，今日头条上也有数百万个头条号，更不用说其他门户网站、问答社区、微博账户的数量了。在这些新闻生产主体中，不乏各个领域的意见领袖，也常见他们生产出各种"10万＋"的爆款文章。近年来，这些影响力较强的微信公众号不再是个人或几个人的单打独斗，大部分已经开始了公司化运营。在这个过程中，主流媒体集团或其他国资集团应该大胆出手，通过并购、参股等方式介入这些社会化新闻生产机构的运营。通过市场化手段，一方面可以巩固壮大主流新闻媒体舆论阵地，另一方面也可以为主流媒体带来很好的投资回报，有助于建立新闻生产社会化主体之间的统一战线。

报业的主业是传媒，做大做强媒体主业则需要战略性并购。以往，报业存在仅将产业基金作为内生项目融资通道的认识误区，随着实践的深入，它们已经认识到基金投资可以作为发展新媒体的重要手段。随着互联网传播模式的迅猛发展，涌现出了大量具有较强传播力和相当数量受众的新媒体、自媒体等。报业除了自我革新，还需要寻找优秀的新媒体标的，通过参股、控股、收购、兼并及申请特殊管理股试点等方式，迅速实现战略布局，弥补现有短板，实现跨越式增长。同时，以资本为纽带，报业可以管好、用好体制外的新媒体，通过"为我所有"实现"为我所用"，确保主流意识形态在新媒体中的传播力、影响力。

此前,浙江日报报业集团在这方面采取了一系列行动。该集团早在2011年就创立了一个新媒体创新品牌——传媒梦工场(Media Dreamworks),下设有创投基金、孵化基地、研究院、实验室、新媒体运营等几个机构,目标是打造全国一流的新媒体产业生态圈,并通过资本运作、技术创新及传媒运营资源的投入,为新媒体创业者营造新的土壤和环境,为传媒业的未来发展储备新生力量。传媒梦工场创投基金致力于新媒体领域的早期投资(种子期与天使期),并与浙报集团的产业背景结合,为项目提供全方位的孵化和扶持。其主要的投资方向为基于互联网文化传媒和TMT领域的早期项目,已有的投资案例有虎嗅网、宏博知微、海博智讯、微拍、音乐天堂、创新派、车商通、房产销冠、170CM、韦德福斯、言妙科技、雷科技、碉堡资讯等,孵化成功率高达八成。其中,微触等数个项目获得传媒梦工场基金投资,另外还有十余个项目获得了其他机构的投资。上报集团在新媒体投资领域也有大动作,联合元禾母基金、歌斐资产等共同发起八二五新媒体基金,两期累计管理规模超过30亿元。基金一期设立两年时间不到,完成投资项目60个,在2015年以来大起大落的资本市场中,有超过30个项目实现了后续轮融资,不少项目还有多轮后续轮融资,有2个项目登陆新三板,1个项目实现全现金并购退出,并已完成分配。

(五)培养相对稳定的人才队伍

盈利模式的转型是一个复杂的问题,也是难度很大的问题,想要解决它,必然要从人才方面着手。传媒本来就是一个人才高度密集型的行业,其中,创意和智慧是第一生产力。在报业的辉煌年代,报业吸收了大量的高素质人才,就职于媒体曾是大学毕业生的理想职业选择之一。2000年前后,有广州日报报业集团、南方报业传媒集团每年校招一两百名名校毕业生的盛举。这批优秀人才的加入,是报业在那个年代成就辉煌的一个重要因素[①]。但近年来,媒体环境发生了极大的变化,报业对人才的吸引力迅速下降,表现为两个方面:其一,一些优秀的毕业生不再把进入传统媒体作为第一选择;其二,相当一批优秀的具有丰富媒体经验的人才陆续离开了传统媒体。人才的缺失与流失是传统媒体面临的最大问题,在这样的整体氛围中,媒体的战斗力和竞争力会大打折扣。

从宏观层面来说,政府可以牵头,组织媒体单位和新闻院校之间的对接,设立相应的教育实践活动和课题项目,加强学界与业界的对话,丰富新闻教育的维度,为打造和充实新闻媒体人才后备军作出努力。

第三节　研究不足及未来展望

本书研究了中国传统媒体盈利模式转型创新模式与评估体系,创新性地提出了传统媒体盈利转型的理论框架,从宏观视角分析了中国传统媒体盈利模式转型的历史脉络和动力机制、创新模式机制,通过横、纵向的经验参考系搭建了盈利模式可持续评估制度,以期为中国传统媒体盈利模式的未来发展提供建议。但是,本书的研究也存在不足,有待在后续研究中进一步补充和完善。

第一,本书围绕着新时代中国传统媒体盈利模式的转型,采用实地调查法、案例分析法、深度访谈法,通过定性研究的方法进行了组织层面的研究,但缺乏通过量化研究范式对具体媒体经营人员的深入研究,未来的研究可以考虑采用定量分析方法。

第二,本书主要为媒体组织的宏观研究,所涉案例主要选取了澎湃新闻、广州日报集团等代表性组织,提及了部分组织内部的具体调整方式、

---

① 窦锋昌.机构媒体盈利模式的转向及人才支撑[J].青年记者,2018(01):24—26.

人员薪资和分工安排,因而样本量方面仍有待扩充,后续研究可以扩大样本量,补充对更多地区的媒体的研究,使研究结论更具普遍性。

第三,本书搭建了中国传统媒体盈利模式评估体系的指标体系,但囿于传统媒体的性质,获得的内部数据有限,因而未能体现指标体系赋权的具体数值。接下来的研究可以进一步深入调研多家传统媒体,获得其内部组织数据,使研究的结果更加完整。

综上所述,未来的相关研究可以通过调整研究方法、拓展研究样本、获取更多数据等方式,进一步探讨中国传统媒体盈利模式转型的影响因素及相应的对策,这对于指导中国传统媒体经营模式的拓展具有重要意义。

主要参考文献

一、论文

[1] 白红义,李拓.新闻业危机应对策略的"正当化"话语:一项基于中国媒体宣言的探索性研究[J].新闻大学,2017(06).

[2] 白红义.点击改变新闻业?——受众分析技术的采纳、使用与意涵[J].南京社会科学,2019(06).

[3] 白红义.塑造新闻权威:互联网时代中国新闻职业再审视[J].新闻与传播研究,2013(01).

[4] 白红义.重构传播的权力:平台新闻业的崛起、挑战与省思[J].南京社会科学,2018(02).

[5] 白玉芹,张芸.媒体深融背景下传媒业新型盈利模式分析[J].青年记者,2022(05).

[6] 卞文超.自媒体的商业模式与发展前景[J].青年记者,2016(24).

[7] 卜彦芳,董紫薇.调适与突破:新型主流媒体生态位经营新策略[J].青年记者,2019(10).

[8] 蔡郎与.门户网站的主要盈利模式初探[J].新闻传播,2014(15).

[9] 蔡雯,郭翠玲."公民新闻"的兴起与传统媒体的应对——对西方新闻传播变革的观察与分析[J].新闻战线,2009(09).

[10] 蔡雯.培养具有媒体融合技能的新闻人才——与美国密苏里新闻学院教授的对话[J].新闻战线,2005(08).

[11] 蔡雯.走向专业化与开放性相融合的新闻传播——试论社会化媒体

影响下的新闻业务改革[J].国际新闻界,2012(09).

[12] 曹继东.传统媒体与新媒体的融合路径探析[J].出版广角,2014(Z2).

[13] 曹越.融合新阶段传统媒体盈利模式探索与"破圈"思考[J].新媒体研究,2021(16).

[14] 曾繁旭,王宇琦.传媒创业语境下的传媒公共性:困境、张力与前景[J].西南民族大学学报(人文社科版),2019(07).

[15] 曾繁旭,王宇琦.重新定义传媒业的创新:持续性传媒创新与颠覆性传媒创新[J].新闻与传播研究,2019(02).

[16] 陈昌凤,杨依军.意识形态安全与党管媒体原则——中国媒体融合政策之形成与体系建构[J].现代传播(中国传媒大学学报),2015(11).

[17] 陈国权.今天,谁来"供养"报业?——对"事业单位,企业化管理"的改革探讨[J].青年记者,2018(28).

[18] 陈国权.寻找"非市场需求"——2019中国报业转型发展报告[J].编辑之友,2020(02).

[19] 陈怀超,陈安,范建红.组织合法性研究脉络梳理与未来展望[J].中央财经大学学报,2014(04).

[20] 陈世华,陈珊.新闻商品化:内涵、后果与未来[J].青年记者,2022(06).

[21] 陈宪奎,刘玉书.2003—2014年中美自媒体研究和比较分析——基于数据挖掘的视角[J].新闻与传播研究,2015(03).

[22] 陈以平,商朝林,罗凡琳.浅析自媒体的盈利模式——以微博、抖音为例[J].新闻研究导刊,2020(04).

[23] 丁方舟,韦路.社会化媒体时代中国新闻从业者的认知转变与职业转型[J].国际新闻界,2015(10).

[24] 丁方舟."理想"与"新媒体":中国新闻社群的话语建构与权力关系[J].新闻与传播研究,2015(03).

[25] 丁和根,耿修林.传媒制度绩效评价:思路、框架及方法[J].新闻界,2007(03).

[26] 窦锋昌,傅中行,李爱生.中国媒体融合十年历程研究[J].青年记者,2023(11).

[27] 窦锋昌."非报收入"与"读者收入":媒体融合发展路径比较[J].新闻战线,2019(19).

[28] 窦锋昌."广电＋报业"融合发展的路子,当慎行[J].青年记者,2020(24).

[29] 窦锋昌.分化与整合,机构媒体盈利模式的新探索[J].新闻战线,2017(01).

[30] 窦锋昌.机构媒体盈利模式的转向及人才支撑[J].青年记者,2018(01).

[31] 窦锋昌.日本媒体,传统的力量很强大[J].青年记者,2023(08).

[32] 杜运周,尤树洋.制度逻辑与制度多元性研究前沿探析与未来研究展望[J].外国经济与管理,2013(12).

[33] 方苏,傅中行.内容付费时代新闻付费模式探索与策略思考[J].新媒体研究,2019(22).

[34] 冯红霞.共享经济时代知识付费的收费模式与盈利模式[J].传媒,2018(12).

[35] 付业勤,罗艳菊,张仙锋.我国网络直播的内涵特征、类型模式与规范发展[J].重庆邮电大学学报(社会科学版),2017(04).

[36] 葛自发.新媒体对"积极受众"的建构与解构[J].当代传播,2014(01).

[37] 辜晓进.《纽约时报》:盈利模式明朗,剑指千万订户[J].青年记者,2018(13).

[38] 郭光华,侯迎忠.论媒介产业化中专业主义与商业主义的制衡[J].当代传播,2009(02).

[39] 郭全中."To G":传统媒体的商业模式转型[J].新闻与写作,2018(04).

[40] 郭全中.媒体融合转型需要财政补贴[J].传媒,2016(24).

[41] 郭全中.以整合营销为抓手的整体转型——以华西都市报为例[J].新闻与写作,2014(01).

[42] 郭全中.智媒体的特点及其构建[J].新闻与写作,2016(03).

[43] 郭全中.主流媒体打造自主可控平台的难点与对策——以"芒果TV"的成功实践为例[J].新闻与写作,2021(11).

[44] 韩旭,张蓓.类型学视角下自媒体内容创业盈利模式探析[J].传媒,2017(11).

[45] 郝振省,汤雪梅,宋嘉庚.对融合发展本质与路径的一些思考[J].出版广角.2021(14).

[46] 何玉婷,曾雪云,曲扬.Facebook的商业生态系统建设与盈利模式[J].财务与会计,2019(14).

[47] 侯迎忠,赵志明.媒介专业主义与商业主义孰重孰轻[J].传媒观察,2004(01).

[48] 胡锴.制度理论中的混合组织:一个案例研究框架[J].华东理工大学学报(社会科学版),2019(06).

[49] 胡正荣.传统媒体与新兴媒体融合的关键与路径[J].新闻与写作,2015(05).

[50] 黄楚新,曹月娟,许可.创新与引领——华东四省地市级党报媒体融合发展实践[J].中国出版,2022(13).

[51] 黄楚新,郭海威.媒体融合纵深发展需要"四个新"[J].科技与出版,2019(05).

[52] 黄楚新,王丹丹.国外主流传统媒体付费阅读状况及借鉴意义[J].中国报业,2019(05).

[53] 黄楚新.全面转型与深度融合:2020年中国媒体融合发展[J].现代

传播(中国传媒大学学报),2021(08).

[54] 黄楚新.新媒体的盈利模式探析——以自媒体、社交媒体为例[J].新闻与写作,2014(2).

[55] 黄贺铂.中国互联网平台公司的金融化与资本扩张机制研究[J].传媒经济与管理研究,2022(01).

[56] 黄先蓉,冯婷.IP生态视域下移动阅读产业盈利模式创新研究[J].出版科学,2018(01).

[57] 姬德强,朱泓宇.传播、服务与治理:媒体深度融合的三元评价体系[J].新闻与写作,2021(01).

[58] 杰罗姆.平台型新媒体(Platisher)是有效的商业模式吗?[J].钛媒体,译.中国传媒科技,2014(Z1).

[59] 井豫涵.中美新闻聚合类移动客户端的比较研究——以BuzzFeed和今日头条为例[J].新闻研究导刊,2018(20).

[60] 匡文波,张蕊.传统媒体转型中的盈利模式[J].青年记者,2014(24).

[61] 李景治.深刻领会"新时代"重大政治论断的科学内涵[J].党政研究,2018(02).

[62] 李良荣,窦锋昌.中国新闻改革40年:以市场化为中心的考察——基于《广州日报》的个案研究[J].新闻与传播评论,2019(03).

[63] 李良荣,辛艳艳.从2G到5G:技术驱动下的中国传媒业变革[J].新闻大学,2020(07).

[64] 李明德,王玉珠."知识变现":从App"分答"看新媒体产品盈利模式创新[J].编辑之友,2018(03).

[65] 李瑞环.微信自媒体的盈利模式探析[J].新闻研究导刊,2015(22).

[66] 李舒亚,王琲玥.当前我国媒体盈利模式的调整路径[J].青年记者,2017(03).

[67] 李霄峰,刘焜.媒体深度融合背景下党媒服务地方政府模式浅析

[J].传媒评论,2018(06).

[68] 李彦峰,何文茜.论传统媒体盈利模式的创新[J].商场现代化,2008(31).

[69] 李艳红,陈鹏."商业主义"统合与"专业主义"离场:数字化背景下中国新闻业转型的话语形构及其构成作用[J].国际新闻界,2016(09).

[70] 廖志华,李开林,范霞,等.媒体融合新时代支持广播电视发展财政政策研究——以广西为例[J].地方财政研究,2020(03).

[71] 林如鹏,汤景泰.政治逻辑、技术逻辑与市场逻辑:论习近平的媒体融合发展思想[J].新闻与传播研究,2016(11).

[72] 刘冰.媒体融合话语力量、定位认识及功能期待[J].中国出版,2020(24).

[73] 刘楚君.我国传媒经济学发展的历史脉络与范式建构[J].传媒经济与管理研究,2021(01).

[74] 刘建华.中国报业改革发展的机理性问题与机制性突破[J].编辑之友,2021(10).

[75] 刘梅,唐春淋.推动媒体融合发展 建设新时代文化强国[J].山西财经大学学报,2022(S1).

[76] 刘鸣筝,梅凯.智能化生存:视频媒体发展的新趋势及其盈利模式初探[J].当代电视,2021(09).

[77] 刘帅,李坤,王凌峰.从主流媒体到新型主流媒体:概念内涵及其实践意义[J].新闻界,2020(08).

[78] 刘悦.传统媒体转型中的盈利模式探究[J].中国传媒科技,2019(07).

[79] 刘战伟,李嫒嫒,刘蒙之.从"挣工分"到"挣流量":绩效制度下的市场、共谋与流量锦标赛[J].国际新闻界,2022(06).

[80] 龙思思.自媒体营销价值与盈利模式分析——以微信公众号为例

[J].当代传播,2017(02).

[81] 陆晔,周睿鸣."液态"的新闻业:新传播形态与新闻专业主义再思考——以澎湃新闻"东方之星"长江沉船事故报道为个案[J].新闻与传播研究,2016(07).

[82] 罗静,江飞.在用户场景中重建价值创造的逻辑——传统主流媒体商业模式转型探析[J].青年记者,2020(27).

[83] 罗昕,林蓉蓉.制度视角下媒介化理论的回顾与展望——哥本哈根大学施蒂格·夏瓦教授学术访谈录[J].新闻大学,2022(07).

[84] 罗永雄.新媒体盈利模式和盈利能力之辨[J].当代传播,2016(02).

[85] 马黛,宋芹.英国《卫报》融合转型的盈利模式创新[J].传媒,2021(19).

[86] 彭兰."大数据"时代:新闻业面临的新震荡[J].编辑之友,2013(01).

[87] 彭兰.文化隔阂:新老媒体融合中的关键障碍[J].国际新闻界,2015(12).

[88] 彭增军.墙里秋千墙外道:新闻付费墙与会员制[J].新闻记者,2019(08).

[89] 强荧,焦雨虹.融合下的新型主流媒体影响力探析[J].新闻与写作,2014(10).

[90] 秦启先.城市电视台融合发展模式探析[J].当代电视,2022(08).

[91] 邱碧珍.自媒体盈利模式对比与创新路径研究[J].经济论坛,2017(12).

[92] 裘新.未来已来,相信未来——创造上海报业改革新传奇[J].传媒,2019(04).

[93] 邵原.字节跳动 互联网行业破局者[J].企业管理,2020(04).

[94] 盛虎,张俊哲,张开阳.中国新闻出版传媒企业并购项目绩效研究——fsQCA的构型分析[J].新闻大学,2022(04).

［95］史安斌,王沛楠.传播权利的转移与互联网公共领域的"再封建化"——脸谱网进军新闻业的思考[J].新闻记者,2017(01).

［96］宋建武,黄淼,陈璐颖.平台化：主流媒体深度融合的基石[J].新闻与写作,2017(10).

［97］宋建武,林洁洁.遵循新兴媒体发展规律 推动媒体融合向纵深发展[J].传媒观察,2019(04).

［98］宋建武.以服务构建用户平台是媒体融合的关键[J].新闻与写作,2015(02).

［99］宋立丰,杨主恩,鹿颖.弱合法性场域下制度创业与差异化竞争的最优区分——基于知识付费领域的多案例研究[J].管理评论,2020(05).

［100］孙铁翔,贺俊浩.让创新要素充分涌流 让创造活力不断迸发——新华社"揭榜挂帅"创意征集机制的实践与思考[J].中国记者,2022(04).

［101］孙艳平.地图可视化叙事策略探析——以澎湃新闻"美数课"为例[J].青年记者,2022(01).

［102］谭天.从渠道争夺到终端制胜,从受众场景到用户场景——传统媒体融合转型的关键[J].新闻记者,2015(04).

［103］汤景泰,史金铭.核心话语与话语框架：论美国涉华舆论的话语建构[J].政治学研究,2022(02).

［104］唐远清,刘苏仪.负面舆情事件中主流媒体和自媒体的舆论冲突——以2019年成都七中实验学校食堂事件为例[J].青年记者,2020(03).

［105］陶文昭.论中国特色社会主义新时代[J].教学与研究,2017(12).

［106］陶文昭.中国特色社会主义新时代的逻辑要点[J].马克思主义研究,2019(09).

［107］陶喜红,周也馨.生态位理论视角下平台型媒体价值链生成逻辑

[J].中国编辑,2021(07).

[108] 田龙过,郭瑜佳.媒体融合背景下新闻生产方式的挑战与革新——以澎湃新闻为例[J].出版广角,2020(04).

[109] 涂凌波.媒介融合需超越路径依赖:基于媒介制度视角[J].当代传播,2019(05).

[110] 王斌,张雪.双向融合:互联网环境下平台媒体与传统媒体的关系建构[J].中国编辑,2022(04).

[111] 王春新,李庆兵,李炳森,等.以生态位理论为基础的企业发展现状分析[J].管理观察,2018(35).

[112] 王敏."付费墙"二十年:全球经验与中国省思[J].现代传播(中国传媒大学学报),2017(04).

[113] 王维佳,周弘.流量新闻中的"零工记者":数字劳动转型与西方新闻记者角色的变迁[J].新闻与写作,2021(02).

[114] 王维佳.专业主义的挽歌:理解数字化时代的新闻生产变革[J].新闻记者,2016(10).

[115] 王玮.媒体融合转型的盈利模式探析[J].传媒,2019(06).

[116] 王芯蕊.国外媒体融合的新趋势与转型路径[J].中国广播电视学刊,2018(07).

[117] 王雪莹.分享优于消费:BuzzFeed的成功之道[J].青年记者,2018(21).

[118] 王艳红,关国锋.探寻传统纸媒广告经营突围之策——《河南商报》广告全方位革新的有益探索[J].新闻爱好者,2021(10).

[119] 王长潇.播客平台的商业模式、监管自律与播客自媒体公民意志的再传播[J].现代传播(中国传媒大学学报),2011(03).

[120] 韦路.媒体融合的定义、层面与研究议题[J].新闻记者,2019(03).

[121] 吴玉美.新媒体时代传统媒体的盈利困境与应对之策[J].城市党报研究,2020(05).

[122] 夏倩芳,李婧.媒介转型与媒体从业者的劳动权保护[J].新闻与传播研究,2016(03).

[123] 夏倩芳."挣工分"的政治:绩效制度下的产品、劳动与新闻人[J].现代传播(中国传媒大学学报),2013(09).

[124] 肖赞军,刘美君.传统媒体与新兴媒体融合发展的盈利模式[J].吉首大学学报(社会科学版),2020(06).

[125] 徐达内.微信公众号的五类商业"变现"模式[J].新闻与写作,2015(07).

[126] 徐笛,许芯蕾,陈铭.数字新闻生产协同网络:如何生成、如何联结[J].新闻与写作,2022(03).

[127] 徐笛.边界的交融:科技公司媒体服务样本[J].中国出版,2017(12).

[128] 徐笛.场域内的位置优胜者——媒体转型的"澎湃"范本[J].中国出版,2019(20).

[129] 徐晋,张祥建.平台经济学初探[J].中国工业经济,2006(05).

[130] 徐敬宏,侯彤童.从现代传媒体系到全媒体传播体系——"十三五"时期的媒体深度融合之路[J].编辑之友,2021(01).

[131] 徐香.澎湃新闻:守正创新 全新出发[J].传媒,2022(18).

[132] 严三九.中国传统媒体与新兴媒体渠道融合发展研究[J].现代传播(中国传媒大学学报),2016(07).

[133] 严怡宁.报纸媒体生态位及其新闻竞争力刍议[J].金陵科技学院学报(社会科学版),2005(02).

[134] 姚林.报业媒体融合中的融媒体经营分析[J].中国报业,2019(19).

[135] 殷琦.创新的转向:中国媒体融合演进的路径与机制[J].新闻大学,2021(01).

[136] 于正凯.技术、资本、市场、政策——理解中国媒体融合发展的进路

[J].新闻大学,2015(05).

[137] 余婷.《华盛顿邮报》"贝式"数字化转型[J].青年记者,2017(13).

[138] 禹建强,郭超凯.广播电视上市公司盈利模式及发展趋势分析[J].现代传播(中国传媒大学学报),2018(03).

[139] 喻国明,何健,叶子.平台型媒体的生成路径与发展战略——基于Web3.0逻辑视角的分析与考察[J].新闻与写作,2016(04).

[140] 喻国明,曲欣悦,罗鑫.试析传统媒体与新媒体的合作模式与操作要点[J].中国地质大学学报(社会科学版),2016(04).

[141] 喻国明,弋利佳,梁霄.破解"渠道失灵"的传媒困局:"关系法则"详解——兼论传统媒体转型的路径与关键[J].现代传播(中国传媒大学学报),2015(11).

[142] 喻国明.5G时代传媒发展的机遇和要义[J].新闻与写作,2019(03).

[143] 喻国明.互联网是一种"高维"媒介——兼论"平台型媒体"是未来媒介发展的主流模式[J].新闻与写作,2015(02).

[144] 喻国明.新型主流媒体:不做平台型媒体做什么?——关于媒体融合实践中一个顶级问题的探讨[J].编辑之友,2021(5).

[145] 张荡,朱诗飞,程玉田,等.传媒盈利模式的开放性重构——基于价值创造的视角[J].新闻战线,2022(02).

[146] 张桂芳.记者角色研究30年:专业主义话语的呈现与反思[J].新闻界,2019(09).

[147] 张海悦,江凌.短视频平台变现转型的路径探析——以"一条"App为例[J].今传媒,2019(12).

[148] 张洪忠,梁爽,王竞一.官方渠道、人际传播、自媒体:有关新冠肺炎疫情的传播渠道公信力分析[J].新闻与写作,2020(04).

[149] 张鸿飞,李宁.自媒体的六种商业模式[J].编辑之友,2015(12).

[150] 张杰,颉宇星.融合背景下传统电视媒体转型发展之道——基于媒

介生态位视角的分析[J].中国出版,2017(12).

[151] 张路曦.我国媒体融合的新模式、新问题与新趋势[J].上海大学学报(社会科学版),2020(03).

[152] 张志安,曾励.媒体融合再观察:媒体平台化和平台媒体化[J].新闻与写作,2018(08).

[153] 张志安,刘黎明.互联网平台数字劳动的合法性话语建构研究[J].新闻与写作,2021(07).

[154] 张志安,吴涛.互联网与中国新闻业的重构[J].现代传播(中国传媒大学学报),2016(01).

[155] 张志安,章震.媒介融合语境下新闻职业权威的话语建构——基于48家媒体2016年新年献词的话语研究[J].现代传播(中国传媒大学学报),2017(01).

[156] 张志安,周嘉琳.基于算法正当性的话语建构与传播权力重构研究[J].现代传播(中国传媒大学学报),2019(01).

[157] 张子让.网络收费报纸模式的可持续性——法国《参媒》办报模式的效应与再思考[J].新闻记者,2014(09).

[158] 张子让.重塑21世纪的报纸——法国付费网络报《参媒》的成功之路[J].新闻记者,2013(09).

[159] 郑雯,张涛甫.媒体融合改革中的"腰部塌陷"问题[J].青年记者,2019(25).

[160] 郑自立.中国媒体深度融合的动力逻辑与推进路径[J].现代传播(中国传媒大学学报),2017(06).

[161] 支庭荣.我国媒体融合发展的内在逻辑与焦点问题[J].人民论坛·学术前沿,2019(03).

[162] 周劲.新闻专业主义的本土化探索[J].新闻大学,2013(04).

[163] 周茂君,李抟南.媒介融合视域下我国传统媒体转型与制度创新研究综述[J].新闻与传播评论,2015(00).

[164] 周睿鸣."转型":观念的形成、元话语重构与新闻业变迁——对"澎湃新闻"的案例研究[J].国际新闻界,2019(03).

[165] 周雪光,艾云.多重逻辑下的制度变迁:一个分析框架[J].中国社会科学,2010(04).

[166] 朱春阳,邓又溪.迈向无边界市场:全媒体技术环境下中国传媒集团成长路径创新研究——以上海报业集团为例[J].山西大学学报(哲学社会科学版),2021(06).

[167] 朱春阳,杨海.澎湃新闻再观察:融合发展路径的探索与经验[J].电视研究,2015(02).

[168] 朱春阳.多研究些"主流"媒体[J].新闻大学,2022(09).

[169] 朱春阳.媒介融合规制研究的反思:中国面向与核心议题[J].国际新闻界,2009(06).

[170] 朱春阳.县级融媒体中心建设:经验坐标、发展机遇与路径创新[J].新闻界,2018(09).

[171] 朱鸿军.颠覆性创新:大型传统媒体的融媒转型[J].现代传播(中国传媒大学学报),2019(08).

[172] 朱江丽,史玲莉.媒体融合中新闻从业者的角色融合与工作满意度:基于多重制度逻辑的视角[J].国际新闻界,2021(07).

[173] 朱江丽.媒体融合背景下传统媒体组织结构调整的模式与策略[J].传媒,2020(05).

[174] 朱江丽.媒体融合行动者网络的制度逻辑及"散射效应"研究[J].新闻大学,2022(01).

[175] 朱江丽.新兴场域的行动者网络:传统媒体融合的创新机制[J].现代传播(中国传媒大学学报),2021(12).

[176] 邸亚峥.自媒体平台的盈利策略研究[D].北京:北京邮电大学,2014.

[177] 傅玥.传统媒体移动新闻客户端盈利模式优化研究[D].长春:吉林

大学,2017.

[178] 林思颖.文化传媒企业盈利模式研究——以凤凰传媒为例[D].昆明:云南财经大学,2020.

[179] 潘景丽.网络媒体的盈利模式分析[D].南京:南京邮电大学,2013.

[180] 于迎.数字化背景下报业的商业模式转型研究[D].上海:复旦大学,2014.

二、著作

[1] Berger P, Luckmann T. The Social Construction of Reality: A Treatise in the Sociology of Knowledge [M]. Garden City, NY: Doubleday, 1967.

[2] Parsons T. Structure and Process in Modern Societies [M]. New York: Free Press of Glencoe, 1960.

[3] Schumpeter J A. The Theory of Economic Development [M]. Cambridge: Harvard University Press, 1934.

[4] Scott W R. Institutions and Organizations: Ideas, Interests, and Identities [M]. London: Sage Publications, 2013.

[5] Thornton P H. Markets from Culture: Institutional Logics and Organizational Decisions in Higher Education Publishing [M]. Manhattan: Stanford University Press, 2004.

[6] 诺曼·费尔克拉夫.话语与社会变迁[M].殷晓蓉,译.北京:华夏出版社,2003.

[7] 马克斯·韦伯.社会科学方法论[M].杨富斌,译.北京:华夏出版社,1999.

[8] 迈克尔·埃默里,埃德温·埃默里.美国新闻史:大众传播媒介解释史[M].第八版.展江,殷文,译.北京:新华出版社,2001.

[9] 迈克尔·舒德森.发掘新闻:美国报业的社会史[M].陈昌凤,常江,

译.北京:北京大学出版社,2009.

[10] 张明新.媒体竞争分析:架构、方法与实证——一种生态位理论范式的研究[M].武汉:华中科技大学出版社,2011.

三、报刊

[1] 郭全中.互联网媒体崛起的两大根本原因[N].中国经济时报,2017－01－03(005).

[2] 郭全中.因势而谋"破圈"创新[N].中国新闻出版广电报,2020－12－29(005).

[3] 裘新.变革基因开门办"报"[N].中国新闻出版报,2014－12－09(005).

[4] 裘新.抓住战略机遇 更加奋发有为[N].黑龙江日报,2010－12－15(010).

四、电子文献

[1] 2022财新夏季峰会开幕[EB/OL].(2022－07－09)[2024－06－10].https://topics.caixin.com/2022-07-09/101910488.html.

[2] 首届亚洲愿景论坛举行 胡舒立开幕致辞"见证亚洲世纪曙光"[EB/OL].(2023－06－12)[2024－06－10].https://topics.caixin.com/2023-06-12/102064623.html.

[3] 市级融媒体中心怎么建?封面传媒科技全套解决方案来了[EB/OL].(2022－06－28)[2024－06－10].https://baijiahao.baidu.com/s?id=1735056282589847612&wfr=spider&for=pc.

[4] 网上"云招考"平台亮相四川2022本科招生宣传会[EB/OL].(2022－03－19)[2024－06－10].https://baijiahao.baidu.com/s?id=1727651553789919782&wfr=spider&for=pc.

[5] 裘新."内容＋技术＋运营"叠加驱动的新媒体产品已现机遇期[EB/

OL]. (2019 - 04 - 17)[2024 - 06 - 10]. https://www.chinaventure.com.cn/cmsmodel/news/detail/343451.html.

[6] 宋杰. 裘新谈上海报业发展:今天的报业不是昨天的报纸[EB/OL]. (2013 - 10 - 29)[2024 - 06 - 05]. http://media.people.com.cn/n/2013/1029/c40606-23362223.html.

[7]《一条的2020》年度报告[EB/OL]. (2020 - 04 - 17)[2024 - 06 - 10]. https://cu2020.newrank.cn/h5.html?n=41f6580.

[8] 成为真正的D2C电商模式先解决这三个问题[EB/OL]. (2016 - 05 - 20)[2024 - 06 - 10]. https://www.sohu.com/a/76386599_119817.

[9] 瑞安这个众创空间获国家级荣誉,里面竟然藏着……[EB/OL]. (2022 - 07 - 07)[2024 - 07 - 13]. https://mp.weixin.qq.com/s/juJWDTdtKlnifBBxJkR7ww.

[10] 市值从11亿美元跌到0.01亿,谁害惨了BuzzFeed?[EB/OL]. (2023 - 06 - 26)[2024 - 07 - 17]. https://new.qq.com/rain/a/20230626A03VUK00.

[11] 读裘新施政纲领,看上海报业去路[EB/OL]. (2014 - 03 - 03)[2024 - 01 - 05]. https://www.huxiu.com/article/28889.html.

[12] 臧鸣. 上海报业集团正式揭牌成立 推进主流媒体创新转型[EB/OL]. (2013 - 10 - 29)[2024 - 01 - 05]. http://media.people.com.cn/n/2013/1029/c40606-23362556.html.

[13] 报纸的信息可信度仅次于NHK,但订阅量持续下降[EB/OL]. (2024 - 04 - 16)[2024 - 06 - 10]. https://www.nippon.com/cn/japan-data/h01821/.

后 记

本书的内容主要来自两个因素的叠加:一个是作者在复旦大学新闻学院连续多年讲授的媒介经营管理课程,另一个是作者承担的国家社科基金一般项目"新时代中国传统媒体盈利模式转型研究"(18BXW047)。当然,两者不是孤立的,而是"你中有我,我中有你",属于"有机融合"。

媒介经营管理课程在复旦大学新闻学院的本科课程体系中是一门平台课,属于所有本科生都要学习的课程,是比较重要的。2016年,我从新闻业界"转会"到学界以后,就一直承担着这门课的教学任务。在多年的教学工作中,我找到了多本国内外出版的与"媒介经营(与)管理"或"传媒(媒介)经济学"相关的教科书,并进行了系统的研读,收获很大。但是,我也发现它们普遍存在一个问题,即其基本框架依然建立在传统媒体"二次售卖"模式的基础之上。

这是因为这些教科书大都写作于2010年之前,目力所及,还没有发现最近五年内出版的媒体经营管理类教材。大家都知道,2010年之前,报纸、杂志、广播、电视依然处于高位运营的状态,各家媒体格外重视印刷设施、发行渠道的建设,尽力压低售价,扩大发行量,最终目的是保障广告收入。犹记得当年报社的多次会议上,在要不要提高报纸售价的讨论中,部分领导情绪激动地予以反对,因为哪怕是零售价从一元提高到两元,都可能导致发行量的缩减并进而影响广告收入,而那时广告才是报社最"大头"的收入来源。

媒体的经营模式如此,探讨媒体经营管理的文章和教科书当然要以

— 后 记 —

此为中心进行谋篇布局。但是,时间进入21世纪的第二个十年以后,情况发生了根本的变化。以"二次售卖"为主的盈利模式不能说是走到了历史尽头,但至少不再占据之前的核心位置和垄断位置,具体情况本书中有详尽的介绍。全世界的媒体都在探索新的盈利模式,西方媒体的主流做法是回到以付费墙模式为代表的"一次售卖"模式,绝大多数中国媒体则在探索以多元化发展为主的"三次售卖"模式。

在这样的实践面前,写于2010年之前的有关媒介经营管理的教科书亟须修订。但是,媒体实践过于复杂,变化又层出不穷,短时间内要完成相关知识图谱的更新确实也面临着很大的困难。于是,在新闻学院的课堂上,很多老师都是"边干边学",调研、访谈、写文章与教学同时进行。

我也是这些老师中的一员。在业界的时候,我曾在不同程度上参与过《广州日报》和《南风窗》的经营管理工作,有一些从业经验。但这远远不够,我近些年又"恶补"了不少相关的理论知识,还对很多不同类型的媒体进行了调研,力求掌握媒体在经营管理方面的最新发展情况。目前,多方面经验与知识的融合构成了我在复旦大学新闻学院媒介经营管理课程上的主要内容。

在本书中,这部分内容有充分的体现,讲课的核心内容被吸纳进来。在这个过程中,我要感谢优秀的硕士毕业生曾文鹏同学,他组织了陆宁玥、赵嘉璐、董浩文、李嘉菲等几位同学完成了一部分书稿的整理工作。在这里,我要向他们表示感谢。如今,这些同学都已经毕业,走上了工作岗位,也祝他们工作顺利!

本书内容的另一部分来源是国家社科基金项目"新时代中国传统媒体盈利模式转型研究"。该项目是2018年立项的,经过前后五年的研究,最后于2023年10月结项。在这个项目的开展过程中,我指导的博士研究生傅中行、李爱生和孙萌作出了很大的贡献。傅中行不仅对本书整体结构的搭建作出了努力,还在理论框架设计等若干方面提供了创新性成果;李爱生则在媒体盈利模式形成的内在动力及评价体系两方面贡献了自己的才智。她们两位因为承担的工作较多、任务较重，故作为本书的合著者予以体现。孙萌在本书的文献梳理方面做了扎实的工作，曾文鹏、陆宁玥、司睿琦、闫芳琦、梅婕雯、杨祎、林晓晖、迟秋怡、熊翔鹤等同学也在自己的职责范围内完成了分工。在这里，一并向他们表示感谢。

本书的出版得到了复旦大学新闻学院"部校共建新媒体项目"的支持。近年来，复旦大学新闻学院在支持教师的教学科研工作方面做了大胆的尝试，也取得了非常好的效果。在此，向学院领导张涛甫和陆柳、周葆华等老师表达谢意。

最后，依然要感谢热情、负责的刘畅编辑，她为本书的最终出版发挥了重要的作用。

窦锋昌

2024 年 12 月

图书在版编目(CIP)数据

媒体盈利模式转型研究:中国实践与世界经验/窦锋昌,傅中行,李爱生著.--上海:复旦大学出版社,2025.2
ISBN 978-7-309-17203-4

Ⅰ.①媒… Ⅱ.①窦… ②傅… ③李… Ⅲ.①传播媒介-盈利-商业模式-研究-世界 Ⅳ.①G219.1

中国国家版本馆 CIP 数据核字(2024)第 020672 号

媒体盈利模式转型研究:中国实践与世界经验
MEITI YINGLI MOSHI ZHUANXING YANJIU:ZHONGGUO SHIJIAN YU SHIJIE JINGYAN
窦锋昌　傅中行　李爱生　著
责任编辑/刘　畅

复旦大学出版社有限公司出版发行
上海市国权路 579 号　邮编:200433
网址:fupnet@fudanpress.com　http://www.fudanpress.com
门市零售:86-21-65102580　　团体订购:86-21-65104505
出版部电话:86-21-65642845
苏州市古得堡数码印刷有限公司

开本 787 毫米×960 毫米　1/16　印张 18.75　字数 251 千字
2025 年 2 月第 1 版
2025 年 2 月第 1 版第 1 次印刷

ISBN 978-7-309-17203-4/G·2565
定价:68.00 元

如有印装质量问题,请向复旦大学出版社有限公司出版部调换。
版权所有　侵权必究